JN296721

香川孝三著

アジアの労働と法

信山社

はしがき

　これまでアジアの労働や労働法に関する本として,『わが国海外進出企業の労働問題―インド編―』(日本労働協会, 1978年),『インドの労使関係と法』(成文堂, 1986年),『マレーシア労使関係法論』(信山社, 1995年)をまとめてきた。本書はそれに続く4冊目になる。しかし,本書と先の3つの本とは異なっている点がある。先の3つの本はインド,マレーシアの労働法を研究の対象としているのに対して,本書はアジアの複数の国を念頭において書いていることである。これまで1カ国を対象としていたが,今回はいくつかの国を対象に考察を進めている。いくつかの国という表現しかできないのは,アジア全域を対象とすることができないからである。

　アジアと呼ばれる地域は広い。どこをアジアとするかは一致した考えがあるわけではないが,東アジア,東南アジア,南アジア,西アジア,中央アジアの地域に区分けされる。その中で,本書では東アジア,東南アジア,南アジアの一部をカバーしているにすぎない。非常に広くて,一人でカバーできる領域ではない。さらにアジアの多様性が指摘され,アジア全域をカバーできる共通性の存在が立証されていない。そこで,自分が関心をいだく領域や日本と関係が深いと思われる領域に限定せざるをえなかった。便宜的な領域の限定であるが,やむをえないことを理解いただきたい。

　本書は比較的に最近に書いてきた論文を中心として構成されている。第1部はアジア諸国の労働法を考察する枠組みを述べた論文を柱にして,それに関連する論文を配置した。第2部はアジアの公正労働基準に関わる論文を収録している。東アジア,東南アジアである程度の経済発展がみられるが,それに伴う成果が公平に分配されないために貧困層がますます貧困に陥っている。そこでそれを解決する方法の1つとして,労働法の分野では公正労働基準を順守することが求められている。それに関する論文を第2部にまとめた。第3部では,アジアと日本の労働組合との関わりを考察した。日本の企業がアジア諸国に進出しており,それに関わる諸問題を論じる文献はすでに多く出版されており,筆者自身この問題についてはあまり取り扱ってこなかった。そこで,ここでは,

はしがき

アジアと日本との関わりの中で論じられることの少なかったテーマを掲載することにした。そのために第3部は第1部，第2部とは異質な内容になっていると思われるかも知れないが，筆者は日本人であり，日本からの視点でアジア諸国の労働を見る必要があると考えており，その視点を大切にしたいと思っている。さらに日本がアジアの中で果たすべき役割はますます大きくなっており，それは労働の面でも同様である。その上に筆者は国際協力研究科という組織に所属していることから，アジアと日本がどのような関係を構築すべきかを労働の面から考えてみたいという願望がある。それらの事情から，あえて第3部を設定することにした。

これらは，もともと論文としてまとめたものを集めたために，重複している部分があることもお断りしておかなければならない。

本書のもとになった論文は次のとおりである。

第1章 「アジア諸国の労働法を考える視点」日本労働法学会誌91号(1998年)
第2章 「アジア地域における労働組合の登録制度」アジア経済24巻9号 (1983年)
第3章 「中国労働法の理解を深めるために」日本労働法学会誌92号(1998年)
第4章 「アジア諸国の経済発展と労働立法・労働行政」アジア社会問題研究所編『アジア諸国における輸出産業の成長と労働経済に関する調査研究』(財団法人産業研究所の委託研究　1995年)
第5章 「東・東南アジアにおける女子労働」花見忠先生古稀記念論集『労働関係法の国際的潮流』，信山社 (1999年)
第6章 「アジアにおける児童労働と国際労働基準」日本労働研究機構報告書『アジアの公正労働基準に関する研究』(1999年)
第7章 「アジアにおける労働の人間化と社会憲章」自主管理研究所編・現代フォーラム・ブックレット16号 (1995年)
第8章 「戦前期日本の労働組合とアジア(1)(2)(3)」国際協力論集3巻2号 (1995年)，4巻2号 (1996年)，5巻1号 (1997年)
第9章 「日本の労働組合と国際協力活動」初瀬龍平編『NGOの国際関係学』(平成9年度科学研究費報告書・1997年)

　　　　　　　　　　　　　　　　　　　　　　　　　はしがき

　これらのうち第1章，第3章と第9章の論文は文部省の科学研究費の補助をうけたことを記載しておく。
　ささやかな本書であるが，これをまとめるにあたって，多くの人々のお世話になっている。東京大学労働法研究会，アジア労働法研究会，日本労働研究機構，アジア社会問題研究所，自主管理研究所の方々には大変お世話になった。ここで感謝を申し上げる。
　本書の出版をひきうけていただき，編集にご協力いただいた信山社の渡辺左近氏には大変お世話になった。感謝申し上げる。

　2000年1月

　　　　　　　　　　　　　　　　　　　　　　　　　香川孝三

目　次

はしがき

第1部　アジア諸国の労働法をどのように考えるか……………1

第1章　アジア諸国の労働法を考える視点……………………2
　1　はじめに……………………………………………………………2
　2　権威主義的体制下での，開発法学としての労働法…………3
　3　民主化の側面から見る労働法……………………………………7
　4　労働法への影響とその変化……………………………………10
　　(1)　労使関係法の領域……………………………………………10
　　(2)　雇用関係法の領域……………………………………………14

第2章　アジア諸国の労働組合の登録制度
　　　　　　――経済開発とのかかわりで――……………………19
　1　問題提起…………………………………………………………19
　2　労働組合の登録制度……………………………………………20
　　(1)　インド，マレーシア，シンガポール，香港の場合………21
　　(2)　フィリピンの場合……………………………………………27
　　(3)　タイの場合……………………………………………………29
　　(4)　インドネシアの場合…………………………………………32
　　(5)　小　括…………………………………………………………34
　3　登録制度と経済発展のかかわり………………………………34

第3章　市場経済下における労働と法……………………………44

目　次

  1　問題の提起 ……………………………………………………………44
  2　中華人民共和国の経済政策の特徴 …………………………………44
  3　労働契約法制 …………………………………………………………46
  4　工会の役割 ……………………………………………………………48
  5　今後の検討すべき問題点 ……………………………………………50

第2部　アジアの公正労働基準 …………………………………………55

第4章　アジア諸国の経済発展と中核的労働基準 …………………56
  1　社会条項の問題点 ……………………………………………………56
  2　結社の自由 ……………………………………………………………58
  3　児童労働 ………………………………………………………………63
  4　強制労働 ………………………………………………………………68
  5　雇用差別 ………………………………………………………………71
   (1)　性による差別 ……………………………………………………71
   (2)　人種による差別 …………………………………………………73
   (3)　社会的身分による差別 …………………………………………74
   (4)　国籍による差別 …………………………………………………75
  6　最低賃金 ………………………………………………………………76
  7　おわりに ………………………………………………………………77

第5章　東・東南アジアの女子労働の現状と法制度 ………………83
  1　はじめに ………………………………………………………………83
  2　東・東南アジア諸国の女子労働に関する実態 ……………………84
   (1)　女性の労働率の増加 ……………………………………………84
   (2)　女性の年齢別の労働力率 ………………………………………85
    ①　M型の国 ………………………………………………………86
    ②　台形型の国 ……………………………………………………87

v

目　　次

　　　③　初期年齢ピーク型の国 …………………………………89
　　(3)　男女間の賃金格差・管理職に占める女性の割合 …………91
　3　東・東南アジア諸国の女子労働法制 ………………………92
　　(1)　包括的な男女雇用平等にかかわる法律が制定されている国 ………92
　　(2)　包括的な男女雇用平等にかかわる法律が制定されようとしている国 ……95
　　(3)　包括的な男女雇用平等法はないが，それを目指している国 ………96
　　(4)　男女雇用平等に関する法律も法案を存在しない国 ………97
　4　おわりに ………………………………………………………99

第6章　アジアにおける児童労働 ……………………………………106
　1　なぜ児童労働問題なのか ……………………………………106
　2　児童労働の実態 ………………………………………………109
　3　児童労働への対策 ……………………………………………110
　　(1)　ILOの児童労働撲滅計画 …………………………………111
　　(2)　労働組合の役割 ……………………………………………113
　　(3)　使用者あるいは使用者団体の役割 ………………………114
　　(4)　NGOの活動 …………………………………………………115
　　(5)　裁判所による救済 …………………………………………118
　　(6)　児童自身が労働組合を設立する場合 ……………………120
　4　日本の役割 ……………………………………………………122
　　(1)　政　府 ………………………………………………………122
　　(2)　地方自治体 …………………………………………………124
　　(3)　労働組合 ……………………………………………………124
　　(4)　使用者（団体） ……………………………………………125
　　(5)　NGO …………………………………………………………126
　5　おわりに ………………………………………………………127

第7章　アジアにおける労働の人間化と『社会憲章』の役割 …135

1	『社会憲章』と労働の人間化 …………………………………135
2	具体的検討課題と日本の役割 …………………………………137

　(1)　雇用保障 ……………………………………………………137
　(2)　労働条件の向上 ……………………………………………138
　　①　安全・衛生 ………………………………………………138
　　②　賃　金 ……………………………………………………139
　　③　労働時間・休暇 …………………………………………140
　　④　社会保障 …………………………………………………140
　(3)　特別に配慮すべき労働者への対応 ………………………141
　(4)　労使関係と労働組合 ………………………………………141

第3部　アジアと日本の労働組合 …………………………………145

第8章　戦前期日本の労働組合とアジア …………………………146

　1　はじめに …………………………………………………………146
　2　亜細亜労働会議の結成と結末 …………………………………148
　　(1)　亜細亜労働会議の提案 ……………………………………148
　　(2)　亜細亜労働会議の結成にむけての動き …………………152
　　(3)　亜細亜労働会議（第1回会議）の結成 …………………162
　　(4)　第2回会議の開催の準備 …………………………………164
　　(5)　第2回亜細亜労働会議の内容 ……………………………165
　　(6)　亜細亜労働会議の結末 ……………………………………174
　　(7)　小　括 ………………………………………………………175
　3　太平洋労働組合会議の結成と結末 ……………………………177
　　(1)　太平洋労働組合会議の提案 ………………………………177
　　(2)　太平洋労働組合会議参加のための日本側の準備 ………182
　　(3)　第1回太平洋労働組合会議の内容 ………………………185
　　(4)　汎太平洋労働会議事務局の活動 …………………………189

目　次

　　(5)　第2回太平洋労働組合会議の内容 …………………………191
　　(6)　第2回太平洋労働組合会議のその後 ………………………195
　　(7)　小　括 …………………………………………………………197
　4　今後の検討すべき問題 ………………………………………………198

第9章　日本の労働組合とアジアでの国際協力活動 ……………212
　1　はじめに ………………………………………………………………212
　2　なぜ組合が国際協力活動をおこなうのか …………………………213
　3　労働組合の国際協力活動の法的側面 ………………………………215
　　(1)　労働組合法上の問題点 ………………………………………215
　　(2)　税制上の問題点 ………………………………………………218
　4　国際協力活動の実例 …………………………………………………219
　　(1)　企業内組合 ……………………………………………………219
　　(2)　産業別組合 ……………………………………………………221
　　　①　自動車総連 …………………………………………………221
　　　②　電機連合 ……………………………………………………222
　　　③　ゼンセン同盟 ………………………………………………223
　　　④　自治労 ………………………………………………………224
　　(3)　全国レベルの組合——連合の場合 …………………………226
　　(4)　国際産業別組合組織の支部の場合 …………………………232
　5　今後の活動の在り方 …………………………………………………233

第10章　あとがき——今後の研究目標について—— ……………238

　事項索引

　人名索引

第1部

アジア諸国の労働法を
どのように考えるか

第1章　アジア諸国の労働法を考える視点

1　はじめに

　本稿はアジア諸国の労働法を考える視点について考察することを目的としている。アジア諸国の政治経済社会状況は多様性や多面性を持っているが，その中で共通に見られる特徴点を引き出せないかという問題関心から，アジア諸国の労働法をどのように分析すればよいかを考察する。その際に対象国を限定しておきたい。アジアと言っても広い地域なので，比較的情報が入りやすく，これまで研究の蓄積のある地域に限定したい。東アジアと東南アジアを対象とするが，社会主義国は除くことにする。そうすると韓国，台湾，フィリピン，タイ，マレーシア，シンガポール，インドネシア（以下これらの国をアジア諸国という）の7カ国が考察の対象国となる（ブルネイを除く）。つまり香港を除いたアジアNIESとASEANのうちの5カ国を対象とする。日本は東アジアに含まれるが，ここでは省いている。

　アジア諸国の労働法を考察する視点として，権威主義的体制なのか，民主主義的体制なのかという政治状況を横軸とし，工業化による経済発展政策を実施する際に，統制経済なのか市場経済なのかという縦軸によって，アジア諸国を位置づけて考える。政治経済状況は時間とともにどのように変化しているかをみる必要がある。それらは固定されているわけではないので，3次元での変化をみる必要があるからである。この視点を提起する背景には次の事情がある。(1)アジア諸国の労働法を成立させている基盤には政治的経済的状況があり，それを踏まえないとアジア諸国の労働法はとらえられないと考えているからである。(2)政治の領域での民主主義，経済の領域での市場経済が，現代国家の望ま

しい政治経済システムであるという考えが先進国にあるが，これまでアジア諸国では権威主義的体制のもとで統制経済によって国家運営がなされてきた。民主化や市場経済原理を普遍的価値としてどこの国でも尊重すべきであると考え，アジア諸国は先進国が主張する方向に変化していくのか，それとも先進国と別の方向に向かうのかという問題提起に答えることになるからである。

そこで東アジア，東南アジアの政治状況や経済発展を考慮しつつ，それが労働法にどのような特色をもたらし，それがどのように変化しているかを検討する必要がある。その時，権威主義的体制のもとでは労働法の主な役割として富・パイの拡大，そのための効率化に力点が置かれるのに対し，民主化が進めば富・パイの分配，つまり公正さの追求に力が注がれると整理できないかと考えている。以下にその内容を説明しよう。

2　権威主義的体制下での，開発法学としての労働法

アジア諸国では，植民地時代（タイは別）からすでに労働法は存在し，その歴史は50年を越えている。

アジア諸国における労働法は植民地時代（タイは別）に始まっている。それは植民地体制を維持するために旧宗主国から選択的に法継受することによってはじまった。フィリピンはアメリカ，シンガポールとマレーシアはイギリス，インドネシアはオランダ，韓国は日本，台湾は日本とドイツ，植民地にならなかったタイはドイツやフランスの大陸法系の法を受け継ぎ，戦後アメリカ法の影響も受けている。したがって，どのように選択して継受したかを確認しておく必要がある。

アジア諸国の労働法は，旧宗主国の影響を今も引きずっている。独立以前の法律は基本的には独立後も引き継がれている。植民地時代の法律は憲法に違反しないかぎり有効性が認められたり，立法機関によって廃止されないかぎり効力が認められているからである。独立後も旧宗主国の影響を受けて制定される場合もあった。しかし，独立後工業化による経済発展という国造りにあわせて労働法の土着化がしだいに進んできており，その独自性があらわれてきている。土着化するきっかけとなったのが，工業化を目指した経済発展のための労働法

第1部　アジア諸国の労働法をどのように考えるか

作りである。ということは工業化の以前から労働法が制定されているが，工業化の進行とともにその労働法が改正されたり，新たに制定されることによって，労働法が工業化を中心とした経済発展政策に積極的役割を果たしたことを意味している。そこで継受した労働法がどのように変化し，経済発展にどのような機能を果たしているかを確認しておく必要がある。

　アジア諸国は低開発国，停滞社会とされ，永久に発展しない社会というイメージがあったが，しかし，独立後，工業化による経済発展政策を採用し，かなりの経済発展を達成した。農業は天候しだいであり，いつも一定の生産性を確保することがむずかしい。植民地政策によってモノカルチャーな一次産品を生産していたが，国際市場の変動を受けて価格が不安定になりやすかった。このことから農業より生産性の高い工業の振興を目指した。初めは輸入代替型の工業化を目指したが，国内市場が小さいことや，貿易の赤字を生み出したので，しだいに輸出志向型の工業化に移っていった。その時期が早い国と，インドネシアのように国内市場が大きいので輸入代替型を堅持し，輸出志向型に転嫁するのが遅い国があった。

　工業化による経済発展のためには，政治的・社会的安定が前提になるとアジア諸国では考えられた。特に外資を導入するためにはそれらの安定が必要であった。政権が変わって外資導入政策に否定的な政策が採用されたり，企業の国有化のおそれがあったり，暴動によって社会の混乱を招くおそれの強いところには外資は進出しない。それらの安定を確保するために，権威主義的な政治体制（国民の政治体制への参加を著しく制限すると同時に経済発展に国民を総動員する体制）が生まれた。この体制のもとでは，経済発展政策を妨害して政治的不安定をもたらす政治的勢力を排除する必要がある。たとえばシンガポールには国家安全法，インドネシアには反国家転覆法，フィリピンには国家反乱令（大統領令1177号）がある。反体制的な活動をおこなう労働組合は，政治的不安定をもたらすものとして，弾圧の対象とされる。政府寄りの労働組合だけが組合としての存在や活動が認められるという結果になる。

　さらに長期的な政策形成と執行のために，中央集権的な政策決定が必要である。そのためにも権威主義的体制の維持が必要とされている。憲法体制をみれば，立法，司法，行政の機関が設けられており三権分立の形をとっているが，

行政優位が見られる。軍，警察，テクノクラートの存在が権力者を支えている。それらがマイナスに働き，腐敗の問題を引き起こす場合があるが，軍人・警察・官僚を中心に構成される権力集団が権威主義的体制を支えている。

　効率的に経済発展を促進できる権威主義的体制を開発独裁[1]とも言う。アジア諸国では，まず共産主義運動の抑圧や一党による長期政権によって安定を求めた。共産主義運動の抑圧としてはマレーシアにおける国内治安法（1960年制定）に基づく1960年代から70年代にかけてのマラヤ共産党弾圧，インドネシアにおける1965年の「9・30事件」と呼ばれている共産党弾圧，タイにおける1960年代以降のタイ共産党の弾圧がその典型的な事例である。韓国は北朝鮮，台湾は中国人民共和国との関係から共産主義者を排除した。一党支配による長期政権ではマレーシアにおける統一マレー国民組織，シンガポールにおける人民行動党，インドネシアにおけるゴルカルに見られる。それは民間企業を統制する強力な官僚機構，個人の日常生活における人権の侵害，労働者を規制する仕組みの存在，長期にわたる実質的一党政治，高度の中央集権という権力構造が仕組まれている点に共通点がある。権威主義的体制によって国家の社会統制手段の制度化ができあがっている。それらを支える伝統社会での支配の原理がアジア諸国に存在している。

　国家が経済を指導することを憲法で定めている国としてインドネシア（33条2項），タイ（5章国家政策の指導原則68条），マレーシア（92条），フィリピン（12章国家経済と財産1条），韓国（119条2項）がある。アジア諸国の経済発展政策において，政府の果たす役割が非常に大きいことの現れである。政府の役割に，市場経済がうまく行かない時，利害の調整のためにのみ政府がのりだす型と，政府が強力に市場経済へ関与し，その誘導や指導を行う型に分けられるが，アジア諸国では後者の型であり，これによって権威主義的体制を作り上げた政府の強い統制のもとで経済発展を目指している。

　それをよく示しているのが長期経済計画の事例である。韓国は1962年から経済開発5カ年計画をスタートさせ，台湾では1953年第一次経済建設4カ年計画を開始し，1976年まで6次にわたって続け，1976年から1981年までは6カ年計画，1982年から4カ年計画を実施している。タイでは1961年から経済開発計画を実施し，現在第8次経済社会開発計画（1996年10月から2001年9月）実施中で

第1部　アジア諸国の労働法をどのように考えるか

ある。マレーシアでは1956年から経済開発計画を実施，1970年新経済政策発表後，1971年から第2次マレーシア計画をたて，現在第7次を実施中である。さらに「ビジョン2020年」計画がある。インドネシアは1969年から5カ年計画実施し，現在第6次(第二次25年長期計画)を実施している。フィリッピンでは1957年第一次5カ年計画を開始し，マルコス政権下で1967年から1977年まで4カ年計画を実施し，現在は「フィリッピン2000開発計画」がある[2]。

　工業化のために必要なのは，資本，人的資源，技術である。国内資本では民間部門が弱いので公共部門の比重が高いことと，外国資本の導入が特徴的である。人的資源のためには一般教育や職業教育が重要であると同時に，工業化促進に合わせた人事政策や労使関係政策が必要になる。そのために労働法が生み出されてきた。そこで，その目的にあう独立以前の法はそのまま維持されたが，さらにその政策を促進するために，新たな法律を制定施行している。それが開発法[3](契約法，会社法，金融法，税法，環境法，知的所有権法，関税法，外国投資法等々の集合体)とも呼ばれる領域を形成している。労働法もその中に含まれる。

　経済発展を実現するために，成長と分配のどちらを優先するかという問題がある。もし分配を優先すると経済発展に必要な資本を得ることが困難になる。そこで経済発展のためにはパイの拡大を優先する必要があるという議論がアジア諸国でなされている。そこで，経済発展を目指すために労働法に求められているのは，パイ・富の拡大に貢献することである。これは富の分配を後回しとすることを意味する(マレーシアではブミプトラ政策によって土地の子であるマレー人に分配を多くする政策を採用している。これはマレーシアの社会構造に配慮した結果である)。先進国では，労働法は富を分配する機能を持つことが強調されるのが通常である。たとえば，日本の労働基準法は最低の労働条件を法定することによって労働者への富の分配を保証し，労働組合法によって組合の団交によって労働条件の確保・向上を認めることは，労働者への富の分配を保証するものである。ところが，アジア諸国の労働法は富自体の拡大に貢献することが求められ，富の分配の機能は制限されている点に特徴がある。アジア諸国がこれまで経済発展を遂げてきた最大の武器は人件費の低コスト，つまり低賃金であった。法律によって労働基準を定めても，その施行が不十分にしかなされなかったり，また労働組合活動の抑制によって，労働者への富の分配を抑え，低コス

トを維持してきたことに，このことが示されている。さらに低コストであっても，生産性向上に力点がおかれてきた。つまり経済発展のために，生産性・効率性を高めることに注意が払われてきた。したがって労働法も生産性向上に貢献することが求められている。これが結社の自由やストライキの制限規制に現れている。

しかし，アジア諸国では，フィリピンを除いて1980年代から90年代にかけて高度経済成長をとげた。10％前後の成長率を記録した。1997年8月タイの通貨危機以降陰りが見えてきたが，「アジアの時代」といわれる程の経済発展を遂げてきた。韓国は OECD に加盟が認められ，先進国に仲間入りをした。シンガポールは国民1人あたりの国民所得は日本のそれをうわまっている。そうなってくると富の拡大に力点のあった労働法の役割が，富の分配にも機能することを組合自身が求めはじめていることを示している。

3　民主化の側面から見る労働法

民主主義は権威主義的体制と対立する概念である。民主化問題がいまアジア諸国で議論になっている。民主主義や民主化の概念は多様である。しかし，議論のために民主主義の内容を定義しておく必要があろう。議会制度があって，投票によって議員が選出され，彼らが政策に参加できるシステムがあり，与党だけでなく野党が存在して競合関係があること，さらにそれらの前提として政治活動の自由が保障されていることが必要であろう。この3点を民主化の要件としておこう。そうすると，ここで取り上げるアジア諸国は形式的には議会制度を有しているが，その前提として複数政党制が機能していない。複数政党が存在していても権威主義的体制を維持する政党しか存在が認められない場合があったり，戒厳令によって大統領を中心として軍部や警察が実権を握っている場合さえもある。国民の言論・出版・結社の自由による政治活動の自由がかなり制限されている国が多い。つまり，アジア諸国では民主主義の要素（たとえば議会制度）がまったくないわけではないが，形式的な民主主義と権威主義的体制との混合形態が見られる段階にあると言えよう。

経済発展のためには権威主義的体制がアジア諸国には不可欠であるという考

えが存在する。アジア諸国では一定の条件の下，つまり国が貧しく，教育水準が低い段階では権威主義的体制が経済発展をもたらす。民主主義は必ずしも経済発展をもたらすものではないという見解を生み出している。つまり経済発展と民主主義はトレードオフの関係にあるのでないか。民主主義は必ずしも経済発展に有利に働くという考えが通用しないことを示している。

しかし，それがいつまでも継続できるかどうかは検討しなければならない。1980年代の後半から具体的に民主化への動きが現れた。民主化の動きとして1986年フィリピンにおけるマルコス政権の崩壊，韓国の1987年の6・29民主化宣言，1987年7月15日の台湾の戒厳令廃止，タイの1992年5月事件，インドネシアの1998年におけるスハルト大統領の失脚がある。しかし，それが民主化への契機になったであろうが，民主化が実現できたとは言えない状態である。

しかし，権威主義的体制の維持が困難になる事態が生まれている。それには3つの契機がある。1つは，「上からの民主化」である。経済環境の安定のために治安維持が必要視されるが，強権にのみ頼る政府は反政府勢力を生む可能性が大きいという現象が出てくる。そこで，権威主義的体制のやり方が問題となる。社会統制による行政効率と経済合理性を追求するために，権威主義的体制内部からの民主化，つまり「上からの民主化」がありうる。これは権威主義的体制の温存を目指しているので，民主化が不徹底になる可能性が大きいが，民主化への動きを無視しえないので，権威主義と民主主義の妥協を図ることになる。

次に「下からの民主化」が考えられる。権威主義的体制であっても経済発展をある程度実現すると教育水準が向上して，中間層（中産階層）が形成され，権威主義的体制に批判的になる。権威主義的体制の維持が社会不安定の原因になる。この段階になると民主主義が経済発展にとってプラスになる。これが「民主化」への動きを加速させる。しかし，それだけでなく，所得配分に不満を持つ貧困層の反発も考慮しなければならない。したがって，民主化への動きは経済発展によって生まれるミドルクラスと経済発展の恩恵に預かれない貧困層によって進められることに注意する必要がある。

さらに先進国が，アジア発展途上国の経済発展に対して脅威を感じ，貿易上不利になることを避けるために，発展途上国で問題となっている人権や公正な

労働基準の順守を求める。これは WTO で社会条項の問題として議論されているが、まだ決着がついていない。現段階ではアメリカが2国間の貿易協定を締結する際に、公正労働基準を守らない国には最恵国待遇（GSP）を与えないという条項を入れることを要求したり、1988年包括通商競争力法301条を発動して貿易上の制裁を加えることが、アジア諸国に公正労働基準を順守させる動機づけになっている。アメリカへの輸出が不利になることはアジア諸国にとって経済発展を遅らすことになるからである。そこで欧米諸国からの公正な貿易を求めることが労働組合政策や労働条件に変化をもたらす可能性を持っている。これが公正労働基準だけでなく人権の尊重にも拡大され、「外部からの民主化」を促進する要因となっている。

先進国からの民主化の要求に対して、アジア的民主主義を主張して、欧米の個人主義に基づく民主主義は伝統的に存在する家族主義的、集団主義的なアジアには適合しない、アジア特有の民主主義を作り上げることが必要であるという反論がある。これは主として、「上からの民主化」を迫られている権威主義的体制を担当している側から主張されている(4)。アジア的民主主義という表現が意味するところは明確ではない。チャチャイ政権下のタイで主張された「半分の民主主義」、サリット政権下で述べられた「タイ式民主主義」(5)スカルノ元大統領が提唱した「指導された民主主義」、スハルト大統領の主張する「パンチャシラ民主主義」(6)という国家原則のスローガンがその事例である。権威主義的体制を温存した中で民主化をおこなうという方向を目指している。これらは欧米諸国で使われる民主主義とは異なるが、アジア諸国独特の民主主義なのか、将来は欧米型の民主主義にいたるが、今はその過度期なのか、それとも権威主義的体制を正統化するために恣意的に独自性を強調しているにすぎないのか。

民主化が進めば、市場経済化が進展していくという考えがあるが、アジア諸国で権威主義的体制のもとで経済発展をとげることによって、政治上の民主化が進み、経済運営も市場経済化を促進する方向に向かうことになるのか。シンガポールのように先進国並みの経済発展をとげ、市場経済化を目指しながら、民主化が平行して進まない状況が見られる。APEC（1989年11月第一回会議）やASEAN（1967年成立）では市場経済化を目指し、それによって貿易と投資の自

由化を図ろうしているが，その前提として民主化が不可欠なのかどうかが問題として存在する。

政治体制上の民主化が労使関係上の民主化にどのような影響があり，それが労働法に反映されていくのかを検討する必要がある。民主化が進めば，富の分配の公平を求める動きが当然強くなり，それが労働法にも影響を与えるからである。しかし市場経済化が進むことによって，貧富の差が拡大する傾向が指摘されており，民主化と市場経済化に伴って，労働法の富の分配機能の強化が要請される。先に述べたマレーシアのブミプトラ政策のようにマレー人優先政策もあり，公平さの内容が社会構造に影響を受ける場合があることも考慮しておかなくてはならない。

4　労働法への影響とその変化

以上の政治経済状況のなかで，労働法がどのような特徴を持ち，それがどのように変化していくのかを検討してみよう。

(1) 労使関係法の領域

労使関係にかかわる基本的な成文法[7]として，韓国では1963年制定でその後重要な修正を受けた労働組合法，労働争議調整法[8]，1980年労使協議会法，台湾では1975年工会法，1930年労働協約法，1928年労資争議処理法，フィリピンでは1987年労働法典，タイでは1975年労使関係法，マレーシアでは1959年労働組合令，1967年労使関係法，シンガポールでは1941年労働組合令，1967年労使関係法，1941年労働争議法，インドネシアでは1954年労働協約法，組合登録やチェック・オフに関する労働大臣規則や決定等がある[9]。

まず労働組合に対する法政策をみてみよう。そのポイントは組合の強制登録制度（韓国では申告という表現）である[10]。登録が認められてはじめて組合としての存在が認められる。当然登録には要件があり，それに合わなければ登録は認められない。組合強制登録制度では登録前の組合活動には保護がないことになる。日本の労働組合に対する法政策の歴史を見ると，禁止時代，法認（放任）時代，助成時代と変遷している。労使自治が達成されたのは助成時代にな

第1章　アジア諸国の労働法を考える視点

るが，アジア諸国の労働組合の法政策はこの変遷の歴史のどのレベルに達しているのか。強制登録制度をみれば，禁止と法認の間ぐらいに位置づけられる。推定組織率は平均して12～3％前後にあり，低い率になっている（タイは6％ぐらいで特別に低い）。今後先に述べた民主化によって助成時代にむかっていき，推定組織率が上がるのであろうか。もし，そうなら，先進国の発展を後追いをする単一発展論になっていく。これでよいのか。別の変遷史が描けないのか。

さらにアジア諸国に設けられている不当労働行為制度がどの程度組合活動を助成しているのか。その役割をみておく必要があろう。「不当労働行為」の中に組合活動とは関係なく雇用契約上の保護が入っているが，団交拒否や支配介入が含まれていないので，狭くなっている。（黄犬契約の禁止はマレーシア，フィリピン，韓国，台湾にはあるが，タイにはない。団交拒否・支配介入があるのは韓国，フィリッピン，タイには団交拒否はない）。組合活動を助成するという発想が弱くなっている。

アジア諸国の労働組合は，推定組織率が低く，組合活動の役割が弱い。その中で企業内組合が無視できない割合を占めており(11)，そこではどのような交渉や協議がなされているのか。産業別組合でも支部ごとに交渉がおこなわれ，したがって企業や事業所単位の交渉になっている。（一部では産業別交渉もなされている。たとえばマレーシアのゴムのプランテーション）しかし，その交渉には産業別組合の役員が組合側の交渉委員として加わっており，それが組合側をリードしている。産業ごとに最低の労働条件を確保し，さらにそれにいくら上乗せするかが企業ごとの交渉できめられる。これは企業内組合の団体交渉とは違っている。労使の対抗関係を表す団交がどの程度定着しているのか。法律で団交手続が定められているが，団交の期間が短く，その間に団交で合意ができなければ争議調整手続に移行してしまう。労使による団交を積極的に促進する制度にはなっていないように思える(12)。団交によって富の分配を話し合うので，権威主義的体制のもとでは労使に任せられない。詳細な争議調整手続をみると，むしろ政府が介入した紛争処理を重視しているように思える。その方が経済発展政策に即した富の分配を政府主導のもとで決められるからである。

団交の結果労働協約が締結されても，その認証制度によって内容に政府が介入する制度が存在する。たとえ団交によって合意ができても，その合意が政府

11

によってチェックされる。労働協約の内容を修正する権限が政府に与えられているからである。これも権威主義的体制のもとで富の分配を政府主導で決められるシステムと言えよう。

　パートナーシップや労使協調を求める点からいえば，団体交渉より労使協議方式が好まれる。団体交渉は労使の対決を前提としており，労使協議は労使の協調を基本理念としている。法律があるのは韓国だけであるが，それ以外の国ではどうか。タイ（1976年タイ労使関係綱領および1981年タイ労使関係促進行動綱領），マレーシア（1975年労使協調のための行動規範），インドネシア（1985年パンチャシラ労使関係実践のための指針）(13)，フィリッピン（1981年労使関係政策共同宣言）では，法律ではないが，労使協議の活用を目指している。そのねらいはコンセンサスによって生産性を阻害する組合の活動を抑制し，生産性の向上を図り，富の拡大を目指すことである。結果的にアジア諸国は経済発展を遂げつつあり，一定の機能を果たしたと言えよう。

　争議行為の制限・禁止の範囲が広く定められている。重要事業や公益事業の範囲は極めて広く，主要な産業のほとんどをカバーしている。これも生産性阻害要因をできるだけ排除しようとするものと言えよう。

　団交で処理できない場合には争議調整手続に移行し，政府機関が調整に入るのがフォーマルな手続であるが，最終的に強制仲裁制度が設けられている。仲裁の前の調停段階でいずれの顔をも立てた形で紛争処理をおこなう場合が多い。したがって強制仲裁までいく事例は少なくなっている。しかし政府にとっては最後の手段としてそれを保持している。これはストライキやロックアウトの機会を減らし，生産阻害要因を少なくすることを目指していると同時に，調停段階での解決は政府機関も交えた三者による紛争処理になっていることを示している。

　政府機関以外の第三者の介入による紛争処理の有効性がアジア諸国に共通に見られる。労使紛争処理の実態をみても，タイ，インドネシアでは「地元の顔役」（チャオ・ポー）による処理が多い。伝統社会でのパトロン・クライアント関係やインドネシアでのゴトン・ロヨン（相互扶助），マレーシアでのルクン・ネガラ（相互扶助）に根ざしている。これも紛争を拡大しないで，丸く納める手段に利用されており，伝統的な紛争処理方法が生産性の向上に貢献する機能

を果たしていると言えよう。
　先進国では団体交渉を中心とする労使自治（産業民主主義）が労使関係法の基本にすえられている。これは二者主義であるが，団体交渉は労使が対抗すること前提としている。これに対してアジア諸国では経済発展のために政労使三者をパートナーととらえている。したがって政労使の三者主義が一般的であり，三者の協調関係が必要とされている[14]。リー・クアン・ユー元首相が唱えた「Learning from Japan」やマハティール首相の「ルック・イースト政策」の提唱のポイントの1つが，三者の協調関係の構築であった。それは経済発展政策によって富・パイを拡大することを最重要課題としているからである。パイの分配（賃金）については，パイを拡大するために労働者側は我慢させられており，経済発展を実現した後で分配をしようという政策がとられた。政府と使用者は結びつきやすい。公共部門では政府が使用者になるので，このことがはっきりわかるが，民間部門においても同様の傾向が見られる。そこで労働者や労働組合が経済発展政策に協力するかどうかがポイントになる。権威主義的体制のもとでの経済発展政策では富の拡大に労働者や労働組合は協力するものと位置づけられている。特に労働者や労働組合が反政府活動をおこなって政治的・社会的安定を乱したり，争議やストライキによって生産を阻害することをさけるべきものとされている。現実にはそのとおりにはなっていない。そこで権威主義的体制下の政府がその状態を強制的に作り上げるためのシステムを作り上げている。それが労働組合の登録制度，組合組織形態の限定，企業内組合の強制，1企業1組合主義の強制，ナショナル・センターの一本化，団交手続の法定化，労働協約の登録・認証制度，強制仲裁制度，争議禁止範囲の拡大，輸出加工区における労働基本権の規制等々である。
　しかし，先進国でも労使関係に対する政府の役割が大きくなりつつあり，アジア諸国との違いがどこにあるかを確認する必要がある。つまりコーポラティズムとの違いがどこにあるか。
　先進国では福祉国家にみられるように政府の役割が重要であるが，労使をバックアップやサポートする役割を政府が持つのに対し，アジア諸国では労使をリードする役割を持っているという捉え方ができるであろう。
　民主化によって労働組合への助成段階の到来が予想されるのであろうか。外

部からの民主化圧力として，国際労働基準問題からアジア諸国で結社の自由が保障される方向に向かうのであろうか。さらに国内でも経済発展を遂げつつあり，労働組合の発言力が強くなってきている。反政府的姿勢を持つ労働組合が結成されてきている。これらが今後どのように労使関係に変化をもたらすであろうか。

1997年3月13日に制定された韓国の「労働組合及び労働関係調整法」が今後どのように機能していくかが，この問題を考えるヒントとなるであろう。韓国は経済発展を遂げ，OECDに加盟が認められ，先進国の仲間にはいったが，条件として労使関係上の規制を取り払うことが求められた。それが労使自治を目指したものであるのかどうか検証する必要がある。というのは，経済発展を遂げると，先進国のあとを追って労使自治を実現するのであれば，発展途上国の労使関係は先進国の後追いをするという単一発展論に組することになるからである。経済面だけを見れば，収斂論に連なるが，社会面を加えればどうなるか。経済発展を遂げても政府主導型の労使関係は維持されるのかどうか。

さらに戒厳令を廃止した台湾で労働法がどのように修正されているかも注目される。ここで取り上げたアジア諸国の中ではシンガポールとともに，もっとも経済発展を遂げた国であると同時に，1987年戒厳令を廃止して民主化に乗り出している。それが労働法に反映されているのか。単一組合主義の制限緩和，強制加入主義の撤廃，不当労働行為の強化によって結社の自由を保障する改正が提案されている段階である。したがって現段階では団交による労働条件設定機能は弱い。まだ権威主義的体制での労働関係法を引きづっている[15]。今後の動きが注目される。

(2) 雇用関係法の領域

雇用関係にかかわる基本的な成文法[16]として韓国では1953年勤労基準法，台湾では1984年労働基準法，1974年労働者安全衛生法，タイでは1972年労働保護に関する内務省令，フィリピンの1987年労働法典，マレーシアの1968年雇用令，シンガポールの1968年雇用法，インドネシアの1948年労働法をはじめとして労働時間・休日，雇用関係終了，女子・年少者，賃金保護に関する労働大臣規則等がある。

第1章　アジア諸国の労働法を考える視点

　日本も含めて先進国では，最低の労働条件を定めて，その順守を罰則や行政監督によって強制する方法を使っている。これは富の分配をより公平にする機能を果たすので，経済発展によって富を拡大する視点からは，無視されがちである。経済発展のためには，安い人件費を武器とせざるをえない場合には，できるかぎり低い労働条件のままにしておくことを目指すからである。しかし，それによって労働力が消耗してしまっては困るので，ある程度の労働条件を設定せざるをえないが。しかし，フィリッピン，タイ，インドネシア等では，人件費を安くするために児童労働の問題を引きずっていることに見られるように，労働保護法の初期段階にある。

　さらに，アジア諸国においては次の問題点がある。

　①　最低の労働条件の内容が，規定だけを見れば先進国と同じか，場合によればそれ以上の規定が見られる。ILO条約にあわせるために，法律の内容が実態を無視して，高い労働基準を定める場合がある。したがって日本よりすぐれた労働条件を定める法律が制定されている。国際労働基準と貿易をリンクさせるという社会条項を取り入れても，法律上の規定だけ国際労働基準にあわせる可能性がある。

　②　最低の労働条件を決めるのが普通であるが，最高の労働条件を定めて，これ以上の労働条件の設定を認めない場合や，規定上は最低の労働条件であるが，実態では最高あるいは標準の労働基準になっている場合がある。

　③　適用範囲の限定がどの範囲か。中小零細企業が適用範囲から除かれていないか。そこでは労働組合が組織されていない確率が高いために，労働条件の保護を受けられない者が出てくる。さらにインフォーマル・セクターで働く者も保護を受けられないのが普通である。

　④　罰則の効果があるのか。監督機関や裁判所の腐敗のために罰則を受けないいすむとか，額が低くなる場合があるのではないか。そうすると使用者が罰金をはらっても，違反行為をした方が得をする。その結果強制の意味が小さくなる。

　⑤　監督機関の職員が少なく，十分な監督ができない。何年かに1回しか監督できないとすると，その間は違反をしていても大丈夫ということになり，強制の意味が小さくなる。

第1部　アジア諸国の労働法をどのように考えるか

　そうなると労働条件がなにで決められているが問題となる。就業規則がそれである。ところがイギリス法系の国では就業規則についての法律を持っていない。ということは就業規則を監督するシステムを持っていないことになる。それ以外の国では就業規則についての法律を持っている。そこでは就業規則制定や改正の手続，内容の規制が定められており，行政機関から監督を受けるシステムがある。それがどの程度機能しているのか検討する必要がある。監督機能が不十分であれば一方的に使用者が労働条件を設定することになり，経済発展を遂げても，それに見合う労働条件向上に限界が生じる。

　民主化の進展とともに経済の自由化や規制緩和が求められているが，今後これらに伴って生じる問題が是正されるのかどうか。たとえば富の分配への配慮つまり公正さを保障できる仕組みが作られるであろうか。「外部からの民主化」要因として，アメリカは韓国，台湾，タイ，マレーシア，インドネシアに最恵国待遇を武器に公正労働基準の順守をせまった。たとえば，それが最低賃金の増額につながっている[17]。しかし，それでも最低の生活を保障するには低いという問題がある。

　現段階の民主化では，富の分配を平等におこなう機能は十分には発揮されていない。今後に期待されるところである。

（1）　開発独裁という表現を用いることの妥当性を検討する必要がある。開発という表現に問題があるからである。開発には経済開発という意味で使う場合と，社会開発や人間開発を含めた意味で使う場合があるからである。また独裁という表現も，一人の絶対的権力者が存在していることを前提とした表現であるが，そのような権力者がいる場合（1965年以降のスハルト，マルコス，マハティール，リー・クアン・ユー，1975年以降のタイ・サリット，将介石等）もあるが，そうでない場合も（タイ）あるからである。末廣昭「アジア開発独裁論」講座現代アジア二巻『近代化と構造変動』東大出版会，1994年，209頁。

（2）　シンガポールは1961年第一次5カ年計画，1966年第二次5カ年計画を実施したが，それ以降の5カ年計画はない。ここで取り上げるアジア諸国の中で唯一の例外である。

（3）　開発法学については安田信之編『第三世界開発法学入門』アジア経済研究所，1992年参照。

第1章　アジア諸国の労働法を考える視点

（4）　岩崎育夫編『アジアと民主主義―政治権力者の思想と行動―』アジア経済研究所，1997年，3頁以下参照。
（5）　タイ式民主主義については河森正人『タイ―変容する民主主義のかたち』アジア経済研究所，1997年参照。
（6）　パンチャシラ（5つの原則という意味）とは，唯一至高神への信仰，公正にして開化した人道主義，インドネシアの統一，協議制／代議制における英知によって指導される民主主義，全インドネシア国民のための社会正義の5つの原則をさす。パンチャシラ民主主義は共同体内の調和と均衡を重視し，秩序を維持して国民統合を目指し，そのために個人の権利を抑制することを合理化している。インドネシアの文化や種族の多様性の中で統一を保つための手段として利用されている。
（7）　団結権，団体交渉権，団体行動権を憲法で保障しているのは韓国（33条）とフィリッピン（13章社会正義と人権3条）である。それ以外の台湾（14条），マレーシア（10条），シンガポール（14条），インドネシア（28条），タイ（37条）では結社の自由が保障されているにすぎない。
（8）　韓国の1997年の新しい立法の内容は，海外労働時報258号91〜124頁参照。
（9）　法律や規則の内容を一番確認しにくい国がインドネシアである。1887年から1969年までに制定された14の労働関連法を統一した労働法が1997年9月に成立した。2000年10月1日まで施行が延期されている。
（10）　拙稿「アジア地域における労働組合の登録制度」アジア経済26巻9号54〜67頁（本書第2章）。
（11）　Stephen Frenkel ed., Organized Labour in the Asia-Pacific Region, ILR Press, p. 311.
（12）　団体交渉を前提とする法律としてマラヤ連邦の1948年産業裁判所令，フィリッピンの1953年産業平和法，タイの1956年労働法があったが，いずれもその後実態に合わないとして，政府が積極的に介入する法律の制定によって廃棄された。
（13）　パンチャシラ労使関係については海外労働時報1号35〜42頁。
（14）　労使協調関係や産業平和を憲法で定めているのは台湾（154条），インドネシア（33条1項），フィリッピン（8章3条）である。
（15）　Sean Cooney, "The New Taiwan and its Old Labour Law: Authoritarian Legislation in a Democratized Society", Comparative Labour Law Journal, vol. 18, no. 1, pp. 1〜61. インドネシアについてはIan Febring and Timothy Lindsey, "Indonesian Labour Law under the New Order: The

第1部　アジア諸国の労働法をどのように考えるか

　　　Military and Prospects for Change", Working Paper No. 7, Center for Employment and Labour Relations Law, The Universty of Melbourne, 1995.
(16)　雇用関係にかかわる憲法上の規定があるのは，韓国（32条勤労の権利と義務，勤労の基準原則，女子・年少者の保護），台湾（152条労働の機会の提供，法律による労働者保護，女性・児童の保護），フィリッピン（8章3条労働保護の原則，完全雇用と雇用の平等，14条女性労働保護），タイ（5章国家政策の指導原理中72条雇用の確保，公平な労働条件）である。
(17)　拙稿「インドネシアの労働事情調査」国際産研14号25〜36頁。

第2章　アジア諸国の労働組合の登録制度
——経済開発とのかかわりで——

1　問題提起

　アジアの発展途上国は，国家の目標を経済発展による国民生活の向上においている。経済発展と国民生活の向上とは理想的には両立しうるものではあるが，現実には経済発展を優先すれば国民生活の向上が犠牲になる場合がある。経済発展によって生み出される富の分配が公正でないからである。しかし，アジア発展途上国は国民生活の向上のためには，経済発展をめざさざるをえないと考えられている。その経済発展を実現するためには工業化をおしすすめる必要があることが，共通に認識されている。

　シンガポール，香港を除いてアジアの発展途上国は，基本的には農業国であり，その中で工業化をめざすには，様々な困難を伴う。その1つとして，いかに工業化に適した労働者を養成するかという問題がある。これまで農業に従事していた者を工業労働者に転換させる必要があるからである。農業で生活できなくなり，都市に押し出され者を，工場で働く労働者として訓練するには多くの時間と費用がかかる。

　独立以後，ほぼ50年近くを経たアジア発展途上国は，国民の2割前後が，工業部門の労働者として生涯をおえる人たちである。今後工業化が進めば，この割合が高くなるであろう。しかし，農業従事者に比べれば，その割合は低い（ただしシンガポールと香港は別）。

　工業化にとって，生涯労働者として過ごす層が拡大する必要があるが，その層が厚くなれば，労働者の経済的地位の向上のために労働組合を結成し，労働

第1部　アジア諸国の労働法をどのように考えるか

組合を通じて労働者の主張が強まってくる。したがって，経済発展，つまり工業化を実現するためには，労働者の協力が必要であり，そのためには労働者を組織する労働組合の協力がなくてはならない。このことから，アジア発展途上国の政府は，工業化実現のために，労働組合をパートナーと位置づけている。つまり，政府，労働組合，使用者（団体）の三者が共同して経済発展，工業化をめざすものととらえている。

しかし，現実の労働組合がそのような機能をはたしているのかどうかは疑問である。労働組合が労働者の要求を，使用者（団体）との団体交渉によって実現していく際，使用者（団体）との対抗関係が生じる。さらに経済発展のために労働者の要求をある程度抑えるという政策を政府が採用した場合，労働組合と政府が対立していく。また対立は労働組合の経済的要求の場合だけでなく，政治的側面でも生じ得る。

このように労働組合の果たしている役割と，政府によって理念的にとらえられている発展途上国の労働組合の役割との間にギャップが生じているが，そのギャップをうめるために，どのような労働組合政策がとられているかを考察することは意味のあることである。その際，ポイントになるのが労働組合の登録制度である。これを通して，労働組合と経済発展とのかかわりを見てみたい。

本章では，考察の対象としてインド，マレーシア，シンガポール，香港，タイ，フィリッピン，インドネシアの7カ国に限定しておきたい。これは東南アジアのなかで社会主義国であった国を除いていること，南アジアの中ではインドだけを考察の対象にしていることを意味する。

2　労働組合の登録制度

7カ国のうち，インド，マレーシア，シンガポール，香港はイギリス法を継受し，インドネシアはオランダ法，フィリッピンはアメリカ法を受け継いでいる。タイだけは特定の国からの継受ではなく，イギリス，アメリカ，フランス，ドイツ等からの影響を受けている。これらの国の労働法は，基本的にイギリス，オランダ，アメリカ，ドイツ，フランス等の影響を受けながら，独立後しだいに独自性を持ち始めてきている。「アジア的価値」を強調する考えの中には，

第 2 章　アジア諸国の労働組合の登録制度

これまでの宗主国の影響からしだいに脱して，独自性を持ち始めたことを示したいという考えが潜んでいる。ただ，現段階では，具体的に「アジア的価値」の中身を明示できないで，政治的スローガンに終わっている気がするが，今後より独自性が明確になれば，状況が異なってこよう。労働組合の登録制度はそれを示す材料として適切であると思われる。

(1) インド，マレーシア，シンガポール，香港の場合

　イギリス法を継受したインド，マレーシア，シンガポール，香港に労働組合の登録制度が導入された経緯には，次のような事情があった。

　イギリスでは，1871年労働組合法が，任意の登録制度を規定し，登録労働組合は受託者の名において財産の管理・運用をおこなう権限が認めれられた。したがって，この登録制度は組合財産の保護のためにもうけられたものであり，労働組合に認められる民刑事上の免責は，登録の有無に関係なかった[1]。このことは，イギリスでは登録制度をとおして，政府による組合干渉を意図したものではなかったことを示している。そのために，登録は強制されず，組合の任意にまかされている。ここに，労働組合の内部問題には，国家や行政が介入すべきでないというボランタリズムの考え方があらわれているとみることができよう。言い換えれば，労働組合は任意団体（voluntary association）であって，労働組合の結成や運営は組合員の自主的な判断にまかせるべきであり，それに国家や政府が介入すべきでないという考えに基づいていると言えよう[2]。

　このボランタリズムに基づいた登録制度が，その後イギリスの植民地に移植されていったが，その際に，登録制度の性格がしだいに変えられていった。どのように変えられていったのかを考察するのが本節のねらいであるが，まずイギリスの登録制度がどのようにアジア地域の植民地に継受されたかを見てみよう。

　イギリスの1871年労働組合法上の登録制度は，まずインドに継受され，1926年労働組合法に取り入れられた。このとき，登録は任意とされ，登録組合になることによって，法人格を取得して，民刑事上の免責が与えられるという規定が設けられた。民刑事上の免責が登録組合にのみ認められる点がイギリスと異なっている。その結果，登録組合に認められる法的効果がイギリスより広がり，

第1部　アジア諸国の労働法をどのように考えるか

登録組合と非登録組合との法的保障の格差が大きくなった[3]。

　この1926年インド労働組合法をもとにして，1935年セイロン（現在のスリランカ）で労働組合令（Trade Union Ordinance）が制定された。この労働組合令において，すべての労働組合は設立後3カ月以内に登録を申請することが義務づけられた。これは強制的な登録制度を意味し，登録申請が認められない場合には労働組合は違法な団体とされた。これは当時のセイロンにおける労働組合の戦闘化，インドの共産主義者の影響がセイロンの労働組合におよぶことに不安を感じた植民地政府が積極的に推進した立法政策であった[4]。

　さらに，この政策に影響を与えたと思われるものとして忘れてはならないのは，1930年9月17日，イギリスの植民地大臣であったパスフィールド卿（シドニー・ウエッブ）が，植民地に対して，労働組合の結成促進を勧め，そのときに組合登録制度を義務づけることを指示した通達を出していることである。なぜ，パスフィールド卿はこのような通達を出したのか。植民地では労働組合が自生的に成長することをまっていては不十分であり，政府の後見的な保護のもとにおく必要があると認識していた結果である[5]。この通達が，セイロンにおいて強制的な登録制度という形で具体的に結実した。しかし，それがパスフィールド卿が考えていた登録制度の目的と違う意図のために，植民地政府が登録制度を利用した。それが，よりはっきりするのが，その後の登録制度の普及である。

　このセイロンの労働組合令の影響を受けて，1940年マラヤ労働組合令が作られ，現在のマレーシア・シンガポールに強制的な登録制度が導入された。この時の立法意図は，労働組合の組織化がすすみ，しだいに独立運動や政治的活動に乗り出してきた労働組合への対策として取り入れられたことが明らかである[6]。

　一方，イギリス側は，1940年植民地開発福祉法（Colonial Development and Welfare Act）を制定して，植民地住民の利益・福祉の向上をめざすという政策を採用した。この法律によって植民地に財政的支援が与えられるためには，いくつかの条件が必要であり，その1つが，植民地で労働組合の設立や活動を保護することがあげられていた。そのためにモデル労働組合令が作られ，植民地でそれに基づき労働組合法を制定することが要請された。このモデル労働組合

令は強制的な登録制度を採用し、登録組合にのみ民刑事上の免責を付与するという規定をもうけていた(7)。労働組合の結成やその活動を保護するための制度が、植民地では登録制度によって労働組合をコントロールして植民地支配に反対する組合の活動を抑制する手段として利用された。

このモデル労働組合令、マラヤ労働組合令の影響を受けて、1948年香港で労働組合・労働争議令 (Trade Union and Trade Dispute Ordinance) が制定された。これは中国本土の政治に香港の労働組合がまきこまれないこと、それによって共産主義の影響が広がることを抑えるためであったとされている(8)。

このように、インド、マレーシア、シンガポール、香港において労働組合の登録制度が作られ、それが現在も生き続けている。その経緯を見れば、登録制度が導入された時期が、まだイギリスの植民地時代であったために、その支配に反対する労働組合を抑制するとう政治的意図が見られた。つまり、労働組合は独立運動の主体となったり、共産主義の影響をうけて、戦闘化するのをおそれた植民地政府が、労働組合をコントロール下におくことをねらっていた。

独立後もこの登録制度がひきつがれている。シンガポールでは1959年労働組合令、香港では1962年労働組合令が新しく制定され、マレーシアでも改正がなされたが、登録制度の基本的特徴はそのまま残っている。これが経済発展とどのようにかかわっているのかという問題点が生じてくる。

この問題を検討するために、それぞれの登録制度の特徴を述べておこう。

① 4カ国に共通にみられるのは、「労働組合」(Trade Union) の定義が、労働者の集団である労働組合と使用者の集団である使用者団体を含んでいる。これはイギリスの1876年及び1913年の労働組合法上の労働組合の定義を受け継いでいるからである(9)。ただマレーシアだけは、2つ以上の労働組合が結成する連合体を「労働組合」の定義から削除し、さらに独立後の1959年改正では、勤務場所がマレーシア連邦内の労働者の集団、または連邦内で業務をいとなむ使用者の集団に限って「労働組合」の定義としている。これは労働組合が政治活動をおこなう組織となることを妨げ、シンガポールの共産主義者の支配を受けている組合がマレーシアで組合の組織化に乗り出すことを防止するためであった(10)。しかし、マレーシアでも労働者の集団と使用者の集団を「労働組合」としている点では変わりない。したがって、登録制度による規制は、労働

組合だけでなく使用者団体にも及んでいる。

②　登録を組合に強制している国と，任意にまかせている国とがある。マレーシア，シンガポール，香港は強制しているのに対して，インドでは任意である。インドでは，登録組合になると，刑事共謀からの免責，法人格の取得，労働争議において雇用契約違反誘致や不法行為を理由とする損害賠償からの免責が認められる。これに対して，非登録組合にはこれらが認められない。したがって，登録組合になることによって享受する保護が大きいので，登録へのインセンティブになっている。

これに対して，強制登録制度を採用しているマレーシア，シンガポール，香港では，労働組合の結成運営に対する政府の介入が大きくなっている。つまり，登録の要件にあっているかどうかは，第一次的に登録官の判断にまかされており，要件にあっていないと判断すれば登録拒否や登録取消をする権限が与えられている。もっとも登録拒否や取消の判断は司法審査の対象とされているが，それ以前に，登録官は労働組合が登録要件に合致するように指導をおこない，その指導を受けつけない組合には登録拒否をしたり，登録を認めるかどうかの判断をしないで棚ざらしにして事実上の拒否をおこなうという措置を講じる。さらに登録が認められると，毎年活動報告と会計報告を登録官におこなわなければならない。それを登録官がチェックし，場合によれば登録取消をおこなうことが可能である。これらを通じて政府が組合の活動や運営に介入し，コントロールを強化することができる。

③　4カ国とも，登録申請には最低7人の組合員の署名が必要である。したがって，最低7人で労働組合を結成することができる。インドでは，このことが小規模組合を乱立させる原因であると批判されている。

登録申請は組合設立の日から1カ月以内になされなければならない。ただし，この期間は登録官が必要と認めるときは延長することができるが，6カ月をこえることはできない。インドでは任意登録なので，このような期間の制限はない。

登録申請に際しては，組合規約の写しの提出が義務づけられており，その規約に定めるべき事項が明示されている[11]。この規約の内容が登録官によってチェックされ，規約が法律やそれにもとづく規則に違反しているときは，登録

が拒否される。イギリスでは，1871年労働組合法が，組合規約の内容に登録官が介入して，組合自治を侵害しないように配慮がなされていたが，この4カ国では，むしろ積極的に登録官が介入することを認めている。

④　4カ国とも，組合員や役員資格に制限をもうけている。年齢制限では，インドでは15歳以上を組合員，18歳以上を組合役員になれる年齢としている。シンガポールでは18歳未満には組合員資格がなく，21歳未満には組合役員資格がない。香港では16歳未満の者には組合員資格がなく，21歳未満の者には組合役員資格がない。マレーシアでは組合員資格者は16歳以上（18歳未満には投票権がない）で，組合役員資格者は20歳以上である。

マレーシアでは，違法なストや非公認ストに参加した者を除名すること，その者をふたたび組合員とする場合には，登録官（1987年以後は労働組合局長）の事前の許可が必要である。

香港では，香港内で居住している者で，組合が関係している産業または職種に従事している者だけに，組合員および組合役員の資格を認めている。ただし，組合役員の場合には，登録官の許可があれば，組合が関係している産業または職種に従事していない者も，これにつくことができる。これは部外者（outsider）を組合から排除しようとするものであるが，完全に排除はしていない。香港では登録官の許可があればよい。これに対して，インド，マレーシア，シンガポールでは部外者が組合役員中に占める割合を制限している。インドでは，組合が関係する産業に従事しまたは雇用される者は，役員の過半数でなければならないが，マレーシア，シンガポールでは3分の2以上でなければならない。

部外者を排除するのは，弁護士，政党役員らが組合役員となる場合，組合が政治活動の道具として利用されやすいためである。それが本来の組合活動にとって必ずしもプラスばかりではないからである。マレーシアでは，1971年の改正で，政党役員や職員を労働組合の役員から排除しており，労働組合と政党との人的つながりをのぞこうとしている。一方，部外者がいなければ組合活動ができないという事情もある。一般組合員の中から役員が育つことが望ましいが，そこに至るまでの間，部外者の力を借りて組合活動を維持せざるをえない状況がある。その妥協の産物として，一定割合までの部外者の存在を認めている。

⑤　組合基金に対してもさまざまな規制を加えている。まず組合の一般基金

第1部　アジア諸国の労働法をどのように考えるか

の使用目的が法律で規制されている上に，政治的目的のために別個に政治基金を作ることが認められている。これはイギリスの1913年労働組合法が取り入れた政治基金制度をモデルとしている。インドでは，イギリスと同様に，政治基金への拠出を拒否すれば拠出義務はなく，そのことで不利益を受けることはない。これに対して，マレーシア，シンガポール，香港では組合基金を政治的目的に用いることを禁止しているが，政治基金をもうけることについてはなんの規定もない。このことは政府側に労働組合の政治活動を抑制しようとする意図があることを感じる。

マレーシア，シンガポール，香港では組合基金が不正に流用された場合，登録官または検察官は流用禁止のインジャンクションを請求することができる。さらに，登録官は，命令で基金が預金されている銀行に対して，預金からの支払停止を命ずることができる。また登録官は組合の会計帳簿を検査することができる。財政面からの政府の介入が可能である。

⑥　マレーシアでは，1959年の改正で組合内部の紛争処理についての規定が追加された。まず，この問題は組合規約に定められて手続によって処理される。もし，規約が紛争を裁判所に付託することを定めているときは，第一審裁判所であるセッションズ裁判所（Sessions　Court）に付託される。また当事者の合意があれば登録官に付託することもできる。登録官は紛争について聴聞をおこない，そのために当事者や証人の出頭や，文書の提出を求めることができる。そして紛争処理のための決定を下すことになる。

イギリスでは組合の内部問題に対しては裁判所が介入することを避ける伝統がある(12)。これに対してマレーシアでは司法裁判所だけでなく，登録官も介入できることに特色がある。

⑦　行政の労働組合への介入を端的に示すのが，マレーシアにおける1980年の労働組合法の改正である。労働大臣は，内務大臣の同意を得て，官報に公示する命令によって，マレーシア全体もしくは一部の治安と公共の秩序をおかし，もしくは治安と公共の秩序とに矛盾すると思われるときは，労働組合の活動を6カ月未満の期間停止することができる。これは1975年の「工業調整法」で示された工業化推進のための労使関係の安定を強制力によって確保することをねらったものとされている。

第2章 アジア諸国の労働組合の登録制度

　以上の特徴からいえることは，労働組合の登録制度によって行政機関が組合の組織運営に介入しており，その介入の度合が独立後より強くなっていることである。これは，行政の指導によって経済発展政策を遂行するうえで，労働組合を強制的に協力させるためには好都合な制度である。労働組合および使用者（団体）を経済発展のパートナーとするには都合のよい制度と言えよう。

(2) フィリピンの場合

　フィリピンに労働組合登録制度が導入されたのは1936年11月施行の「合法的労働団体を定めかつ規制するための法律」（Commonwealth Act No. 213）である。これは同年10月施行された強制仲裁制度とともに，政府が労働組合に対して規制と保護を与えたもとにされているが，実際には規制の方に比重がおかれていた。

　その法律では労働組合は，その活動が警察官の調査によって適法とみとめられてはじめて登録することができること，現政府を中傷しまたは倒そうとすること，現行法に違反する行為をおこなう場合には，登録が拒否される。その結果，共産党の影響下にあった組合が登録拒否された。

　これを改正したのが1953年産業平和法である。この法律は，強制仲裁よりむしろ労使間の自由な団体交渉を促進することを目的として制定されたが，しかし，それより以前の法律との妥協の産物としての性質も持っていた。それがはっきりするのが労働組合の登録制度である。この産業平和法制定時には，組合登録制度をさらに強化し，組合を政府の御用組合とすべきであるという考えと，労働組合の活動を自由にすべきであるという考えが対立しており，両者の妥協として，組合登録制度が改正された[13]。

　登録の要件として次の書類の提出が求められた。組合憲章と規約，役員の氏名，住所，組合の所在地，すべての役員が共産党および暴力その他の手段で政府転覆を主張する団体への非加盟の宣誓書，1年以上継続している場合には年次会計報告書などである。労働省はこれらの資料に基づき登録を認めるどうかを決める。労働省は登録を拒否する場合には，30日以内に公聴会を開催しなければならない。労働省の決定に対して，裁判所への救済の訴えが認められている。

　また労使関係裁判所が，組合結成に使用者が関与し，援助していること，さ

らに支配介入していることを認定したときは，労働省はその組合の登録を取り消す。

組合は登録によって合法な組合となり法人格を取得することができ，適正な交渉単位内の排他的交渉代表となることができる。

この制度から分かるように，政府転覆と使用者の支配介入にきびしい態度をとっている。特に破壊活動の名のもとに共産主義が労働組合に浸透することを抑えようとしている[14]。

1953年産業平和法を廃止したのが，マルコス政権下で制定された1974年労働法典である。労働組合は登録を認められて「合法な労働組織」(legitimate labour organization) として法律に認められる権利を享受することができる。労働組合として存立するために登録が強制されてはいないが，労働法典上の保護を受けるためには労働省労使関係局地方事務所に登録しなければならないので，事実上登録が強制されていると言えよう。

登録要件として特色があるのは，交渉単位内の従業員の少なくとも50％が組合員であることが要求されていることである。アメリカの交渉単位制度がフィリッピンに導入され，交渉単位内の従業員の50％以上によって選出された労働組合が排他的交渉代表となることになっており，この登録要件は登録組合が排他的交渉代表になるよう配慮し，その結果，交渉単位内に複数組合が併存しないようにしたものと言えよう[15]。

連合体や全国組織の組合が登録する場合には，10組合以上が支部として存在していることが必要である。さらに1972年には1産業1組合の方針がだされ，これに基づき1地域では2以上にわたる産業で組織された組合の登録は認められないことになった。

登録の取消事由が労働法典240条に定められているが，その取消事由に該当するかどうかは，労使関係局が最終的に判断する権限が与えられているが，それは行政機関に大きな権限を付与していると言えよう。

登録組合になると法人格を取得し，団交権限，組合財産の所有，登録名による訴訟当事者適格，組合員のための福利活動が認められている。

さらに労働法典は組合の内部運営について多くの規定を設けている。たとえば，242条では組合員の権利義務を明記し，その中で注目されるのは，組合員

が過激組織に加入し、または過激活動に従事することが禁止され、もし組合がその活動を知りながら組合員資格を与えている場合には、登録の取消事由や組合役員の罷免事由になる。さらに組合費徴収、組合基金の管理、会計報告、役員の選出手続などを定めており、それらに違反すれば登録取消および組合役員の罷免事由となり、労使関係局は違反事実を調査し、罰金を課すかどうかの決定権限を有している。さらに労使関係局は組合内部の紛争や組合間の紛争について専管的処理権限が認められている。きわめて大きい権限が行政機関に付与されていることになる。

マルコス政権が倒された後、1989年に大幅な改正が施行された。アキノ大統領のもとで民主化政策が進められたが、登録制度は大きな改正はなされなかった。そこでも登録は強制されていないが、登録されることによって法人格を取得し、「合法な労働組織」としての権利と義務が付与されるので、事実上強制されている点は変化がない。改正されたのは登録要件である。交渉単位内の従業員の20％以上を組織していることが条件になっている。労働法典が最初に制定された時は50％であったが、それが1981年5月の改正によって30％に下げられ、さらに1989年から20％に下げられた[16]。これは組織化が困難であるので、条件を緩和した。1産業に1組合のみ登録を認める規定は削除された。過激組織に加入したり、過激な活動に従事している者を組合員とすることが禁止する規定は削除されていない。したがって、産業別組合や全国的な連合組織の登録については規制がゆるまったが、その基盤となる単位組合の登録制度の基本はアキノ政権下においても、組織率が30％から20％に下げられた以外は、大きな変化はみられなかった。若干規制をゆるめたが、組合を規制する点では、登録制度はマルコス政権下と同じ性格を維持している。

(3) タイの場合

タイの労働組合登録制度の原型は、タイではじめて近代的労働立法といわれる1957年労働法にある。その後登録制度の根拠規定は1972年労使関係に関する内務省令、1975年労使関係法と移っているが、その基本的性格は1957年労働法の規定の中に見られる。

1957年労働法は、個別的労働関係法と集団的労働関係法の両方を含む包括的

第1部　アジア諸国の労働法をどのように考えるか

な労働立法であり，アメリカの影響が集団的労働関係法の領域で見られる。労働組合を法認し，不当労働行為制度によって団結権を保護し，組合と使用者の団体交渉による労使紛争の自主的解決をみとめている。それができない場合には労使関係委員会による労働争議調整制度をとりいれている。この点では，きわめて体系的に整備された労働立法といえよう。

しかし，労働組合の登録制度の側面から見ると，政府の関与する程度のきわめて高い登録制度であり，組合員の組合を設立する自由，組合を運営する自由，解散する自由が非常に制限されている。ここに大きな特徴点がある。

労働組合は登録官によって登録が認められてはじめて労働組合としての存在がみとめれる。つまり設立許可主義が採用されている。7人の発起人が登録申請時には必要であり，申請書に必要記載事項を書き，組合規約の写しを3通そえて登録官に申請する。登録官は申請が適法と判断すれば登録を認める。組合の，「目的が公共の安寧に抵触し，または国内に騒乱を惹起させ，もしくは労働者の利益または福祉の擁護に資することができない」とみとめられる場合には，登録が拒否される。

登録官は登録許可後，執務時間中組合をいつでも検閲でき，帳簿，会計簿，組合員名簿を検閲するために組合事務所に立ち入ることができる。また組合は収支決算書を付した監査人の報告書を登録官の求めに応じて，いつでも検認のために提出しなければならない。その他登録官は組合が労働法の規定に違反していると認めるときには，その登録を取消すことができる。

さらに労働法は労働組合の内部問題についてこまかく規定をもうけている。組合員資格，組合役員資格，組合執行部の構成，組合総会における決議事項，組合基金を政治活動に使用することの禁止，組合の合同など，組合が自主的に決定すべき事項に規制を加え，組合がそれらの規制を順守しているかどうかを登録官が監督している。

このように組合の設立，運営，解散に行政が関与する制度を1957年労働法が採用している。次に制定された1972年労使関係に関する内務省令も，労働組合設立許可主義を採用し，組合運営に行政が介入する点においては，1957年労働法と同様であるが，行政の介入の程度がさらに大きくなっている。

たとえば，組合役員は，国家の経済または安全もしくは公序良俗に対して危

険を生じるとの嫌疑をかけられた者でないこと，さらにタイ国憲法にもとづき国王を元首とする民主政体に反対する政体を固守する者でないことという明文の規定がおかれている。つまり，組合役員は現体制を維持する者でなければならないということである。そして組合役員になるための要件に欠けると登録官が判断すれば，組合の登録が拒否される。また組合役員が労働争議調停官や仲裁官の職務遂行を妨げるときは，中央登録官はその役員を罷免する権限を有している。さらに中央登録官は組合解散を命令する権限が認められている。

　1972年内務省令のもう1つの特徴が，使用者団体も労働組合と同様に登録官によって設立が許可されることである。そのための要件や，運営，解散について労働組合と同じ規定を設けている。これは使用者団体も労働組合と同様に，行政機関の強いコントロール下におかれていることを示している。

　現行法である1975年労使関係法においても同様である。まず，労働組合は登録を強制されている。組合は発起人10人以上で登録官に申請し[17]，それが認められて法人格を得ることができる。そのためには，①労働組合を結成できる者は，同一使用者に雇用される従業員，または同種の事業に従事する使用者に雇用される従業員でなければならない。②組合の目的が，労働条件の維持向上と労使関係の健全化を維持すること，さらに公共の秩序に違反しないこと。③登録官は，組合活動を調査するために労働組合事務所に立入ること，組合役員や組合員に書類提出を命じること，組合運営について事実を明らかにするために役員や組合員を呼び出し，質問することができる。組合が争議調整を担当する調停官や仲裁官の任務を妨げたり，公共の秩序や国家の経済や安全を危うくする場合には，組合役員の解任や執行委員会の解散を命じることができる。④登録組合は，団交や協約締結，民刑事の免責，雇用に関する情報サービス提供等をおこなう権限を与えられるが，政治活動や公共の安全，生命身体，自由，財産を脅かす行為は禁止されている。

　これらは行政機関の組合運営に対する介入を意味し，それは労働組合だけでなく使用者団体にも向けられている。「公共の秩序」に反する活動によって登録が取り消され，反共法の存在とセットで考えると，現体制をくつがえす労働組合の存在は否定されている[18]。

第1部　アジア諸国の労働法をどのように考えるか

(4)　インドネシアの場合

インドネシアの労働組合の登録制度は，1955年大臣規則によって作られたが，それが1975年，1987年，1993年に改正された。1955年，1975年，1987年の規則では登録は任意であり，それによって生じる法的効果は労働協約を締結できることであった。それが1993年の改正で登録が強制されることになった。ここに政策の転換が見られた。

1975年の改正では登録要件のなかで特色があるのは，組合規約のなかに，組合が自由かつ民主的であること，パンチャシラの原則にもとづいて設立され，組合の目的もそこにおいていることを明記しなければならない。インドネシアがパンチャシラの原則にもとづく社会の実現をめざしており，社会の構成要素である労働組合にもそのことが要求されたものであるが，後で述べるように，パンチャシラの原則を労使関係にもちこんだ場合，労使協調主義を意味している。これはその後の改正でも維持されている。さらに登録組合になった後，組合規約の改正，事務所の変更，執行委員会の構成，組合員資格喪失については労働力省に報告しなければならず，それがない場合登録が取り消される。登録組合だけが労働協約締結権限をもっており，協約締結のためには団交をしなければならない。したがって登録が任意といっても，団交による労働協約締結という最も重要な機能を果たすためには，登録が事実上強制されていると言えよう。もっとも，非登録組合が労働協約を締結しているケースもあり，必ずしも法律どおりにはなっていないようである[19]。1987年の規則では，ナショナル・センターとしての全インドネシア労働組合 (SPSI) を政府が承認し，それ以外のナショナル・センターの承認を排除するために，労働組合の連合が承認されるためには，少なくとも20州，100地区，1000の事業所を代表する組織でなければならないという規則が導入された[20]。

1993年の規則では，労働組合の連合の承認要件をゆるめた。少なくとも5州，25地区，100の事業所を代表すれば承認されることになった。さらに産業別組合では，少なくとも1万人の組合員が必要とされている。さらに組合の登録が強制されることになった。1994年の企業単位の労働組合に関する規則によれば，労働力省地方事務所に登録することが義務づけられ，執行委員会の名簿を提出することが義務づけられている。執行委員会の場所や委員が変更になれ

第 2 章 アジア諸国の労働組合の登録制度

ば，同じく報告しなければならない。

　企業単位の組合は25名以上の従業員のいる企業で組織でき，1つの企業に1つの組合の結成ができることになっている。これは1企業1組合しか結成できないことを意味するのかどうかが問題である。1つの企業に1つの組合が望ましいという政策を取りたいが，結社の自由との関連で1組合だけしか結成できないという規定にはならなかった。

　企業単位での登録組合になると，労働協約の締結権限が認められ，さらに解雇，労働条件をめぐる紛争について労働紛争処理機構によって解決することができる。

　これまでインドネシアでは労働に関連する法令や規則が錯綜しているので，それらを整理するために，1997年インドネシア労働法が制定された[21]。これは，スハルト元大統領の失脚後の政治的混乱のために施行が当面2000年10月まで延期されているが，今後の労働法がどのようになっていくかはっきりしない状況にあるなかで，1つの方向を示している。その中で組合と組合連合は登録を強制されている。登録要件は規則で定められることになっているが，まだ制定されていない。登録されるためにはパンチャシラ原則の順守すること，登録組合になれば労働協約を締結すること，労使紛争処理機構を利用しての紛争処理ができることになっている点は従来の規則を受け継いでいる。

　1997年インドネシア労働法が施行延期になったこと，1998年6月にILO87号条約を批准したことを受けて1998年労働力令5号[22]がだされた。これはスハルト前大統領のあとを継いだハビビ大統領の民主化政策の一環として，労働組合の結成を自由にするために出されたものである。従来ナショナル・センターとしてSPSIしか認めてこなかったが，それを自由にしたために多くのナショナル・センターが誕生している。SPSIも分裂して全インドネシア労働組合連合改革幹部会（SPSI Reformasi）が結成されているし，それらを含めて1999年6月段階で18のナショナル・センターが設立されている。そのもとに多くの企業内組合が結成されている[23]。企業単位の組合だけでなく，現存する組合は1998年労働力令でも登録を強制されているが，登録要件が簡素化され，組合役員名簿と組合規約の提出で登録が認められている。企業単位の組合は全組合員の氏名も求められている。労働行政の介入する余地が従来より少なくなってい

33

る。これは民主化が進んでいることを示している。

(5) 小 括

　この章では，労働組合が法制度上，登録制度によっていかに規制されてきたかをみてきた。要約すれば登録が強制され，登録組合として認められなければ，不法な団体としてその存在が認められない。登録が任意であっても，登録組合となることによって法的保護を多く受けるので登録へのインセンティブが大きくなっている。登録をとおして，行政機関が労働組合の結成や運営に介入できることを法制度上明らかにしてきた。しかし，その介入の実態が7カ国の間でどの程度違いがあるのかという調査はおこなっていない。したがって国によって介入の程度が異なる可能性があるが(24)，行政機関による介入が見られることには変わりない。

　その結果，アジア発展途上国の労働組合は，私的な任意団体としての性格がうすれ，公的な団体，いいかえれば公益法人化していると言えよう。公益法人は公益を目的として，かつ営利を目的としない法人であり，その設立には当事者の設立行為のほかに主務官庁の許可を必要としている。現段階では労働組合は経済発展という公益をめざす組織としてとらえられ，その枠をはずれないために登録制度によって規制を受けている。これは法律からみた登録制度の意義である。しかし，現実の労働組合は経済発展，つまり富を拡大するために生産に協力する存在としてのみ活動しているわけではない。その活動の範囲は広く，経済発展による成果を公平に分配することをも目指している。それは富の公平な分配のための活動であり，経済発展とは必ずしも一致しない。そこで行政機関が登録制度によって組合に枠組みを設けて，経済発展実現のために登録組合を公益法人化させている。

3　登録制度と経済発展とのかかわり

　労働組合の登録制度は，タイ，インドネシアを除いた国々では，独立以前から導入されている。導入当時は，独立運動の中心的勢力の1つであった労働組合を植民地政府が支配下におくことが，登録制度を導入する意図であり，経済

発展を促進することを目的としてはいなかった。しかし，この制度は独立後も引き継がれている。これは，植民地時代の法律でも，独立以後憲法をはじめとする法体系に矛盾しないかぎり，その存続が認められているためである。したがって，登録制度が独立以後も効力を持ったことは，憲法を頂点とする法体系に矛盾しないものと考えられていたことを示している。独立直後は政治的に混乱した時期であり，その当時の政権を維持するためには，労働組合を一定の枠組みにはめておく必要があったことも，登録制度を維持する動機になったものと思われる。

それが，1960年代に入り経済発展のための工業化政策を採用するようになっても，登録制度は存続された。登録制度が経済発展を実現するために有用であると判断されたためである。マレーシアのように行政機関の介入の程度を独立以前より強める登録制度に改正した国もある。なぜならば，登録制度が政治的安定にプラスになると判断されたためである。これは経済発展と労働組合とのかかわりという問題を提起している。

労働組合との関連で経済発展を実現するための条件を考えてみよう。経済発展に労働組合をどれだけ協力させることができるかがポイントになる。その協力にはさまざまな形態があろうが，一番の協力は労使関係の安定に寄与することであろう。つまり，労使関係が協調性を持ち，産業平和を高めることである[25]。

そのためには，第1にストライキを少なくして，ストライキによる生産能率の低下をおさえることである。このためにストライキを規制する。ストライキをおこなうために決議の要件を厳格にし，登録官にそれをチェックさせる。マレーシアがその例である。

第2は，企業の生産性向上に協力させることである。つまり欠勤率を低くし，生産方法や仕事のやり方を工夫することである。アジア地域では熟練工によるクラフトユニオンは育たなかったために，産業別組織あるいは企業別，事業所別の組合が多い。産業別組合といっても労働協約を見れば，個々の使用者と産業別組合との間で締結されており，企業単位の協約となっている。これは企業間の格差が大きいので，産業単位の労働協約の締結を困難にしているからである。そこで組合活動の基盤となっている企業の生産に協力して，企業の繁栄を

めざす可能性がないとは言えない。

　第3は、アジア発展途上国の労働組合が政治的労働組合主義 (Political Unionism) の傾向をおびていることである。使用者との関係で団交を通じて組合の要求を組合自身の力で実現させることが難しいために組合がその主張を実現するために、政治的圧力、特に政党の力を借りる傾向が強い。政府側は労働組合を経済発展推進のパートナーとして位置づけており、そのパートナーとなるかぎりで、政治的組合主義を認める立場をとっている。つまり、政治的組合主義の中には現体制を批判し、変革していこうとする場合もあるので、反体制的組合運動は認めないことを意味する。政府は体制内での組合のみを認め、体制をゆるがす組合運動の発生を防止しようとしている。

　その結果、政府の反対勢力となる労働組合は、政府の弾圧の対象とされる。権威主義的体制のもとでは、よりはっきりとした形でそれが現れ、共産主義思想の影響を受けた組合が登録を拒否され、非合法化されてきた。

　以上を整理すれば、次のことが言えよう。現在の経済発展政策は政府が積極的に指導しており、それを実現するためには労使の協力が必要である。そのためには労使の自主的な協力より、むしろ政府が労働組合や使用者に対してイニシャティブをとる方が経済発展のためには有効であるという価値判断を政府側は採用した。この判断に立てば、政府が労働組合や使用者（団体）をコントロールし、特に反政府活動を排除（反共政策をとっている国では共産主義をとる組合を弾圧）したり、労働組合の政治活動を禁止し、現政権に協力的な労働組合と使用者（団体）を作り上げることになる。つまり労働組合や使用者（団体）が「労使関係の当事者としての体制内の存在」となることである。言い換えれば、政労使三者の中で政府が主導する三者主義を目指している。それを実現する手段として登録制度が利用されている。したがって、労働組合は任意団体としての性格はうすれ、公的な存在、つまり公益法人化したものとして規制を受けるようになったと言えよう。

　この考えを立証するに適した国としてシンガポールがある。7カ国のうち最も経済発展をとげたとされるシンガポールでは、政府と労働組合との関係は密接であり、協調的関係を維持している。このような関係が生まれたのは、1965年シンガポールがマレーシアから分離・独立して、政府が工業化政策を本格的

第2章 アジア諸国の労働組合の登録制度

に実施されてからである。この協調的関係は、自然発生的に生まれたものではなく、行政側の組合に対する強力な介入によって可能になったものである。もともとシンガポールは島国であるために、行政の指導がいきとどきやすいという特徴を持っている。

シンガポールでは、日本の占領が終わった後、地域ごとに一般組合が結成され、その連合体として1946年シンガポール労働組合連盟 (SFTU) が結成された(26)。これはマラヤ共産党の指導をうけていたが、1948年港湾労働者のストライキをきっかけにして、イギリス植民地政府が非常事態宣言を発して、マラヤ共産党を非合法化した。これによって労働組合数が減って、マラヤ共産党は労働運動の指導権を失った。これに代わって、イギリス植民地政府の援助を受けて、1951年9月シンガポール労働組合会議 (STUC) が結成された。1955年4月立法評議会の選挙がおこなわれ独立への動きが活発化すると、再び組合運動も盛んになってきた。なかでも、シンガポール工具・店員労働組合 (Singapore Factory and Shop Workers' Union)、シンガポールバス従業員組合 (Singapore Bus Workers' Union) は戦闘的な活動をおこない、暴力事件をひきおこした。1954年結成された人民行動党の左派グループの影響がシンガポール労働組合会議に強まってきた。

1959年の総選挙で、リー・クワン・ユー政権が成立した後、STUC は政府の工業化政策を阻止しようと共産主義者の活動にかかわり、マラヤとの合併を阻止しようとしたために登録が取り消された。これをきっかけとなって、社会主義戦線 (Barisan Socialism) が人民行動党から別れて結成された。これをうけて組合運動も分かれ、社会主義戦線系のシンガポール労働組合評議会 (Singapore Amalgamated Trade Unions SATU) と、人民行動党系の全国労働組合評議会 (NTUC) に分裂した。SATU と NTUC では組合員数が8対2で、SATU が優位な勢力を持っていたために、1963年9月政府は SATU 系の主要な7単産の登録を取り消し、4単産の組合基金を凍結し、さらに SATU そのものの登録を取り消した。SATU はこれに抗議してゼネストを呼びかけたが失敗し、その後勢力が衰えた。その結果、NTUC が労働運動の指導権を握り、政労使三者の協調関係に入った。人民行動党の役員が NTUC の役員を兼ねるという人的つながり、NTUC と使用者団体である SNEF (Sinapore National Employers Federation)との協調関係に現れている。

　NTUCは，政府の経済発展政策に協力している。1969年11月の「労働運動近代化セミナー」(27)において，生産性の向上と協同組合運動(28)に重点をおいた運動方針をあきらかにし，それ以来NTUCはシンガポールにおける唯一の労働組合の全国組織として，現政権と協調しながら組合活動を進めている。それを端的に示すのが，1970年代以降のストライキ件数，ストライキ参加人員の急激な減少であり，それが現在も続いている(29)。

　このように登録制度の強引ともいえる運用によって，政府により協調的な労働組合運動を生み出したのがシンガポールである。政労使三者のコーポラティズムがもっともよく現れているのがシンガポールである(30)。

　この強制的な組合の登録制度は，マイナス面を持っている。それを示すのがインドネシアの事例である。つまり，インドネシアでは組合登録が結社の自由に違反しているのではないかという問題が生じている。

　唯一の公認されたナショナル・センターであった全インドネシア労働組合（SPSI）が国際自由労連に加盟を申請しているが，待ったがかかっている。さらに金属・電機・機械労組（LEM）ジャカルタ地本が国際金属労連に加盟しているが，その組合内部の運営について疑義が出され，資格審査の調査がおこなわれた。これらはいずれも労働組合の運営が政府によってコントロールされているのではないか，したがってILO87号，98号条約の結社の自由が守られていないのではないかという疑義に基づいている(31)。国際労働組織は結社の自由に違反する組合を加盟させるわけにはいかないからである。

　疑義が出てきた原因はスハルト政権とのかかわりの問題である。インドネシアでは1956年にILO98号条約を批准していたが，87号条約はスハルト政権が倒れた後1998年にやっと批准された。インドネシアではパンチャシラ（Pancasila国家の5原則）に基づいて運営されることを国の基本原則としている。それに基づきパンチャシラ労使関係原則が作られている。その具体的内容は1985年「パンチャシラ労使関係実践のための指針」(32)に示されている。労使は国や社会の発展の責任を共同で有し，経済発展のためのパートナーとして生産に協力しあい，その成果を公平に分配することを目的としている。このパンチャシラ労使関係を維持するかぎりで労働組合の結成と活動が認められる。

第2章 アジア諸国の労働組合の登録制度

このことから,しだいに労使協調だけでなく,民族の統一という政治的目的を達成することにも重点が置かれ,労働組合も国家の統一のために現政権と結びつくことが求められてきた。住民の住む島だけでも3500もあり,ジャワ族,スンダ族,マドゥラ族等多くの種族によって構成され,使われる言語も250種以上もあるインドネシアでは,国家としての統一を維持することは大変なことであり,たえず分裂する要因を抱えている。カリスマ性を持つ権威者が国の統一を図ってきた。それを支えたのが軍隊である。典型的な権威主義的体制が維持されてきた。労働組合もこの体制の中でしか存続が認められなかった。現政権と結びついた人物が組合の指導者となり,組合としての独立性が失われ易くなる。経済発展のために組合登録制度が導入されたことが,マイナス面を持つことがインドネシアの事例が明確に示している。

権威主義的体制が腐敗しスハルト政権が倒されてから,民主化への要求が強まり,労働組合の結成が促進され,登録手続も簡素化されている。今後,これがどう変化していくのか,注意して見ていきたい。

(1) イギリスでは1971年労使関係法が登録組合に法人格を与え,非登録組合に不利益を課すことによって,事実上組合の登録を強制していたが,1974年労働組合・労使関係法によって廃棄された。
(2) イギリスのボランタリズムについては片岡昇『現代資本主義と労働法の動態』労働旬報社,1977年,115頁。
(3) インドの1926年労働組合法とイギリスの労働組合法との比較対照は拙著『インドの労使関係と法』成文堂,1986年,13頁。
(4) セイロン(現在のスリランカ)では,1935年労働組合令の前に1929年に労働組合と労働争議についての法律を作ろうとする動きがあったが,失敗に終わった。Jayawardenna Visakha Kumari, The Rise of the Labour Movement in Ceylon, Duke University Press, 1972, pp. 301-309.
(5) 拙著『マレーシア労使関係法論』信山社,1994年,13頁以下参照。
(6) マレーシア,シンガポールでは労働組合令が制定される前に,結社令(Societies Ordinance)が登録制度を採用していた。中国から持ち込まれたギルド組織がマレーシアでは1895年,シンガポールでは1889年の結社令で登録されていた。
(7) Robets B. C., Labour in the Tropical Territories of the Common-

第1部　アジア諸国の労働法をどのように考えるか

wealth, The London School of Economics and Political Science, 1964, p. 261.
(8)　香港では労働組合令が制定される前に，1887年の「三合会および非合法結社令」(Triad and Unlawful Societies Ordinance) によって，職人同業組合，友誼団体などが非合法化されていた。その後，1911年の結社令で，これらの結社員の政治活動を規制するために，登録を義務づけ，香港の平和と秩序をみだす違法な目的を持つ結社は，総督によって違法な組織とされた。その後結社令は登録制度を廃止したが，総督が違法な組織と宣言しうる場合を拡大した。England Joe and John Rear, Chinese Labour Under British Rule : A Critical Study of Labour Relations and Law in Hong kong, Oxford University Press, 1975, pp. 207-209.
(9)　イギリスと異なる点は，「労働組合」の目的をより詳しく明示したことである。イギリスの「労働組合」の定義に忠実にしたがったインドでは，「労働組合」とは，一時的たると永続的たるとを問わず，労働者と使用者間，労働者相互間の関係を規律すること，または取引もしくは業務上の行為に関して制限的条件を課すことを目的とする団体およびその連合体をいうとされている。これに対して，シンガポールでは，「労働組合」とは，一時的たると永続的たるとを問わず，労働者または使用者の団体またはその連合体であり，以下に掲げる目的の1または2以上を有するものである。㋐労働者と使用者，労働者相互間または使用者相互間の関係の規制，㋑取引または業務上の行為に関し制限的条件を課すこと，㋒労働争議において労働者または使用者を代表すること，㋓取引または産業におけるストライキまたはロックアウトの促進，組織化，もしくは経済的援助，またはストライキもしくはロックアウト中の構成員に対する賃金その他の給付の支給。
(10)　Roberts B. C., op. cit., p. 267.
(11)　マレーシアでは，組合の名称，集会場所，組合設立の目的，規約の修正手続，組合執行部の構成，組合役員の選出方法，組合基金の管理，会計監査，組合解散手続と組合基金の処理方法，秘密投票により決定する事項，投票の手続などがあげられている。
(12)　秋田成就「イギリスの労働組合の法的性格」労働法講座7巻（上），有斐閣，1959年，2018頁。
(13)　隅谷三喜男編『フィリッピンの労働事情』アジア経済研究所，1962年，352―353頁。
(14)　前掲書，374頁。

第 2 章　アジア諸国の労働組合の登録制度

(15)　Cecilio T. Seno, "The Law of Trade Unions in the Philippines," Cherry-Lynn Ricafrente ed., Labour Relations Law under the Labour Code, U. P. Law Center, 1976, p. 65.
(16)　Executive Order 20条, Institute of Labour Studies ed., Integrated Labour and Labour-Related Laws," 1999, Annex C, pp. 186-188.
(17)　申請書の内容については岡本邦宏『タイの労働問題』ジェトロ,1995年9月,185頁。
(18)　拙稿「タイ」21世紀の労使関係研究会編『21世紀の労使関係』労務行政研究所,1992年2月,127頁,吉田美喜夫「タイの労使関係と法(二)」立命館法学1991年3号,356頁,Andrew Brown and Stephen Frenkel, "Union Unevenness and Insecurity in Thailand," Stephen Frenkel ed., Organized Labour in the Asia-Pacific Region, ILR Press, 1993, p. 223.
(19)　Adiwinata Saleh, June Katz and Ronald Katz, Survey of Indonesian Economic Law, 1974, p. 55.
(20)　この要件は1975年の規制よりゆるやかになっているが,組合の組織化が難しい状況では,登録要件を満たすことが困難である。そこでこれまでSPSIしか認められていなかった。1990年には独立連帯労組(SBM),1993年にはインドネシア福祉労組(SBSI)が結成されたが,登録することはできなかった。したがってこれらは違法な団体のまま活動していたが,ハビビ大統領のもとで登録が認められた。
(21)　The Republic of Indonesia ed., Act No. 25 of 1997 on Manpower, The Bureau of Public Relations and International Cooperation Department of Manpower, 1998,この翻訳は財団法人日本インドネシア協会「インドネシア経済法令時報」,1997年12月号に掲載されている。
(22)　財団法人インドネシア協会「インドネシア経済法令時報」1998年8号30頁。
(23)　労働省国際労働課「海外労働情勢月報」502号,1999年6,7,8合併号21頁,日本労働研究機構「海外労働時報」273号,1998年9月,36頁。
(24)　浅見靖仁「タイにおける開発主義と労使関係」日本労働研究雑誌469号,1999年8月,34頁によれば,タイの労働組合への規制が近隣諸国と比較するとゆるいという指摘をしている。しかし,先進国と比較すれば規制はかなり強いとされている。その事例として組合の登録制度をあげている。規制の程度をどのように測れば比較ができるのであろうかという問題が生じてくる。
(25)　協調的労使関係を実現するための行動綱領の事例としてインドの1958年産業

第1部　アジア諸国の労働法をどのように考えるか

規律綱領，マレーシアの1975年労使協調のための行動規範，タイの1976年タイ労使関係綱領，同じく1981年のタイの労使関係促進行動綱領がある。これらに法的拘束力はない。

(26) シンガポールの労働運動の歴史をまとめたものとして Stenson M. R., Industrial Conflict in Malaya, Oxford University Press, 1970, Levine Solomon B., "Changing Strategies of Unions and Management: Evaluation of Four Industrialized Countries," British Journal of Industrial Relations, vol. 18, no. 1, 1980, pp. 70-80, Chew Soon Beng and Rosalind Chew," The Development of Industrial Relations Strategy in Singapore," Anil Verma, Thomas A. Kochan and Russell D. Lansbury ed., Employment Relations in the Growing Asian Economies, Routledge, 1995, pp. 62-87.

(27) National Trade Union Congress ed., Why Labour Must Go Modern?, 1970（沖縄労働経済研究所訳『労働運動近代化への挑戦—シンガポールの労働組合セミナー』1981年12月）.

(28) 井上甫「シンガポールの労働福祉活動」日本労働協会雑誌255号，1980年6月，70-77頁。

(29) ストライキの発生に関する統計。

	ストライキ件数	参加人員	損失人数／日数
1955	275	57,433	946,354
1956	29	12,373	454,455
1957	227	8,233	109,349.5
1958	22	2,679	78,166
1959	40	1,939	26,587.5
1960	45	5,939	152,005.5
1961	116	43,584	410,889
1962	88	6,647	165,124
1963	47	33,004	388,219
1964	39	2,535	35,908
1965	30	3,374	45,800
1966	14	1,288	44,762
1967	10	4,491	41,322
1968	4	172	11,447
1969	0	0	8,512＊

第2章 アジア諸国の労働組合の登録制度

1970	5	1,749	2,514
1971	2	1,380	5,449
1972	10	3,168	18,233
1973	5	1,312	2,295
1974	10	1,901	5,380
1975	7	1,865	4,853
1976	4	1,576	3,193
1977	1	406	1,011
1978〜1985	0	0	0
1986	1	61	122
1987〜1997	0	0	0

（出典）Ministry of Labour, Singapore ed., Singapore Yearbook of Labour Statistics, ＊は1968年からの繰り越し分である。

(30) Chris Leggett, "Corporatist Trade Unionism in Singapore", Stephen Frenkel ed., op. cit., p. 223.

(31) ILO ed., Report of the Committee of Freedom of Association, 259th Report, p. 290, 265th Report, p. 28, 297th Report, p. 131, 302th Report, p. 114, 1986年の「企業における労働組合の設立，育成，発展の指針に関する労働力大臣決定」を見ると，企業における組合結成に，政府，SPSI，使用者やインドネシア経営者協会（APINDO）が協力していくことを定めているし，使用者からの提案によって組合の設立申請をSPSIに送付することを認めている。もちろん労働者からの設立申請を認めているが，使用者からの提案による組合設立を認めているところが組合の自主性を疑わせる要因になっている。この規定は1992年に削除されている。さらにSPSIの地方での役員にもと軍人や警察官が選ばれている点も組合としての自主性を疑わせ，政府・軍隊との癒着が疑われた。組合財政上からも問題があった点については拙稿「インドネシアの労働事情」国際産研14号，1997年，27頁，なおインドネシアの労働法規については日本労働研究機構編（松野毅訳）『インドネシアの労働法規』（海外資料8号）1994年3月参照。

(32) この翻訳はジャカルタ・ジャパンクラブ編『インドネシア・ハンドブック』1991／92年版参照。そこには，労働は民族統一のため，つまり国家の発展のために，労働に関することがムシャワラ（話し合い）とムファカット（全員一致）による民主主義的な協議によって決定され，公平な分配を目指している。そのために生産の向上への協力が強調されている。

第3章　市場経済下における労働と法

1　問題の提起

　アジア諸国では、工業化による経済発展政策を採用し、そのために外資導入によって輸出志向型の工業化によって富の拡大を目指した。それを政府の指導によって実施するために権威主義的政治体制を採用している。それに合わせた労働法が展開された。しかしアジアNIESやASEANでは、ある程度の経済発展を遂げ、中産階層が誕生して、政治面での民主化の要求が強まってきており、それまで犠牲にされてきた富の公平な分配を要求しつつある。そのために今後労働法が変化していくであろう[1]。

　社会主義市場経済を標榜している中華人民共和国（以下中国という）の労働法がどのような特色を持っているのか。社会主義市場経済以前の時期と比べてどのように変化しているのか。さらに、それが初めから資本主義経済のもとで経済発展政策を採用してきた他のアジア諸国の労働法とどのように違っているのかを明らかにしていくことが必要であろう。そのための基本的考え方をここで示したい。

2　中華人民共和国の経済政策の特徴

　1978年中国共産党第11回中央委員会第3回全体会議で改革開放政策を採用し、1992年10月共産党14回大会で、国の基本方針を社会主義市場経済と規定した。政治体制は社会主義体制を堅持しており、それは人民民主独裁体制と表現されているが、共産党と官僚による指導による支配体制が継続している。

第3章 市場経済下における労働と法

　経済政策を見ると，計画経済によって，はじめはソ連の援助を受けて輸入代替型（自力更生）の工業化を進めたが，ソ連との対決，アメリカとの対立から一層輸入代替型工業化にならざるをえなかった。工業化に必要とする資金は国内の蓄積にたよるしかなかったので，重点的に人力と財力を集中して工業化を進めざるをえなかった。しかし，1972年アメリカとの和平から外資や技術の導入によって輸出志向型工業化が可能になった。しかし巨大が人口を抱える中国は国内に巨大な市場があり，輸入代替型工業化も必要であり，両方の工業化を目指している(2)。

　市場経済化とは何か。共産党と政府がすべての実権を握っていた集権的計画経済統制との対比でみると，市場メカニズムの導入，企業の自主権の承認，外資を導入することの3点に違いがある。それまで国有企業や集団所有企業は計画を執行するだけの単位（機関）であった。それが企業の自主権を認める政策に変更した。その範囲はなにかが問題であるが，生産計画，原材料資材，製品販売，労働力・賃金，利潤分配・資金運用等（五統）の決定権や指導監督権が，徐々に企業に譲られている(3)。市場経済化と言っても，経済運営を市場原理に任せてしまうことを意味していない。それは計画経済時代の上からの指令による経済運営から共産党や行政による指導による経済運営に変更したことを意味しているととらえることができる。つまり共産党と行政の介入の程度に変化があったことを意味し，介入がなくなったわけではない。直接介入から間接介入にむかいつつある段階とも言えよう。この点はアジア諸国に見られる権威主義体制下での経済運営と類似している。その結果GDP実質年成長率は1981年から90年は年平均9.3％，1991年から96年まで年平均11.7％を記録している。1人あたりGDPも1988年に364ドルから1995年には620ドルに増加している。

　しかし，経済政策のもう一つの特徴として富の拡大に力点を置き，富の公平な分配を後回しにしている。これは，「先国家後個人」「先成長後分配」という言葉に示されている。地域格差を是認する「先沿海後内地」という表現にも見られる。その結果貧富の格差が増大している。この点も富の拡大のために生産性向上を重視し，分配を後回しにするアジア諸国の権威主義的体制と類似している。

　中国も高度経済成長を遂げ，中産階層が都市を中心に誕生している。それが

天安門事件に見られるように民主化を求める動きを発生させているが、他のアジア諸国のように民主化を促進する方向に向かうのであろうか。共産党の一党独裁体制がそれを妨げるのかどうかが問題となる。これらは今後の問題であり、それが労働法にどのような変化をもたらすか興味あるところである。

以下、労働契約法制と労使紛争処理手続に限って、その特徴を整理してみよう(4)。

3 労働契約法制

社会主義市場経済のうち、市場経済化を進めるための手段の一つとして労働契約法制を位置づけることができる。しかし、社会主義体制を維持するための妥協も見られる。

改革開放以前には労働市場は存在しなかった。1950年代中頃の社会主義確立期には政府の統制（統包統配——統一募集・統一分配）によって統一的計画的に国営企業（全人民所有制企業とも言う。1992年以後は国有企業と言う）と集団所有制企業に「固定工」として配置されていたからである。企業が労働者を公募し、選択して採用することはできなかった。終身雇用を前提とする「固定工」が「単位」に配置されれば、そこで仕事、生活のあらゆることがまかなわれた。配置を労働者だけでなく単位も断れない。単位は職場組織だけでなく、生活保障を担う組織でもある。単位は学校、幼稚園、病院、食堂、住宅の提供、映画館、商店、理髪店、浴場等の福利施設、公安派出所、民兵さえ備えている。定年退職後は養老年金が支給される。これは単位から排除されると生活ができなくなることを意味する。そこで労働者の転職も解雇もきわめて難しかった。このように固定工はその地位が保障され、「鉄の茶碗」（雇用が保障されていること）「大鍋の飯」（悪平等の意味）と呼ばれた。

固定工はいったん単位に配属が決まれば勤務態度が悪くても身分と賃金が保障され、その結果労働能率の低下を招いた。この弊害を排除するために労働契約制度を導入することになった。1981年10月の共産党中央委員会で労働契約制度の実験を決めた。法規を見ると1980年中外合資経営企業労働管理規定が労働契約制度の最初の規定とされている。1984年の中外合資経営企業労働管理規定

第3章 市場経済下における労働と法

実施弁法によって具体化され,まず外資企業に労働契約制度が導入された。1986年9月公布の国営企業労働契約制度実施暫定規則で国営企業に,1989年9月制定の私営企業労働管理暫定規定によって私営企業に導入された。1995年1月施行の労働法によって外資系企業,私営企業を含めるすべての企業に労働契約法制が取り入れられることになった(5)。さらに,その労働法に基づき,今後全人代で「労働契約法」が制定される予定である。したがって労働契約法制はまだ形成途上にある。

はじめは新規採用だけで労働契約制度が導入されたが,1992年2月すでに雇用されている固定工も含めて全員労働契約制に切り替える通知を出し,1996年には国有企業の従業員の50％以上が労働契約を締結している(6)。

労働契約制度を導入する前提として,1980年8月の全国労働就業会議で三者結合の雇用制度(国による職業紹介,企業の自由意志によって別企業をおこして就業の場を増やすこと,個人の自由な求職活動を認めること)を取り入れた。しかし,だれでも自由に労働契約を締結できることを意味しない。締結された労働契約書は労働主管部門に提出され,認証をうけなければならない。ここで労働契約の内容がチェックされる。さらに労働契約には期間によって3種類に分けられているが(7),これは戸籍制度によって分断された二重の労働市場を作り出している。つまり戸籍制度のために,本人の自由な選択によって労働契約の種類を選べない状況にある。

1958年戸籍登記条例が制定され,農村から都市に移転することが制限された(8)。これは農民の職業選択と居住の自由をなくしたことを意味する。固定工となれるのは都市籍を有する者であり,農民は戸籍を都市籍に移せなければ固定工にはなれなかった。戸籍管理の主管部門は公安部であるが,移転はきびしく制限されており,例外として大学卒業者や一定地位以上の軍隊勤務者等のかぎられた者だけが農村籍から都市籍に変更できたにすぎない。したがって農民が固定工になる機会は制限されている。臨時工,季節工に農村籍の者が多いのはそのためである。このことは今なお労働契約の種類の選択の自由を規制していることになる。このように都市戸籍保有者(1995年で人口の29％)と農村戸籍保有者(71％)を区別し,都市戸籍所有者を優遇し,農村戸籍所有者を冷遇している。

第1部　アジア諸国の労働法をどのように考えるか

労働契約制度の導入は労働契約の解約（解雇と退職）を認めることを意味する。有期の労働契約は期間が満了すれば労働契約が終了し，更新するかどうかはそれまでの働きぶりによって選別されるシステムを前提としている。契約を終了させる場合，労働行政主管部に届出が必要であり，工会の意見を聴取しなければならない。つまり行政によるチェックが入る。さらに大きな問題は赤字の国有企業での整理解雇である。1995年施行の労働法では整理解雇の要件を定めており，整理解雇が可能になっている。しかし，整理解雇され，失業した者の生活保障をどうするかが大きな問題となる。そのために社会保障制度の整備が必要になってくる。国有企業の従業員1億2000万人の内約3000万人が余剰人員とされているが，「下崗職工」（失業登録はしておらず，企業との雇用関係はもっており，単位から最低生活補助金をもらい，医療制度を利用できる）や「停薪留職」（余剰になった固定工が一定期間許可を得て離職し，賃金支払いを停止する。その間別の所で働くことを認める。単位にはそのまま所属する。単位から離脱しないで収入の確保を認めている）を用いて処理している。これらは，整理解雇を柔軟な処理によって社会主義市場経済の下で定着させる試みと言えよう。

4　工会の役割

労使紛争処理手続の前提として工会の役割を分析しておく必要がある。工会は社会主義体制を維持する重要な制度であり，市場経済にどう対応する活動をおこなうかが問われている。

工会には，肉体労働者と精神労働者を問わず賃労働者であればだれでも加入できるとされており，国有企業のトップである工場長や管理職も含まれるし，企業から工会に賃金総額の2％相当の額の財政援助が義務づけられている。日本でならば工会は御用組合とも言えるが，経営者も労働者階級のメンバーであり，両者は基本的利害の対立はないので一つの工会に入るのはなんら不思議ではない。そもそも労働争議は発生しないという前提に立っている。社会主義国であることがここに反映している。しかし現実には労働争議が発生しており，経済発展のためにはその処理手続が不可欠になってきた。

工会は1992年工会法によって規制されており，基層，地方，全国の3つのレ

第3章　市場経済下における労働と法

ベルがあるが，基層レベルは企業別組織になっており，企業内には2つの工会は存在しないとされている。推定組織率は1994年で77％，その内国有企業では95％を越えており，郷鎮企業では8％，外資系企業では75％（1995年末）である。

　工会規約（工会章程1993年に改正）では，「工会は共産党が指導し，労働者が自発的に結合した労働者階級の大衆組織である」「重要な社会政治団体」「工会は経済建設を中心に全国人民の全体的な利益を擁護する」「労働者の個別的な利益を主張し，擁護する」ことを目的としている。つまり，工会はさまざまな側面を有している[9]。1つは共産党の下部組織であり，上意下達の行政機関と同様の役割を担っている。その結果共産党の指導に従うことが求められている。したがって反体制的活動は認められない。2つ目は，工会は福利の増進，業務上の知識の学習・訓練，労働規律の順守，会社の業務の遂行，労使紛争の防止の役割を持っている。そこには企業と工会は「能率管理という共通の目標をもつ利益共同体」[10]であり，協調的労使関係の維持を義務づけられ，企業の生産性向上に協力するように労働者を教育することが期待されている。企業と工会の間に利害が対立する関係は想定されていないことになる。

　党委員会は工会とならんで企業内の組織となっている。党，企業，工会が協調関係を保持するために会社の機関，工会，党組織の責任者が兼務することがもっとも都合がよい。そのために工場長が党副書記，党書記が副工場長のように党書記と工場長の兼務が見られる[11]。国有企業では工場長が経営責任を持ち，党委員会が党と国家の政策を企業が守っているかどうか監督し，労働者・職員代表大会（工会が事務局を担当）が企業の民主的管理に参加し，労働者の利益を保護するという仕組みになっている。

　たとえば，賃金決定に工会がどのように関わっているのか。工会の委員長（企業での管理職でもあり経営方針を決める会議にも参加している）と人事・総務との事前の根回しで賃上げ案を決め，工会総会で通すという[12]。工会のトップは経営側と従業員側とのパイプ役で経営の決定に協力するよう従業員を誘導する。これは団体交渉と言えるのであろうか。労使協議に近いのではないか。したがって団体交渉（集体協商）が法制上は認められているが，今後団体交渉，さらに労働協約によって労働条件を設定することがどの程度普及するかが疑問

49

第1部　アジア諸国の労働法をどのように考えるか

である。しかし、労働法によって労働協約法制が定められ、1995年から試行されたが、1997年6月現在で9万6239部が審査に出され、3592万人の従業員に効力が及んでいる。さらに労働法より詳細な「集体合同法」（労働協約法）の草案ができている(13)。

さらにスト権は保障されておらす、工会のスト権は認められない。しかし短期的かつ部分的な自然発生的ストライキは不法とはしない措置が取られている(83年の10回全国人民代表大会)。労使紛争はストライキによってではなく、権利紛争に限ってはいるが調停、仲裁、人民法院によって処理するシステムをもうけ、工会が円満に処理する仲介の役割を果たしている。しかし現実には複数の労働者が集団で労務提供を拒否する場合がある。たとえば工会の方針に反対して一部の労働者が山猫ストを実施する場合がある。この時死刑という厳罰によって処罰される場合もある(14)。労働者の利益を守らないで企業の利益を優先する工会の活動に不満な者が工会とは別に自主労組を結成する場合もある。このように社会主義体制を維持する重要な組織である工会が社会主義市場経済のもとでどのように機能すべきかが問われている。

5　今後の検討すべき問題点

労働契約法制はまだ形成途上にあり、きちんと体系化されていない。人治の国から法治国家を目指しているが、まだそこに至っていないことがここでも分かる。1986年の国営企業の労働契約制度についての暫定規定の上位規範として1995年1月施行の労働法がある。法律が行政法規より後に制定されているが、これは「試点」（テストケースとして小規模な範囲でやってみること）として行政法規によって内容を固め、それを法律に持っていくというやり方を採用しているためである。法体系の上下関係を無視することになるが、労働契約法制でもその方法が採用されている。その結果食い違う規定があるが、それをきちんと整理する必要がある。さらに労働契約法制の法的効果がきちんとしていない。これは労働契約が契約法制ではなく、経済法に中に組み入れられているためではないかと思われる。今後、契約法制の整備が必要になろう。次に労働契約締結の実態がどうなっているかが問題となった。たとえば期間の設定であるが、期

第3章　市場経済下における労働と法

間の更新によって固定工と同じ取扱になってくる場合があるが，どのような基準で更新するかを探る必要がある。その前提として企業の自主権として認められた要員管理を企業がどうやっているのかを知る必要がある。就業規則や職場規律を定める規則が存在するが，これについての法規定が見当たらない。労働契約だけで処理しようとしているが，それで十分なのか，就業規則の法規定をどうするか検討すべきであろう。

　労使紛争処理手続における工会の代表の位置づけが問題である。労働者の利益の代表というより，工会が企業との協調的関係を維持するために企業側と同じ立場で処理にあたる場合が多いのではないかという疑問である。企業と労働者の利害が一致するという前提が市場経済化が進むにつれて崩れてくるとすれば，工会の位置づけを変える必要が強まってこよう。それは共産党主導による社会主義の維持を危うくする可能性も持っており，社会主義市場経済の在り方そのものが問われてこよう。

　「集体協商」は団体交渉と訳されているが，工会がはたして対抗的な関係による団交ができるのかどうかが問題となる。管理職も入っている工会が企業側と団交するのは困難であり，労使協議になってしまうのではないか。さらにストライキ権は認められていないが，消極的なサボタージュは起こっている。ストライキ権を認めるべきかどうか，市場経済化が進めば，現実の問題となってこよう。

　総括すれば，中国が社会主義市場経済という異なる2つの目標を同時に追求しているが，これを権威主義的な体制の中で経済発展政策を追求していると見ることができる。この点では資本主義体制にあるアジア発展途上国と類似している。しかし，社会主義体制の維持のためには共産党の一党支配の継続が必要とされており，政治面で民主化が先おくりされている。このことが工会が使用者側との自主的交渉によって労働条件を決定するという活動を弱めており，社会主義体制下で権威主義的体制が維持され，そのもとでの経済発展政策が押し進められている。労働法もその枠内でのみ存在しうる状況にある[15]。

（1）　拙稿「アジア諸国の労働法を考える視点」学会誌労働法91号，1998年5月，6頁（本書第1章3頁）。

第1部　アジア諸国の労働法をどのように考えるか

（2）　中国の経済についての文献は非常に多いが，最近の文献として小島麗逸『現代中国の経済』岩波新書，1997年12月参照。
（3）　志村治美・奥島孝康編『中国会社法入門』日本経済新聞社，1997年11月，3頁。
（4）　法規の条文は日本国際貿易促進協会『投資家のための中国労働法令集』1998年1月を参照した。
（5）　山下昇「中国における労働契約制度の展開（上）」労働法律旬報1415号，1997年9月，37頁。
（6）　中国統計年鑑1997年版93頁。
（7）　固定期間がある労働契約，固定期間がない労働契約，一定の仕事を完成するため必要な期間の労働契約の三種類である。劉波「中国における労働制度改革と労働契約法制」日本労働法学会誌92号，1998年10月，47頁。
（8）　戸籍制度については前田比呂子「中華人民共和国における『戸口』管理制度と人口移動」アジア経済34巻5号22頁以下。
（9）　伊藤正一『現代中国の労働市場』有斐閣，1998年5月，159頁, Lee Lai To, "Trade Unions in China", Singapore University Press, 1986参照。
（10）　日本労働研究機構編『中国の労働政策と労働市場』日本労働研究機構，1997年11月，345頁。
（11）　志村治美・奥島孝康編・前掲書，79頁。
（12）　日本労働研究機構編・前掲書，269頁。
（13）　海外労働時報267号23—24頁，1998年4月。
（14）　拙稿「中国調査報告」国際産研（関西国際産業関係研究所発行）13号18—29頁，1997年3月。
（15）　ベトナムでは，1986年12月第6回共産党大会で，「ドイモイ政策」が正式に採用され，国営・公営以外の資本主義的経営や個人経営の存在を認め，市場経済化を導入した。このことが1992年の憲法に明記された。1957年11月に制定された労働組合法は1990年6月，1993年12月に改正された。そこでは，ベトナム労働総連合に加盟している組合の執行委員長あるいはその委任を受けた者が，労働者代表となって企業の管理者と団体交渉して労働協約を締結し，その協約が政府に登録され，登録が承認された日から有効になる。労働契約は協約に違反することはできない。スト決議を経て限定的ではあるが，ストライキ権の行使も認めている。これは資本主義国の労使関係法とよく似ている。これは労働法制定にILOが協力，日本，マレーシア，シンガポール，タイ，インドネシアでの調査の成果の現れで

第3章 市場経済下における労働と法

あろう。資本主義国での労使関係法の基本的枠組みに近いことは，ベトナムがASEANに加盟して，そこで共同歩調を取りやすくする条件が存在することを意味する。この点が中国と違っている点である。それだけによけいに，それが国の体制として社会主義と衝突しないのかという問題が生じる。ベトナム労働法の翻訳として日本労働研究機構編『ベトナム社会主義共和国労働法典』(海外資料9号) 1995年11月，解説として斉藤善久『ベトナムの労働関係法制』(未公刊)。

第 2 部

アジアの公正労働基準

第4章　アジア諸国の経済発展と中核的労働基準

1　社会条項の問題提起

　国際貿易をおこなう際に貿易協定を締結するが，その協定の中で国際労働基準を順守するという条件を書き込む場合がある。それを順守できない場合には貿易上の制裁を課すことを明記している。それらを社会条項と呼んでいる。

　ILO条約に定められる国際労働基準より低い労働条件で作られた物を輸出することに対しては，それがソーシャル・ダンピングであるとして，それを規制する動きは戦前から存在していた。それが最近，国際貿易との関連で，国際労働基準に従わないことは不公正な競争をしているという批判がアメリカを中心として主張されるようになった。1995年1月1日に設立されたWTO（世界貿易機構）で，貿易と国際労働基準の関係が検討課題の1つとされた[1]。

　アメリカ政府の主張は，自由貿易体制を維持するためには公正な貿易をおこなう必要があるということを根拠としている。つまり，貿易をおこなう場合には，当事国間で同じ条件で競争しようということである。発展途上国は最低の労働基準を順守していなかったり，結社の自由を認めていないので，労働組合との団体交渉によって労働条件を決めることができない。これでは発展途上国では安い賃金で作られた製品を安く輸出でき，貿易面では優位に立ち得る。これでは公正な競争ではないという批判が生まれた。この背景には，アジア諸国とアメリカやEUとの間で貿易摩擦が強くなり，安価に生産される商品が先進国に輸出され，その結果先進国から労働条件の低い発展途上国に生産拠点を移すことになり，産業の空洞化がおこり，先進国での失業問題が深刻になってくるという事情がある。

第4章　アジア諸国の経済発展と中核的労働基準

　ただ先進国のすべてが社会条項に賛成しているわけではない。先進国から発展途上国に進出している多国籍企業は，有利な貿易条件を維持するため社会条項に反対である。

　アジアの発展途上国はどのように対応しているのか(2)。その対応はさまざまである。反対の立場では，社会条項はむしろ貿易や投資の自由を阻害し，保護主義的な政策に連なり，発展途上国との経済摩擦や失業を生み出すという批判を持っている。先進国の産業を保護するために，国際労働基準に従わない労働条件のもとで作られた商品を排除しようとしているという批判である。さらに，国際労働基準は先進国の労働基準を前提に作られており，それをただちに発展途上国に適用するのはおかしい。アジアにはアジア特有の価値があり，それを前提とした労働基準を作るべきであり，さらにアジア発展途上国の現状を前提とした国際労働基準を作るべきであるという主張に連なってくる。

　アジア諸国では反対意見だけでなく賛成の意見もある。国際自由労連アジア太平洋地域事務所（ICFTU—APRO）を中心として，社会条項によってアジア諸国の労働者の労働条件の向上をはかることができるし，公正な貿易を実現できるとして賛成の立場にたっている(3)。逆に組合の中でも経済発展を重視して反対に立場にたつ組合も存在している。このように利害がさまざまに入り組んでいる問題であり，解決の難しい問題であるが，ILO の場で討議の結果，一定の解決を見た。それが1998年6月の ILO 総会で採択された「労働に関する基本的原則と権利とそのフォローアップに関する ILO 宣言」である(4)。

　労働に関する問題をあつかう国際機関は ILO であり，1994年以来 WTO の場から ILO での討議に移された。そこでは貿易と国際労働基準をリンクすることをやめ，したがって国際労働基準を順守しないことを貿易上の制裁の対象にすることを避けている。むしろ国際労働基準をいかに順守していくかという問題として討議された。そこで社会条項という表現をやめ，社会的側面（Social Dimension）という表現で，これを表している(5)。つまり，国際労働基準を順守できない国には，いかに技術援助をおこなうかということに焦点が置かれている。

　国際労働基準といっても，すべての ILO 条約を対象とするのは困難である。批准されていない場合もあり，批准していなくても，それを順守することが求

57

められるのは，ILO条約の中でも中核的労働基準である。それに何を含めるか。最終的には結社の自由（87号条約・98号条約），児童労働（138号条約）[6]，強制労働（29号条約・105号条約），雇用差別（100号条約・111号条約）の4つの領域になった。ILO宣言のフォローアップとして1分野ごとに毎年条約の批准，未批准にかかわりなくILO事務局に，その実施状況について報告書を提出する。この報告書はグローバル報告（Global Report）と呼ばれている。これは将来のILOの活動の戦略や技術協力の在り方を検討する材料となる。2000年には結社の自由，2001年には強制労働，2002年には児童労働，2003年には雇用差別がテーマとなることが決まっている。

さらに中核的労働基準を定めている条約を批准していない国からは毎年，4つの分野についての年次報告を提出させ，それには法律や慣行にみられる変化に関する情報を盛り込むようにする。この年次報告は理事会で検討し，場合によっては専門家グループを召集する。

以上2つの報告書を提出させることによって，中核的労働基準が実施されるように各国を促すことを目指している。なぜ4つの分野に限定したかであるが，多分もっとも賛成を得やすいというので選ばれたものと思われる。したがって，それ以外に中核的労働基準がないというわけではない。たとえば，労働安全衛生は，気候風土のきびしいアジア発展途上国では重要であり，さらに人の値段の安いアジア発展途上国では軽視されがちなので，中核的労働基準に含めるのは妥当であろう。さらに最低賃金の順守も重要である。そこで，本章ではこの4つの領域と，社会条項に含めないことになったが，最低賃金の問題を見てみたい。労働安全衛生は十分に勉強することができなかったので，この章では除いておく。アジア諸国といっても広いので，ここではマレーシアとインドを中心に考察を進めることにする。

2　結社の自由

結社の自由は，団体交渉によって労働条件をきめるための大前提である。労働組合が結成され，その活動ができなければ団体交渉はできない。つまり産業民主主義を定着させるために結社の自由を認めることが前提である。労働組合

を結成すること、さらにいかなる組織形態の組合をつくるかの自由を保障し、その活動運営の自由をみとめるのが結社の自由である。

マレーシアはこの結社の自由の問題を抱えている。問題となっているのは電子産業での労働組合の結成である[7]。マレーシアの電子産業はもっとも輸出額の大きい産業となっている。マレーシアでは輸出志向型の工業化によって経済発展をめざすという政策を採用しており、そのために電子産業はマレーシアにとってはきわめて重要な産業とされている。電子産業には多くの外国からの直接投資が導入されている。1994年12月の調査時点で外資がはいっている会社は61社あり、その内日本からの投資がはいっている会社は28社ある。アメリカからは11社、ドイツからが4社、フランス・台湾からがそれぞれ3社であり、日本からの進出がもっとも多い[8]。

マレーシア政府は電子産業に外資を導入するために労働組合の結成を認めないという政策を採用した。組合の結成を認めないことによって外資を導入しやすくなるという判断をもっていたからである。もともとマレーシアでは1958年創始産業令（Pioneer Industries Ordinance）で、創始産業での組合結成を禁止していた。これを1970年代になっておこった電子産業に適用した。

労働組合を認めないというのは、労働組合法による組合の登録を認めないということを意味する。マレーシアでは強制登録制度を採用しており、登録が認められなければ、その組合は違法な団体となる。したがって組合として活動するためには登録が認められねばならない。この強制登録制度はマレーシアがイギリスの植民地時代に導入されたが、独立後もこの制度が維持された。独立直後の国内の治安維持の必要から強制登録制度がそのまま存続された。

この強制登録制度で決め手になるのは、登録するかどうかを判断する人材開発省労働組合局長（1987年までは労働省に所属する労働組合登録官と呼ばれていたが、名称が変更された。）の存在である。組合設立時に登録が認められても、毎年活動報告と会計報告を労働組合局長に提出しなければならず、その内容いかんによっては登録が取り消される。たとえば組合が違法な目的のために利用されたり、当該組合の目的や規約に反する活動がなされた場合や、組合が労働組合法やこれに基づき制定された規則を順守していない場合に取り消される。取消事由に該当するかどうかは労働組合局長の判断にかかっている。したがって労働

組合局長の権限は非常に大きいことが分かる。

これに対し労働組合はどのような対応をしたのか。まづ電子産業の組合結成に乗り出したのは電機産業労働組合（Electrical Industry Workers' Union, EIWU）である。1973年 EIWU は電子産業の従業員を組織化して，1973年組合規約上の組合員資格条項の変更の登録申請をおこなった。これに対して登録官は電機産業と電子産業とは別の産業であるとともに，同種の産業でもないという理由で登録を拒否した。

この理由は労働組合法上の「労働組合」の定義にかかわっている。「特定の事業（trade），職業（occupation），産業（industry），または同種の事業，職業，産業において」組合が結成されることが，登録を受けることができる労働組合の条件である。この定義からは想定されている組合の組織形態は職能別組合，職業別組合と産業別組合である。したがって一般組合と企業別組合がのぞかれている。これには歴史的背景がある。イギリスからの独立前にマラヤ共産党の指導を受けた一般組合が結成され，過激な活動をおこなった。植民地政府はこれを嫌い，複数の事業，職業，産業にまたがる組合の登録を認めないという立法政策を採用した。そこで「同一」と「同種」という文言が定義の規定にはいった。企業別組合がはいっていないのは，イギリスの組織形態がマレーシアにはいっていたので，そもそも企業別組合は想定されていなかったためではないかと思われる。しかし1989年の労働組合法改正で変わってきたことは後で述べる。

「同一」か「同種」かの判断は登録官にまかされており，EIWU の規約の変更の登録に際し，いずれにも該当しないと登録官が判断したことを意味する。この問題は最高裁判所まで争われたが，「同種」かどうかの判断は登録官にまかされているので，裁判所がそれに介入するのは差し控えるべきであるという判断を示し，組合側の電機産業と電子産業は「同種」の産業であるという主張は認められなかった[9]。そこで電子産業だけの産業別組合を結成することに方針変更をし，1978年にこの産業別組合の登録を申請したが，登録官は登録をするかどうかの判断を示さないままにしていた。

判断しないままということは，組合の登録がみとめられず，組合としての活動をすれば違法とされるということを意味する。これが ILO98号条約に違反を

第4章　アジア諸国の経済発展と中核的労働基準

しているのではないかという問題が ILO 結社の自由委員会で争われた。マレーシアは ILO 条約87号条約を批准していなかったために批准している98条条約違反で争われた。879号事件，911号事件，1380号事件(10)がそれであるが，いずれも結社の自由委員会で違反していると判断された。結社の自由委員会は電機産業と電子産業の両方の労働者を同じ組合で組織している事例をあげて，両者を区別する必要がないことと，どのような組合を結成するかは労働者の自由にまかせるべきであることを勧告した。ところがマレーシア政府は政策を変更しなかった。

　この状況に変化をもたらしたのは，マレーシア政府が電子産業の組合の組織化を認めない政策を継続するかぎり，アメリカ政府が一般特恵関税制度（Generalized System of Preference, GSP）の適用除外リストにマレーシアを含めるという措置を示唆したことである。この制度はアメリカに製品を輸出する国に関税率の引き下げや免税措置という恩典をあたえるものである。マレーシアはこの恩典を受けられないことは経済上大きなマイナスである。アメリカがこの措置を示唆したのは，1987年7月 AFL・CIO がマレーシアの労働者の労働基本権が侵害されているとして，米通商代表部にマレーシアを GSP の適用から排除するよう申し立てたことがきっかけであった。その前にマレーシア労働組合会議（MTUC）の書記長が AFL・CIO にアメリカ政府への働きかけを要請していた。アメリカでは1984年通商関税法502条で，国際的に認められた労働者の権利を保障する措置を講じていない国には GSP の適用から排除することができるという規定がある。これは労働基本権を抑圧することによって低コストで生産し，それを輸出するのは不公平な貿易であるという考えに基づいている。

　アメリカ政府の示唆を受け，マレーシア政府は1988年9月24日電子産業での組合の組織化を認めることを発表した。この政策変更に対し，使用者側が反対した。特にマレーシアに進出しているアメリカの電子産業の団体が強く反対した。そこでマレーシア政府は企業内組合の結成だけを認めるという決定をおこなった。

　なぜ企業内組合だけなのか。一つは，1981年7月マハティール首相が「ルック・イースト政策」を提唱して以来，労働生産性を高めるために日本に学ぼうとつとめていたことである。生産性向上のためには対立的な労使関係ではなく

協調的な労使関係が必要であり，そのためには企業内組合がよいという判断があった。産業別組合では企業の業績に関係なく労働条件の向上をはかろうとする傾向にあり，労働生産性の向上に協力的でないという認識が前提にあった。それに引き替え企業内組合であれば企業の業績いかんが労働条件に関わるので，生産性向上に協力するであろうという期待があったものと思われる。もう1つは，マレーシアで一番大きいナショナル・センターであるマレーシア労働組合会議（MTUC）が政府と対立する姿勢をもっており，その影響を受けない組合だけの登録を認めようという考えがあったことである。MTUCは産業別組合を中心に組織していることから，産業別組合の登録は認めたくないという考えがあったものと思われる。

この政策を実施しやすくするために，1989年労働組合法上の労働組合の定義を改正した。つまり「ひとつの企業または事業所」（a single enterprise or establishment）が組合結成の基盤となることを認める規定を追加するとともに，さらに労働組合の目的として，「労働条件の改善，労働者の経済的社会的地位の向上あるいは生産性の向上によって健全な労使関係の促進」を追加した。この改正は「ルック・イースト政策」に実現をめざした改正であることは明らかである。

MTUCはこれに対してどう考えているか。MTUCは企業内組合だけしか登録を認めないという政策に反対している。労働者がどのような組合を結成するかは労働者の自由であるべきであり，それを企業内組合に限定するのはILO条約に違反していると主張している。企業内組合自体がいけないという主張ではない。なぜならばMTUCにも企業内組合が加盟しているからである。アジアの多くの労働組合が社会条項に反対するのに対して，MTUCが社会条項に賛成する理由の1つがここにある。

以上のとおり政府とMTUCの意見は対立したまま今日にいたっている。そのために電子産業での組合の組織化は進んでいない。外資系企業61社のうち5社に企業内組合が結成されたが，そのうち2つしか活動していない。EIWUが組織しているのは7社だけである。しかしこの組合は登録が認められていない状況のままである。

以上のことから，結社の自由と発展途上国の経済発展政策との関わり方の一

つのパターンを示しているように思われる。つまり，電子産業はマレーシアにとっての最大の輸出産業であり，その振興をはかるためには外資を導入する必要がある。そのためには労働組合の結成を禁止することが得策であるという政策判断がなされている。これはマレーシアにおける政府，使用者団体，労働組合との関係の現状からでてきた判断であるとともに，組合が生産性向上にマイナスであるという前提にたっている。それが貿易上の不利益を受けるおそれが出そうになったことから，企業内組合だけの登録を認めるという政策変更をした。これはマレーシアの主要な組織形態である産業別組合は企業の生産性向上にプラスではないという判断を前提としている。しかし，これが結社の自由の問題を起こしており，実際の組織化は進まないままである。さらに日本の企業別組合という組織形態がマレーシアにこんな形で利用されていることにも注意すべきである。企業別組合が生産性の向上に協力する協調的な労使関係を生み出すという認識があるが，いつもそうなのかという疑問がある。日本の第二次世界大戦後の飢餓的状況の場合には，企業別組合であっても戦闘的な戦術を採用しており，必ずしも企業別組合がいつも労使協調的な組合であるとはいえない。企業別組合が協調的になるためには，他の条件が必要である。この点が誤解されているようである。

　最後にマレーシアのために言っておかなければならないのは，結社の自由問題をおこしているのは電子産業だけであり，それ以外の産業では問題はおきていない。電子産業においてのみ，政府がその見解にこだわっているところに問題があるといえよう。それを突破口にして組合の体質を変えようとしているからである。NIESに仲間入りできそうな経済状況なのに結社の自由問題が起きているのは，より経済発展を遂げ先進国になるという目標実現のためには，現在の産業別組合の活動ではだめだという不満を政府がもっているからである。

3　児童労働

　心身の未成熟な年齢での労働が児童労働あるいは年少労働と呼ばれている。その年齢を何歳にするかは各国の一定年齢以下の者の雇用を禁止する法律によって決められている。

第2部　アジアの公正労働基準

　児童がおこなう労働すべてが問題になるのではなく,健康や安全を無視し,児童が教育を受ける機会を奪い,その労働力を搾取する形で労働させる児童労働(Child Labour)が問題になる。これに対して児童の労働(Child Work)は,児童の労働体験がプラスになり,健康や安全を確保し,教育の機会を奪わない労働を指している。したがって,ここでは児童労働(Child Labour)の問題を扱う。

　先進国でも資本主義の初期には,成人労働者に代わって児童が低賃金で長時間働かされる事態が生じた。さらに不衛生な環境で危険有害な業務に従事する場合や,監督者による虐待や風紀の乱れもみられ,児童の心身の成長に悪影響がでてきた。これに対して教育的あるいは公衆衛生的配慮から児童の保護が叫ばれはじめるとともに,将来の労働力として保全する必要があるという配慮から,児童労働の禁止や労働条件の保護が法律で定められた。イギリスが1802年綿工場で働く児童を保護する法律(Health and Morals of Apprentice Act)を制定したのが,その初まりであった。その後1819年法によって9歳未満の児童の労働を禁止し,16歳未満の児童の12時間以上の労働と深夜業の禁止が定められた。それ以後保護の内容が拡大されていった。

　ILOでは1919年の第1回総会で14歳未満の児童の労働の禁止と深夜業の禁止が決議されたし,1973年に成立したILO138号条約では15歳未満で,義務教育を終えない者の労働を禁止し,経済及び教育機関が十分に発達していない国では14歳未満までの労働を禁止している。また軽易な労働の場合には13歳以上15歳未満までの労働を認めている。

　アジア諸国の最低就労年齢をみてみると,マレーシアが16歳[11],フィリピン[12]と韓国[13]が15歳,インド[14]とインドネシア[15]が14歳,シンガポール[16]も14歳である。タイは12歳であったが,15歳にあげた[17]。シンガポールや韓国のようにアジアNIESとよばれて経済が発展してきた国では児童労働が減少している。これは,実態として児童労働が大きな社会問題でなくなった国があることを示している。逆に,法律の規定はILO条約をクリアしていても,現実には児童労働がまだ多くみられる国もある。アジアの中でもっとも児童労働が多いとされているインドの場合がそれにあたる。筆者はここ20年の間にインドに6回出かけているが,出かける度に都市部でストリート・チュードレン

第4章　アジア諸国の経済発展と中核的労働基準

を見かける数が減ってきているのを実感する。これは警察によって町からストリート・チュードレンが強制的に排除されているからであり，今なお児童労働が存在するのは事実である。

　アジア諸国の中で，政労使の三者が一致して社会条項に反対している国がインドであるが，その理由の1つが児童労働や後で述べる強制労働の禁止が法律上では規定されていても，なかなか実施が困難であることにある。経済の自由化を図っているインドでは自由貿易体制を維持する必要性が高まっていることも社会条項に反対する理由となっている。このことは1994年10月27日開かれた政労使の三者の代表による第32回常設労働会議（Standing Labour Committee）で，三者が一致して社会条項に反対決議をおこなった議論の中であきらかになっている[18]。

　インドは，これまでネール首相が提唱した「社会主義型社会」（Socialistic Pattern of Society）を目指し，国内産業保護のために政府による統制経済を採用していた。しかし，ソ連や東欧の社会主義国の経済破綻から1991年ラオ政権は経済政策を転換し，経済の自由化を進めた[19]。これによって，最近はかなりの経済成長率を達成している。その結果中産階級の層が厚くなり購買力が上り，大きな市場になりつつある。これを受けて日本から資本進出するケースが増加している。インド側も日本から外資を積極的に導入する意向である。

　しかし，経済成長の効果は社会の底辺層にまで及ばず，むしろ貧富の格差が拡大しているという問題点がでている。そのために児童労働はなかなか減らない。もともと人口が多いことから児童の数も多い。そこで児童労働の数はかなりのものである。正確な数ははっきりしていないが，先の常設労働会議での労働大臣の報告によれば，4900万の児童が働いている。これは工場や商店というフォーマル・セクターに働いている児童の数であり，路上で靴磨きやバナナやピーナツ等の小商いというインフォーマル・セクターに働いている児童がいくらいるのか統計ははっきりしない。

　なぜ児童が働くのか。児童が働くのは親だけの収入だけでは生活できないためで，家計を補助するためである。また親の借金の返済のために強制的に働かざるをえない場合もある。中には誘拐されて強制的に働かされたり，親の虐待がいやで家出して働く場合もある。基本的には貧困の問題がそこにある。工場

や商店のようなフォーマル・セクターで働くだけでなく，路上で靴磨きなどのインフォーマル・セクターで働く場合もある。インドでは前者のケースとして知られている事例として，フィロザバードのガラス製造業，西ベンガルやグジュラティの宝石研磨業，シバカシのマッチ製造業，マディヤプラデシのスレート製造業，ベナレスの絨緞織物業がある。インフォーマル・セクターでは路上での靴磨きやもの売り，売春婦（夫）として働くのが代表的な仕事である[20]。

これに対して法制度上どのように対応しているか。まず1950年制定の憲法第三章基本的人権の中で，14歳未満の者の雇用を禁止し，それ以上の年齢の者の劣悪な労働条件での労働を禁止している（24条）。さらに第四章の国家政策の指導原則の中で，児童が使用者によって虐待されることをなくすために必要な政策をとることが規定されている（39条）。これはプログラム規定として国がとるべき政策を定めたものであり，これに基づき児童労働をなくすための政策が取られている。

次に労働立法をみてみよう。最初の立法は1881年インド工場法である。これは7歳未満の労働の禁止と7歳から12歳の児童の9時間労働と1時間の休憩時間を規定していた。この工場法は，インド綿工業の発展は安い労働力が原因であると考えたイギリス綿工業の経営者が，インドの労働条件の改善がイギリスとの競争を抑制するのに有効と判断したために制定された法律である。もちろんインド側でも人道主義者の運動があったが，決定的要因はイギリス側の都合であった[21]。この工場法は今日の社会条項の問題と同じ発想で作られたことになる。この当時はインドはイギリスの植民地であり，インドの綿織物業者が反対してもそれが通る状況にはなかった。この工場法はその後児童労働の保護を拡大し，1922年改正で最低就労年齢を15歳とした。1933年には親や後見人が子供が労働することを子供に代わって締結した契約を無効とする法律を制定した。さらに1938年児童雇用法で児童を雇用できない職業や事業所を定めた。

独立後制定された1948年工場法では14歳未満の者の工場での雇用が禁止されているが，軽易な業務に従事する場合には12歳以上の労働を認めている。これらの児童を雇用する場合使用者はその児童が労働に適しているという医者による証明書を得る必要があり，その証明書を工場に備えつけることが義務づけられている。ところが児童の生年月日や学校に出席しているという証明書は要求

第 4 章　アジア諸国の経済発展と中核的労働基準

されていない。日本と異なり生年月日はいくらでもごまかせることから，年齢制限の実効性はうすいとされている。さらに労働時間の規制，深夜業の禁止，一定の機械の操作の禁止を定めている。工場法の他に特定の業種を対象とした法律で児童労働を禁止している。たとえば1951年プランテーション労働法では12歳未満の労働を禁止し，1952年鉱山法では15歳未満の労働を禁止し，1966年タバコ製造労働法では14歳を最低就労年齢としている。以上の法律はインド全域を適用対象としているが，州だけを適用範囲とする州法もある。労働立法は連邦と州の両方の管轄とされているためである。連邦が優位にたっているので州法は連邦法に違反することはできない。

　1979年国際児童年をきっかけとして連邦労働省に設置された児童労働協議会の報告を受けて，1986年児童労働（禁止及び規制）法が制定された。これによって1933年児童雇用法が廃止された。この法律では，児童が働ける事業と働けない事業を区別し，児童を雇用する場合には，監督官にその旨を通知し，その児童の名前，生年月日，仕事の内容，労働時間，雇用期間等を書いた記録簿をいつでも監督官が閲覧できるようにしておくことが使用者に義務づけられた。

　以上のとおり多くの法律が成立しているが，いくつかの問題点がある。第一点は法律の適用範囲が限定されていることである。工場法では動力を用いる場合には10人，動力を用いない場合には20人以上を雇用する工場にのみ適用されている。そのために小規模の工場には適用されない。そこでは労働組合による支援もなく，低賃金で働く児童がでてきている。さらにそもそも工場法が適用されないインフォーマル・セクターに児童が働いている。この児童には工場法が適用されない。第二点は法律が適用されても順守されないという問題もある。使用者を監督する機関や罰則を科すかどうかを最終的に判断する裁判所で腐敗があれば，使用者に罰則が科せられなかったり，科せられても軽い罰則におわることがある。使用者が罰則を科せられても，違法行為をおこなった方が得をすると判断すれば，法律を順守しないということがおこる。児童なら成人労働者より安く雇えるということで，児童を雇用する使用者もでてくる。

　そこで重要になるのが児童労働に対する国の政策である。児童を救済するためには労働だけでなく，福祉，健康，教育問題とからんでいるので，総合的な政策をたてることが必要である。そこで児童が多く雇用されている地域での児

童の教育，職業訓練，健康，労働条件の向上をはかるプログラムが実施された。特に教育が必要であり，十分な教育を受けられないために文盲となり，大人になって就職の機会を失うおそれがある。ところが貧困のために教育の場からドロップアウトして働かざるをえない状況があり，どこでこの悪循環を断ち切れるのかという困難な問題にぶつかっている。基本的には親が雇用や所得を確保し，児童が働かなくてもよい状況を作るためには，経済発展をはかっていく必要がある。したがってインドでは法制度上は児童労働は廃止されているが，実態としてなくなってはいない。そこで今ただちに児童労働の廃止を貿易の条件に入れられると，経済発展をはかる上で支障が生じるであろう。

4 強制労働

アジアの中で強制労働の有名なケースは債務・前借による隷属的労働（bonded labour）である[22]。これが多くみられるのは農業労働者であるが，鉱業や建設業・レンガ製造業にも存在する。たとえば地主から高利で前借し，地主のもとで農業労働者として働くが，賃金が安いことと高利のためいくら働いても借金をかえせず，再度借り入れをすることによって生涯奴隷に近い状態で働かされるというのが典型的な事例である。インドで前借によって奴隷に近い状態にいる人がいくらいるのか正確な統計はないが，5000万人ぐらいいると予想されている。その人達のほとんどが，憲法の別表に記載されている指定カースト（Scheduled Caste）と指定部族（Scheduled Tribe）である。指定カーストは不可触民とかアウト・カースト，ハリジャンとよばれている人達であり，経済的にめぐまれないだけでなく社会的に差別を受けている。指定部族も同様である。指定カーストはインド総人口の16.48％，指定部族は8.08％も占めている。したがってその一部が隷属的労働者になっている。

この前近代的な慣行である隷属的労働をなくすために，1950年憲法23条で「人身売買，ベガーその他これに類する形式の強制労働は禁止する。この規定の違反は法律により処罰される犯罪となる。」と定められたが，その法律は1976年隷属的労働制（廃止）法である。本人や直系尊属・卑属の前借の返済のために，賃金なしであるいは名目的賃金だけで労働やサービスを提供し，その

第4章　アジア諸国の経済発展と中核的労働基準

ために生計手段を失ったり，自由に移動する権利を失ったりすることを隷属的労働と定義している。この法律では隷属的労働を約束する契約を無効とし，債務者のすべての債務を消滅し，返済の義務を免除した。ところが借金がなくなっても，すぐにまた借金をせざるをえなくなり隷属的労働から抜け出せない状況がみられる。経済的に自立できるようにリハビリテーションを促進しているが，まだ限られた効果しかあげていない。

　また指定カーストや指定部族を含めた後進諸階級 (backward class) には教育や雇用の面で優遇措置や福祉政策を講じて，経済的に自立する援助をおこなっている[23]。さまざまなレベルの議会での議席留保，教育機関や公的な機関での雇用の留保や経済的な措置がある。経済的な措置には奨学金や授業料の減免，寄宿舎や給食の補助，公務員受験資格の緩和，農村開発プログラム等がある。これらは歴史的に差別された社会的弱者の集団を救済するので保護的差別と呼ばれ，優遇措置によって結果の平等を保証しようとするものである。ところがこれに対して「反留保アジテーション」(anti-reservation agitation) と呼ばれる反対運動が起きた。これは留保の拡大に対して上位のカーストが逆差別であるとしておこした反対運動である。1990年8月，ジャナタ・ダルの政権下でV. P. シン首相が連邦政府公務員の雇用の27％を後進諸階級に留保するという発表をしたことが引き金になった。各地で暴動が起き，治安が悪化するという事態にまでいたった。このことはカースト間の対立から後進諸階級を救済する措置の実施が難しいことを示している。さらに留保制度も再検討の必要が出てきている。高等教育機関や公的雇用での競争が激しくなり，これまで優位をもっていた上・中位カーストが大きく不利を蒙る場合が出てきたし，不可触民の中にも高学歴で高所得者も若干あらわれ始めているからである。

　行政による救済措置がすすまない状況に対して，裁判所での訴訟によって救済する方法が判例法によってつくられ始めた。これが社会活動訴訟 (Social Action Litigation) と呼ばれている[24]。これはアメリカの公益訴訟 (Public Interest Litigation) からヒントを得ている。社会的弱者みずからが訴訟をおこすことが難しいので，それらにかわって救済活動をおこなっている機関が訴訟当事者となって令状請求訴訟をおこすことをみとめるものである。救済機関がみずから調査した資料や報道機関による報道，犠牲者からの手紙に証拠能力をみ

とめ，それに基づき裁判所が行政機関に一定の措置をとるよう命令するという訴訟形式である。その根拠として憲法32条をあげている。

憲法32条は，基本的人権を実施するために，最高裁判所に適切な手続きによって指令，命令，人身保護，職務執行命令，職務執行禁止，権限開示，移送命令等適切な命令を発する権限を認めている。これを広く解釈して，当事者適格を本人以外の団体や個人にも認め，民訴法や証拠法にもとづかなくても証拠として認めるという解釈を採用している。これは厳格な手続は不正義をもたらすという判断にたっている。本当に救済が必要な人が文盲，無知のために訴訟手続を利用できないのは不正義であるという現実をなんとかしたいという意欲のあらわれである。

この社会活動訴訟によって救済をうける代表的事例が隷属的労働である。Bandhu Mukti Morcha v. Union of India and others（1984 All India Reporter Supreme Court 802）が社会的活動訴訟によって隷属的労働者が救済された最初の事例である。原告は Bandhu Mukti Morcha という隷属的労働の廃止運動をおこなっている社会改革団体である。原告がハリアナ州ファリダバードの石材採掘場で，他の州からの出稼ぎ労働者が債務的労働に従事させられていることを知り，調査報告書に基づき，この状況をなくすために憲法や関連する法律の適正な実施に必要な令状の発給を最高裁に求めた。この請求はすぐに令状請求訴訟として扱うことが認められて，2人の弁護士が現地調査の委員として任命された。この調査報告書が鉱山借地人と採石業者におくられ，反論する機会が与えられた。さらに法律の実施状況の社会法学的調査をおこなうために専門家を任命した。その調査報告を受けて最高裁が判決を出した。

この判決を書いたのは社会活動訴訟を積極的に主張している H. N. バグワティ判事である。原告に当事者適格をみとめるとともに，弁護士や専門家の調査報告書に証拠能力をみとめた。その上で連邦及び州政府に対して21項目の命令を出し，最低賃金を支払うための措置，労働法や鉱山法上の実施に必要な措置を具体的に命令した。

この社会活動訴訟はこれまでの伝統的な訴訟手続を越えて社会的弱者を救済しようとするものであることと，行政機関に対して原因の調査や違法状況の改善を命じる点に特徴がある。これは司法の権限を越えていないのかどうか，命

第4章 アジア諸国の経済発展と中核的労働基準

令がどのような法的拘束力をもつのか、もし命令が守られない場合に、いかに強制できるのかという問題をもっている。さらにインドのすべての裁判所がこの訴訟を認めている訳ではない。批判的な裁判所もあり、裁判所間の取扱のアンバランスという問題も出てきている。したがって裁判所が無理して社会活動訴訟を進めているという印象がある。そうしなければ憲法上の基本的人権が守られない社会状況があるからである。この社会活動訴訟は強制労働だけでなく、児童労働[25]や雇用差別によって被害を被る社会的弱者の救済にも利用できることはいうまでもない[26]。

5　雇用差別

ILO条約では、人種、皮膚の色、性、宗教、政治的見解によって雇用、職業についての差別を禁止している。

(1) 性による差別

性差別の問題をみてみよう。インドも含めたアジアの発展途上国の女子労働の状況はどうであろうか。その特色として二重構造を指摘できよう。一部の大卒女子のエリート層は政府や大企業で男子と対等あるいはそれ以上に働いている。管理職の割合も高い。この層はお手伝いさんを雇うことによって家事労働から解放されているので、労働が可能になっている。貧しい女性の犠牲の上に労働を継続できているといえよう。これに対し、それ以外の多くの女子は家事労働の他、フォーマル・セクターでは男子より安い賃金で単純補助労働に、インフォーマル・セクターでは食べていくのがやっとというサービス業務に従事している。この前者と後者の割合についての統計はないが、9割以上は後者に属すると思われる。

　ヒンディ社会もイスラム社会も、「男は仕事、女は家庭」という性別役割分担の意識が強い。これは労働力率に示されている。農村部では男子の労働力率が55.5%なのに女子は32.1%、都市部では男子は53.3%、女子は15%（1989—90年の数字）である。しかし、その中で多くの女性が農村から都市の工場に職を求めるのは貧困からである。問題はその労働力の質である。インドでの1991

71

第2部　アジアの公正労働基準

年の国勢調査によれば、女子の識字率は39.29％、男子は64.13％である。指定カーストと指定部族の場合には女子はわずか18.19％である。教育を受けないか3年以下の教育しか受けていない女子は68.4％もいる。3年から6年以下の教育しか受けていない女子は19.3％いる。日本流にいえば小学校教育もやっという女子が女子の87.7％も占めている。これでは工場で働いても単純労働しかできず、男子より安い賃金にならざるをえない。

　一方女子の中にも高学歴者はいる。15年以上の教育を受けた女子は1991年で1％いる。経済的に恵まれた階層の出身者である。この女子が都市で一生仕事について、男子と対等にがんばっている。このことが女子労働の二重構造をうむ結果となっている[27]。

　女子労働では保護か平等かという問題がある。発展途上国では制度上保護の側面が強い。インドでは、1881年の工場法で女子の労働時間の規制がもうけられ、1911年の改正では1日12時間にまで短縮された。1920年代にはILOの勧告もあって保護立法が作られた。坑内労働の禁止や深夜労働（原則として午後7時から午前6時までの労働）の禁止がそれである。これはそれまで女子が働いていた職場を奪うという結果をもたらした。独立後もそれらの保護規定は1948年工場法や1951年鉱山法に引き継がれた。

　1976年同一賃金法が制定された。これは1975年国際婦人年の成果のひとつである。同種または類似の労働を提供する男女に同一の賃金の支払いを使用者に罰則付きで義務づけている。賃金に格差がある場合高い方の賃金の支払いを義務づけている。さらに賃金だけでなく募集に際しても、女性の雇用が禁止制限されていないかぎり、使用者は女性を差別してはならない。

　これらの法律の問題は先に児童労働のところで述べたのと同じである。法律の適用範囲が限定されていて、それ以外には適用されない。特にインフォーマル・セクターには適用されない。次にそれが履行されているかが問題である。罰則があっても、それを無視した方が使用者に得になるならば守られない。

　この性による差別問題は、伝統的社会における性による役割分担が近代社会において問題視されていることに根本的根拠がある。したがって経済発展をすれば解決される問題ではない。先進国とされる日本で依然として性差別の問題が解消されていないことからも、このことが分かる。

(2) 人種による差別

　人種による差別の問題はマレーシアでみられる。マレーシアでは「ブミプトラ政策」とよばれるマレー系人種を優遇する政策を採用している[28]。マレーシアでは古くからいたマレー系に加えて、イギリスの植民地になってから中国系とインド系人種が入ってきた。中国系は錫鉱山のクーリーとして、インド系はゴムのプランテーションの労働者としてマレーシアに移ってきた。その結果マレーシアは多人種国家になり、人種間の対立が生まれた。特に中国系は苦労しながら一生懸命働き経済力をつけた。中国の出身地ごとにグループを作りお互いの生活を支え合って、その経済的力をつけてきた。これに対してマレー系は農村部に多く住み、貧しい生活を送っていた。マレー系は新しく入ってきた中国系が資本力を持ち経済の実権を握ることに反発を感じていた。インド系は主としてインドの南部から低いカーストの人々が移り住んできた。インド社会の中で虐げられ、そこから逃げ出し新天地を求めてマレーシアに移ったが、プランテーションで働き、なかなか貧困からぬけだせない。同じように生活苦からマレーシアに移住してきた中国系とは経済力に差が出てきた。現在マレーシアの労働組合の指導者にインド系が非常に多い。その理由を聞いたところ、インド系はマレー社会の中で虐げられてきたので組合活動に活路を見いだした結果ではないかという返事であった。インド系も貧困から抜け出せず、中国系とは差がついていった。これが人種間の対立を生んだ。

　これを解決するために、もっとも人口が多く、土着の民であるマレー系に富を優先的に分配する政策を選択した。もちろん他の人種の不満が出てくるので、富自体を大きくしつつ、マレー系に有利な分配をはかるという政策である。雇用面をみると、採用や昇進の際に人種の人口比に合わせて配分させる方法が取られている。そうでないと中国系がポストを占める可能性が強いからである。従業員に採用されれば収入が安定するし、昇進によって収入を増やせる。その機会を人種の人口比によって割り当て、人種間の平等を確保しようとするものであるが、結果としてマレー系を優遇することになる。中国系にとっては不利になる。企業経営にとって従業員の質や能力は重要であるが、それをある程度無視していくのはやむをえないという判断にたっている。したがってブミプトラ政策は雇用差別の問題をはらんでいると言えよう。

マレーシアでこの雇用差別が社会不安を招くほどの問題でなかったのは，経済発展によってパイ自体が大きくなって，中国系，インド系にも分配される富が拡大したからであろう。したがって経済発展がダウンする場合には，分配をめぐって紛争がおきる可能性がある。その時には，雇用差別の問題が社会問題化するであろう。

(3) 社会的身分による差別

社会的身分による差別としてインドのカースト制度がある。正確にいえばカーストよりさらにこまかい単位であるジャーティをみなければならない。カーストはバラモン，クシャトリア，ヴァイシャ，シュードラの4階層にハリジャンと呼ばれるアウト・カーストの5つの身分的階層秩序である。この区別はインドではヴァルナ（種姓）とよばれている。これより小さい集団としてジャーティがある。ジャーティはいずれかのヴァルナに属しているが，通婚の範囲の限定されている集団であり，また特定の職業に従事する者の集団である。ジャーティの数は2000とも3000ともあると言われている。それらには上下関係があって階層秩序を形成している。

ここで問題なのは特定の職業と結びついたジャーティである。ジャーティは特定の職業と結びつき，その分業体制によって社会生活が営まれていたが，貨幣経済の進展，工場制生産の発達による新しい職業の出現，教育制度の発展によって，ジャーティと職業との結びつきが薄れてきている。しかし社会的評価の低い職業ほど特定のジャーティとの結びつきが強く残っている。これは他のジャーティからの参入がないので雇用保障の機能を果たしているが，その反面別の職業を選ぶことを難しくしている。これは職業選択の自由を規制しているという問題と，社会的評価の低い職業は収入が低いので，低い収入の職業に固定されてしまうという問題とがある。

カーストまたはジャーティ制度において一番不利益を受けている不可触民に教育機関への入学や公的雇用に席を留保する救済方法が取られていることは，先の強制労働の節で述べた。これは不可触民以外の者にとって逆差別ではないかという問題があることも述べた。

以上のようにカーストやジャーティ制度と雇用との関係を見てみると，雇用

第4章　アジア諸国の経済発展と中核的労働基準

差別の問題を引き起こしそうな場合もあることが理解できる。これは社会構造の基本にかかわる問題であり，社会的弱者の救済と差別という解決困難な問題を突きつけている。

(4) 国籍による差別

　東南アジアでは労働力が国を越えて移動している。もともと近代国家が形成される前には自由に陸路や海路で移動していた。近代国家の形成によって国境ができ，その移動が規制された。しかし経済発展の程度が国によって異なり，より多くの収入が得られる国に人が集まるのは自然の流れである。その結果外国人労働者の問題が起きている。これは日本だけでおきているのではない。

　マレーシアでは人口が2000万人足らずで，経済発展のために労働力不足に陥っている。そのためにマレーシアでは人口増加策を取っている。しかし今すぐ人手不足に対応できるわけではない。そこで外国人労働者を入れている。合法・違法を問わずマレーシアで働いている外国人は100万ぐらいと推測されている。労働力人口の7～8％を外国人が占めている。特に隣のインドネシアとはマラッカ海峡をへだてているだけなので，船で容易にマレーシアに来ることができる。マレーシアに入国して熱帯のジャングルにあるプランテーションに潜りこむと，不法に入国しても容易に発見されない(29)。そのために仕事が厳しいわりに低賃金のために人手不足であるプランテーションで働いている不法入国者が多い。マレーシアの経済成長が続くと農村部だけでなく，都市部で建設・土木関係の仕事に従事する外国人が増加している。さらにメイドとして働く女性も増えている。生活水準の向上，女性の職場進出によってこれからも外国人メイドが増えることが予想されている。

　ところがマレーシアからシンガポールに通勤する労働者がいる。ジョホール海峡を越えて移動する。シンガポールの方が賃金が高いからである。労働力不足にもかかわらず，出ていく労働力がある。マレーシア，シンガポールともジョブホッピングが多く，賃金の高い方に流れていく。それを止めることはできない。

　それでは外国人労働者に対しての雇用上の差別や人権侵害が生じていないか。違法に入国するのに仲介業者を利用しているために高い手数料を払わされてい

75

る。入国しても低賃金で未熟練労働に従事する場合が多く,いわゆる3K職場で就労しているのが実態である。違法に入国した外国人を救済するための措置が取られたが,それを利用する外国人が少なかったという。インドネシア人とマレー人とは人種は近く,昔から自由に行き来していたことから違法という意識が薄いのに加えて,救済措置を受けるには金銭が必要なために利用されなかったという。

6 最低賃金

　最低賃金を社会条項に含めるかどうか議論があった。アメリカ政府やフランス政府は,発展途上国の低賃金が先進国の雇用機会を奪っている原因であるとして,自国での雇用機会の保持のために国際間で共通の最低賃金水準を設定すべきであるという主張をおこなった。これに対しては,国際的な最低賃金をもうけることは,各国の経済状況の異なる現段階では不可能であるという反論が発展途上国からなされた。もし先進国を基準に最低賃金水準が決められれば,発展途上国は人件費が安いという国際競争上の優位を失い雇用機会の喪失を招くからである。国際的に共通する最低賃金設定という主張は実現が困難なことは明らかであり,この主張は消えた。
　これに対して,各国がそれぞれの物価や生活水準,経済状況にあわせて最低賃金を設定すべきであるという主張が発展途上国からなされた。この主張は説得力をもっている。そこでマレーシアとインドの最低賃金制度が,この主張どおり実施されているのかどうかみてみよう。両国とも早い時期から最低賃金制度を設けていた。インドでは1948年最低賃金法,マレーシアでは1947年賃金協議会法がそれである。実態はどうであろうか。
　マレーシアでは賃金協議会での審議をへて労働大臣が決定するが,製造業には最低賃金は設けられていない。最低賃金があるのは,小売店店員,映画産業従事者,ホテル・ケータリング従事者,ペナン港湾労働者だけである。きわめて狭い範囲でのみ最低賃金が決められている。マレーシアでは生産性向上に見合う賃上げ額をいかに決めるかという弾力的賃金制度の導入が大きな問題になっているが,最低賃金はほとんど議論の対象になっていないのが現状である。

インドの最低賃金決定手続によれば，政府が最低賃金率の提案を官報に告示する。その前に調査のために委員会を結成し，その勧告を受ける。告示のあと諮問委員会に諮問し，それに基づき最低賃金を官報に告示し，告示の日から2カ月後に効力が生じる。使用者は最低賃金以上の賃金を支払わなければならなず，最低賃金を減額する契約や協定は無効になる。それに違反する使用者は500ルピー以下の罰金に処せられる。

　インドでは最低賃金は業種別，地域別，成人，未成年者，児童，徒弟ごとに基本給，物価手当が決められる。時間当たりの最低賃金，出来高払いの最低賃金，その場合の時間当たりの補償賃金額，時間外手当の割り増し率を決めている。

　中央政府は1987年以来44業種に最低賃金を定めている他，各州政府がそれ以外の指定業種を定めている。これによってかなりの業種に最低賃金が設けられている。インド経営者連盟の話ではこれで約半分ぐらいの企業が適用になっているという。問題はそれがきちんと実施されているかである。最低賃金が適用になるのは未熟練労働者である場合が多いが，この未熟練労働者の失業率が高いために，最低賃金以下の賃金でも働きたいという労働者は多い。しかし，そもそも最低賃金の存在さえ知らない者が多い。使用者はそのことを利用して，最低賃金以下の賃金で雇用するケースがある。罰則も最高500ルピーであり，使用者にとってそれほど高額ではない。それを監督する人員不足のために十分に監督の効果があがっていない。場合には腐敗が生じているケースさえある。つまり，最低賃金以下の賃金が見つかっても，監督官にわいろを出すことによって目こぼしを受けることがある。

　最低賃金さえ守らずに低賃金によって貿易上の優位を維持している者にとっては，最低賃金順守が社会条項の対象になることは，その優位を手放すことになる。しかし，それではアジアでの公正労働基準は守られないことになる。

7　おわりに

　以上社会条項にからんで問題となっている結社の自由，児童労働，強制労働，雇用差別，最低賃金について述べた。

第2部　アジアの公正労働基準

これまで先進国の労働組合の法政策の歴史を見ると，まず第1段階では組合の結成や活動を禁止する。第2段階では法律によって市民法上の責任を追求しないという政策が取られる。第3段階では労働組合の結成や活動を積極的に助成している。結社の自由は第2と第3段階にまたがる政策の理念を示している。この3段階は資本主義経済の展開に対応している。第1段階は資本蓄積期にあたり，資本を蓄積するために労働者への利益の分配をできるかぎり抑えることと，生産の阻害要因となる労働組合を排除するために組合の結成そのものを禁止する。第2段階は，労働組合の勢力が強まるとともに，それに対する認識が改められ，禁止政策を放棄する。法律上の抑制から解放された時期である。イギリスの任意主義に基づく法政策がこの時期の典型例である。第3段階は独占資本期にあたる。この時期は組合を積極的に助成して，賃上げによって組合員の購買力を向上させて景気を回復させようとするアメリカのニューディール政策に代表される。生産の阻害という側面ではなく，消費を拡大するという側面に着目して，組合の結成を積極的に助成する政策が取られた。この段階に当てはめると，マレーシアでは第1段階から第2段階をへているが，第3段階にはまだ至っていないと言えよう。労働組合は富を公平に分配するという役割があるが，第3段階にいたっていないので，富の公平な分配という役割を果たす前提条件が十分に整備されていないと言えよう。

児童労働，強制労働は社会的に一番の弱者におこっている問題である。経済発展によって真っ先に救済を受けるべき階層である。経済発展によって富が福祉や教育訓練に振り向けられれば救済の可能性がある。そのために富の拡大にともなって公正な分配を実現する必要があり，それが可能な社会システムを作る必要がある。

しかし，経済的に救済するだけでは解決しえない問題もある。雇用差別がそれである。伝統的な社会の中で作り上げてきた価値が問われているからである。インドのカースト制度がその典型である。近代社会の基本原則である個人の平等とは相いれない価値体系をカースト制度は持っている。4～5000年前カースト制度を作り上げる段階では社会秩序の形成に寄与したかもしれないが，出生によって身分が固定してしまい，個人の努力ではどうにもならない状況を生み出している。個人の平等を基盤とする欧米の人権概念とはまったく反対の世界

第 4 章 アジア諸国の経済発展と中核的労働基準

がカースト制度である。

　さらに無視できないのが宗教である。カースト制度の基盤にはヒンズー教が存在するが，これは男女の差別意識をもたらしている。またイスラム教もこの性差別意識が強い。男は仕事，女は家庭という役割分業を正当化する教義を持っているからである。仏教はヒンズー教のカーストによる差別に反対しておこった宗教であるが，仏教国であるタイではたして平等意識は強いのであろうか。宗教だけが差別意識を形成する要因ではないであろうが，また経済発展だけで差別意識が解消するものでないこともたしかである。

　社会条項に反対する意見がアジア発展途上国に多く見られるが，だからと言って，児童労働，強制労働，結社の自由，雇用差別をそのままにしていいということにはならない。それらを解決するための努力は続けていかなければならない。それを妨害する要因が様々あるが，それらを解消する努力は続けなければならない。

（1）　この問題についての文献として花見忠編『貿易と国際労働基準』（国際労働法フォーラム報告），日本労働研究機構，1997年10月。
（2）　アジアの反応について吾郷真一「国際ルールとしての社会条項」アジア社会問題研究所『アジア諸国における輸出産業の成長と労働経済に関する調査研究』平成7年3月，91頁。
（3）　日本労働組合総連合会／総合国際局『資料・社会条項と労働組合』（国際労働インフォメーション12号），1995年1月，44頁。
（4）　この宣言にいたる動きや宣言の内容については伊藤祐禎（ILO労働側理事）編『ILOレポート&ILOの世界』9号，1998年2月，および10号，1998年8月参照。
（5）　1994年11月ILO理事会に提出された報告書，"The social dimension of the liberalization of world trade", GB. 261/Wp/SLD/1.
（6）　1999年6月の総会で成立した182号条約は，「最悪の形態の児童労働の禁止と廃絶のための即時行動に関する条約」であるが，これは18歳未満の児童を借金によって拘束して労働させる奴隷的労働，児童を強制的に徴兵すること，児童を人身売買の対象とすること，売春させること，児童ポルノに出演させること，非合法活動（薬物の製造販売に児童を従事させること等），および危険有害業務に従

第2部 アジアの公正労働基準

事させることを「最悪の形態の児童労働」として禁止することを目指している。これは中核的労働基準の中に含められる予定である。
(7) この問題については拙著『マレーシア労使関係法論』信山社，1995年3月，161頁以下参照。
(8) International Metalworkers' Federation ed., The Malaysian Electronics Industry-Time for Fair Play for 140,000 Workers, IMF, 1994, Appendix-Selected datd on foreign-owned electronics companies most of which are in violation of UN and ILO Conventions.
(9) Electrical Industry Workers' Union v. Registrar of Trade Unions, (1976) 1 Malayan Law Jouranal 177.
(10) International Labour Organization, Official Bulletin, 177th Report, para. 88-133, 190th Report, para. 410-420, 21th Report, para. 515-525, 217th Report, para. 379-388, 248th Report, para. 363-380.
(11) Children and Young Persons (Employment) Act, 1966.
(12) Republic Act No. 7658, An act prohibiting the employment of children below 15 years of age in public and private undertakings 1993. ここでは両親や後見人の責任で働いている場合や，使用者の家族のみが雇用されている場合は例外とされている。ただし生命，安全，健康や道徳をあやうくする場合は認められていない。さらに映画，演劇，ラジオ，テレビへの出演も例外とされている。
(13) 勤労基準法62条では，労働大臣の就職認許証を所持する者は例外となっており，その認許証は本人の申請に基づき，義務教育に支障がない限り職種を指定して発行される。
(14) The Child Labour (Prohibition & Regulation) Act, 1986.
(15) インドネシアの1997年に成立した労働法では15歳未満の児童の労働を禁じている。ただし，家族だけで働く場合，地域の慣習によって家族内でおこなわれる労働，技術・技能養成の学校の生徒が，政府の監視のもとで，公衆のためにおこなう労働，社会事業や社会福祉や児童矯正施設での労働は除外されている。さらに特殊な事情によって働かざるをえない児童には使用者が一定の保護を与えることを条件に就労を認めている。例外の範囲がかなり広いのが特徴である。インドネシアはILO138号条約を批准しており，この規定はそれに違反している。どのように対応するのであろうか。
(16) 17歳未満の者はEmployment Act, 1968.の適用対象からはずれ，1976年児

第4章　アジア諸国の経済発展と中核的労働基準

童年少者雇用法 (Employment of Children and Young Persons Act) が適用されている。
(17) タイでは15歳未満の児童の雇用は禁じられているが，13歳から14歳の児童は軽作業に限って，労働局への届け出によって可能になる。
(18) Indian National Trade Union Congress, The Indian Worker, vol. 65, no. 3, pp. 1-3.
(19) インドの経済の自由化については古賀正則「転換期のインド経済」国際問題304号，西口章雄・浜口恒夫編『インド経済—発展と再編』世界思想社，63—77頁，経済の自由化が労働面に与えた影響については拙稿「新しいインドの顔」国際産研 8・9 合併号，1994年，59—66頁。
(20) インドの児童労働に実態を分析した文献としてMyron Weiner, The Child and the State in India, Oxford University Press, 1991, Gursharan Varandani, Child Labour and Women Workers, Ashishi Publishing House, 1994, William E. Myers, Protecting Working Children, Zed Books, pp. 46-62. pp. 121-130.
(21) J. C. Kydd, A History of Factory Legislation in India, University of Calcutta, 1920が工場法の立法過程を分析している。
(22) Indian School of Social Science ed., Bonded Labour in India, India Book Exchange, 1976.
(23) 押川文子「独立後インドの指定カースト・指定部族政策の展開」アジア経済22巻11号26—45頁，同「反留保アジテーションとインド社会」アジア経済35巻4号25—49頁。
(24) 社会活動訴訟については安田信之『アジアの法と社会』三省堂，380頁以下と稲正樹『インド憲法の研究』信山社，199頁以下参照。
(25) マッチ工場での児童労働が問題となったケースとしてM. C. Mehta v. State of Tamil Nadu, 1991 All India Reporter, Supreme Court, 417. 本書119頁参照。
(26) 最近ILO29号の強制労働にあたるとして問題となったのが，ミャンマーでインフラストラクチャー整備のために道路やダムの建設に地元の農民を徴用して無報酬で働かしていた事例がある。これに対して1999年のILO総会でミャンマーを非難する決議が可決された。Colin Fenwick, The ILO Commission of Inquiry into Forced Labour in Burma, (1999) 12 Australian Journal of Labour Law 43およびILO Official Bulletin, vol. 81, July 1998, Series B, Special

第2部　アジアの公正労働基準

　　　Supplement, "Forced Labour in Myanmar (Burma)".
(27)　インドの女子労働についての文献として押川文子「インド—分断された女子労働市場」森健・水野順子編『開発政策と女子労働』アジア経済研究所，1985年，45—78頁，押川文子編『南アジアの社会変容と女性』アジア経済研究所，1996年。
(28)　ブミプトラ政策については堀井健三編『マレーシアの社会再編と種族問題』アジア経済研究所，1989年，堀井健三・萩野宣之編『現代マレーシアの社会・経済変容』アジア経済研究所，1990年。
(29)　佐々木聖子『アジアから吹く風』朝日新聞社，1991年，203—215頁，松井和久「マレーシアに向かうインドネシア人労働者」アジ研ニュース105号『アジアにおける国際労働移動』14—15頁。

第5章　東・東南アジアの女子労働の現状と法制度

1　はじめに

　日本の男女雇用機会均等法案を作成する段階で，アメリカ，イギリス，ドイツ，フランス，スウェーデン等の先進国の男女雇用平等に関する法律が参照されている。これらの国々は経済的に発展しているという点で，日本と共通性がある。しかしこれには次の問題を含んでいる。経済的な発展が雇用平等をもたらすという考えを前提とすれば，欧米を日本の未来像のように考えることができるが，はたしてそうなのか。OECD加盟国23カ国の中で「女性の働きやすさ」の指標が日本は19位で低いことが発表されている[1]。経済発展は雇用の在り方に重要な影響を与えているが，それだけでは十分ではないことを示している。別の言い方をすれば，雇用平等を考える場合には経済的側面だけではなく，社会的文化的背景や社会規範もかかわっていることを無視できない。社会的文化的背景や社会規範を考慮するとすれば，日本はアジアに位置していることから，アジアとのかかわりの中で雇用平等問題を見る必要性がある。

　これまで労働法研究者でアジア諸国の労働法を研究する者が少ないこと，アジア諸国の女性労働に関する資料が少なく，しかも入手しがたいこと，統計資料も信頼性に欠けていることもあって，このような視点から日本の女子労働法制や男女雇用平等法制が考察されることはあまりなかったように思われる。そこで，本章では，資料面での制約があるが，アジアの内，東アジアと東南アジアを中心に限定し（もと社会主義国は除く），日本の女子労働法制との比較を念頭におきつつ，東・東南アジアの諸国の女子労働の現状とその法制度を分析したいと思っている。

第2部　アジアの公正労働基準

2　東・東南アジア諸国の女子労働に関する実態

(1)　女性の労働力率の増加

韓国では女性の労働力率は1965年30.9%から1992年44.4%に増加している。台湾でも1978年39.13%から1996年45.76%に増加している。マレーシアの女性の労働力率は1970年36%から1995年48%であり、特に製造業就業者の内女性が占める割合は1970年29%から1995年43%の増加している。シンガポールでは1982年45.2%、1986年45.6%、1996年51.5%となっている。タイの都市部では1971年39%から1989年58.1%に増加し、東南アジアではもっとも高い数字になっている。農村部では1971年71.1%から1989年73%で増減はあまりない。インドネシアでは労働統計には統計毎に定義を変更するという問題点があるが、都市では1971年23.2%から1995年36.3%、農村では1971年35.3%から1995年43.7%に増加している[2]。どの国も女子の労働力率を増加させ、現在は50%前後になっている。日本では1969年に50.1%であり、経済発展が早かったために他のアジア諸国より早く50%を越えているが、その後はあまり増えていない。1993年には50.3%であり、他のアジア諸国が急速に日本に近付いている。タイは日本を上回る率になっている。

ここでいう労働力率には被雇用者だけでなく農業や自営業者、家族従事者も含まれる。雇用平等は主として被雇用者で問題となるので、雇用率を取り上げるべきであろうが、国際比較をする時労働力率しか利用できなかった。日本、シンガポール、香港では農業に従事する者の割合が低いし、韓国、台湾では低下しつつあるが、それ以外の国ではまだ高いこと、被雇用者や自営業者・家族従事者の中にはインフォーマル・セクターに従事する者を含んでいることを考慮しておかなければならない。

アジア諸国の多くは植民地であったが、植民地時代には農業・鉱業を中心とし、それもプランテーションを中心としてモノカルチャーな一次産品を生産し、それで旧宗主国の工業製品を購入するという経済政策が採用されていた。旧宗主国が自国の必要とする食料や原料を供給させるために、農業に従事する者が当然多かった。そこでは女性は無給の家族従事者として分類された。

独立後，アジア諸国は農業より生産性が高いことを期待できる工業化政策による経済発展政策が採用され，それが女性の労働力率に大きな影響を与えている。1960年代の輸入代替型から1970年代以降輸出志向型の工業化に重点が置かれるようになって，外国資本と先進国の技術が導入され，人件費の安い労働力を使う労働集約型の製造業（繊維，アパレル産業や電機・電子産業等）に農村出身の若年女性が雇用されるようになった[3]。産業別就業者数を見ると，日本，シンガポール，香港を除いて，まだ農業に従事する割合が高いが，製造業とサービス業，小売業が伸びているのが分かる[4]。サービス業と小売業に従事する女性が増えているが，これは都市の雑業に従事する女性が増えていることを示している。つまりインフォーマル・セクターに従事する者が増えている。その者は独立自営業者として分類される。一方教育が普及するにつれて高学歴の女性がフォーマル・セクターに入って男性と対等に仕事をするようになった。その結果女性労働の2極分化がはっきり見られるようになったと言える。インフォーマル・セクターに従事する女性は家族総出で働かざるをえず，生計維持のために働く必要性が高いし，高学歴の女性は生活のためだけでなく自己実現のために働き，労働力率を高めている。最近になって経済発展によって中産階層が生まれており，これが女性の労働力率にどのような影響を与えるか注目される。専業主婦を増やすのかキャリアウーマンを増やすのか。どちらになるのかによって労働力率のカーブに変化をもたらす可能性があるからである。この点についてはまだ明確な答は出ていない。

(2) 女性の年齢別の労働力率

男性の年齢別労働力率はすべての国で台形型である。若い年齢で急速に上昇し，25〜30歳でおよそ97％に達し，50歳までは安定しており，引退年齢になると急速に低下するからである。

女性の年齢別の労働力参加率を見ると，M型，台形型（逆U型・高原型），初期年齢ピーク型（逆V型）の3つの類型がある[5]。M型は日本，韓国，台形型はタイ，台湾，インドネシア，フィリピン，マレーシアである。シンガポールと香港が初期年齢ピーク（逆V型）であるが，しだいに台形型に近付きつつある。そこで，おおまかに言って父系社会の日本，韓国はM型，双系社会[6]

の東南アジアは台形型であると言えるのではないかと考えている(本章の末尾に掲載している図表を参照)。

① M型の国

日本と韓国の女性の年齢別労働力率はM型になっているのはなぜか。M型は結婚,子育ての時期に労働市場から引退し,それが終わってから再び労働市場に参入することを意味する。これは妻・母親としての役割が強調されており,男は外で稼ぎ,女は内で家事や育児を担当するという役割分業から子育ての時期には労働市場から引退する。しかし,育児が終われば働く女性が増えるが,家事との両立を図ることが求められ,多くがパートタイマーとして働いている。正規の従業員として働けば男性と同様に厳しい労働に従事しなければならず,そうなると家事労働を果たせないからである。日本でM型が見られるのは1920~30年代ごろからである。1900年代には台形型であり,工業化が進んでいない段階の場合には農業部門の家族従事者や自営業者やその家族従事者として就労する機会が多く,子育て期であっても就労を継続しやすいためである。工業化がM字型の就労を生み出している。1980年代以降から,底の落ち込みの年齢が晩婚化によって25~29歳層から30歳台前半に移動し,さらに底が上方に上がっているが,これは育児期にもやめないで継続勤務する女性が増えていることを示している。

韓国では,李氏朝鮮において父系始祖を根元とする父子血統が重視され,女性は宗親会の系譜から排除され,血統継承の手段的存在とされていた[7]。父子血統に基づく祭祀相続や長子の財産相続制度が取られ,男尊女卑と役割分担の意識が強固で,儒教の伝統が日本や台湾より強い。日本と韓国は父性社会とされているが,韓国が父性社会としての特徴を強く維持している。韓国では工業化実現のために若年女子の労働力を活用しているが,結婚とともに退職するケースが多く,雇用率だけを見ると初期労働ピーク型である[8]。家事育児のために引退し,育児期が終わっても雇用者として再登場する女性が多くない。韓国では家族従事者・自営業者が多いために,それらを含めた労働力率ではM型であるが,被雇用者だけを見ると初期労働ピーク型になっているということである。韓国では両班層の労働を嫌う意識があって,女性の戸外労働は階層の低さを示すものとされ,高学歴の女性の労働力率があがらない傾向にあり[9],こ

の点は同じ父性社会とされている日本と異なっている。
　②　台形型の国
　台形型になる理由はなにか。1つの理由として，統計には農業従事者や家族従事者，インフォーマル・セクターに従事する者も含んでいるので，子育て期かどうかに関係なく生活維持のために働き続けるケースが多いことが考えられる。次に雇用されている者でも子育ての時期にやめないで勤められる状況にあることが考えられる。公的な託児所は限られているが，家族・親戚の中で面倒を見てくれる人がいるので働き続けられる。さらに家事労働の負担が重くない場合がありうる。特に東南アジアの都市に住む中国系の人々は屋台で外食をする場合が多く，3食とも外食で家庭には包丁のないところさえある。さらに働き方にもよるのではないか。長時間で不規則な労働であれば働きにくいが，残業や休日労働が少なく，規則的に働くことができればやめなくてもよい場合がありうる。
　台湾では中国南部の社会規範の影響があり，女性が外で働くことを嫌う傾向は少ない[10]。小さな子供がいてもやめないで働く傾向が強い。保育所より親族や祖父母が子の面倒をみる。それは子供は一族の宝という伝統意識があるからとされている。たとえ子育て期にやめても転職が容易なため別の会社に再就職しやすい。日本の大企業では年功序列や長期雇用の慣行のためにキャリアの空白があることが女性を不利にしているが，台湾ではその傾向が少ない。このことが高学歴女性の労働力率を非常に高くしている。
　フィリピンでは重層的な女性の労働市場になっており[11]，官庁・大学・一流企業で働く高学歴の専門職や管理職につくエリート・キャリアウーマン（1割にも満たない層）と貧しい農村から排出される工場労働者やインフォーマル・セクターで働く女性とが存在する。前者の場合，富裕層（寡頭的支配層オリガーキーや大地主制アシエンダ）や一部中間層出身の女性の社会進出が活発であり，それを支えたのが均等相続制によって男女平等を保障する伝統的な双系制を特色とする社会構造が，今も生きていることにある。エリート層は男女の差別はない。家事使用人を雇えるので家事労働から解放され，結婚・出産で退職しなくてすむ。これは貧しい女性の犠牲の上でエリート層の雇用平等が実現していると言えよう。低所得層の女性は多国籍企業，地場産業，インフォーマル

・セクター，海外等あらゆる場で，生活維持のために家族総出で働かざるをえない状況にある。経済発展につれて高等教育を受けて専門職として勤務する中産階層が生まれているが，家事分担者がおれば雇用を継続できる状況にある。

　タイの諺に「男は象の前足，女は後ろ足」というのがある[12]。上座部仏教であるために男性だけが出家でき，それで父母に対して功徳をもたらすが，一方娘に対しては孝行を別の形，つまり家の仕事，労働者あるいは売春婦をしても収入を得ることが期待されている。タイ女性が忍耐強く働く背景には，父母への孝行をしたいという意識がある。女性は男性より物質的な人間であり，そのために女性は生産活動に従事すべきであるという考えがある。このように上座部仏教が男性優位のイデオロギーを提供している。しかし，ここでも女子労働の二重構造があり，上層部門の女性は20世紀初頭から職を持ち，高等教育機関を経て就業している。家事使用人がいて家事労働を一人で背負い込んでいない。そのことによって子育て期にも継続して働くことが可能になる。これに対して貧困から教育を十分受けていない女性は生活維持のためにどこででも働き続けなければならない。さらにタイでも経済発展によって中産階層が生まれ，専門職や公務員，ホワイトカラーとして働き続ける女性が出てきている。

　マレーシアでは，人種を問わず「男は仕事，女は家庭」という性別役割分業の意識が濃く，良妻賢母主義の伝統的価値感が支配している。しかし家庭における既婚女性の地位は比較的高い。マレー社会ではヌグリスンビランやマラッカの一部にある母系制を除いて双系制であり，双系制の相続によって既婚女性の土地所有が多く見られる。イスラム法では女性は男性の2分の1，慣習法では均等に財産が分けられるからである[13]。イスラムの教えで未婚女性は隔離すべしという慣習（パルダ）がある。家事や育児の大半が十代の少女が担当している。女の子供は目上の人や両親に従順で，礼儀ただしく恥の意識を持ち，伝統的価値を尊重するよう育てられる。長女は母の代わりに家事をし，兄弟のめんどうを見るよう義務づけられている。それが工業化政策によって農村（カンポン）から都会に出ていく。未婚女性のこの移動は，結婚するまでは両親の保護と監視のもとにあるべきであるとする伝統的価値感と対立する。素直で従順で，手先が器用だということで若年の女子（ブミプトラ政策のためにマレー系が多い）が電機・電子産業に雇用されるが，結婚と同時に退職する場合が多

い(14)。インド系の女性の多くは、プランテーションで働いているが家計補助のために継続して働いている。インド系の女性はヒンズー教の教えから女性は男性の従属物であるという意識を持っており、低階層の女性ほど雇用平等からは縁遠い。これに対して経済力を持つ中国系は血のつながりを重視し家族の相互扶助の考えが強いために子供の面倒を両親・親戚に頼めるし、外食が多いので家事労働のウエイトが小さいので継続して働ける。

インドネシアは多様な社会構造を持っており、バリ島やスマトラのバッタ族は父性社会、スマトラのミナンカバブは母系社会であるが、それ以外の多くの種族は双系社会を形成している(15)。人口の約9割を占めるイスラム教徒にとっては、成人男女に結婚を義務づけ、健全なる家庭を営み、次の世代の良きムスリムを養育すべきであると言うイスラム教の教えが生きている。夫は生計を維持し、妻は家庭を維持し、子供を立派なムスリムとして育てるという役割分業の考えが強い。しかし、妻はその責任を果たした上で社会で働くのは構わないとされている。この点がアラブのイスラム教徒とは異なる。というのはアラブの女性と比較して、同じイスラムであるが女性の社会的地位は高い。生産活動に従事するだけでなく、家庭においても夫と対等の発言権を持っている。「ゴノ・ギニ（gana-gini）」と呼ばれる慣習（結婚後夫婦が獲得した財産は共有財産になり、等分の持分権を有する）がある。これはジャワだけでなく、インドネシアの各地で見られる。

夫だけの収入によって生活できる中および上の階層では、高学歴の妻は家事・育児は家事使用人にまかせ、企業、学校や官庁で活躍している。下の階層の女性は生活維持のために結婚、出産があっても雇用を継続せざるをえない。同じ企業にそのまま続けるというより転職を繰り返しながらも働き続けざるをえない。これが台形型の労働力率を形づくっている。

③ 初期年齢ピーク型の国

この型はシンガポールと香港で見られる。シンガポールと香港は経済的には先進国並みに発展し、農業部門がきわめて小さいので、労働力のほとんどは被雇用者や自営業者やその家族従事者である。シンガポールは中国系が4分の3を占め、マレー系1割5分、インド系1割という構成であるが、マレーシアのように特定の人種優先政策を取っていないが、3つの人種のバランスを維持し

ようとしている。人口から言って中国系社会が中心であり中国南部からの移住者が多く住んでおり，香港とともに中国南部の社会構造をベースとしているので，女性が外で就労することへの抵抗は少ない。しかし25—29歳の女性の労働力率がピークで30歳以降下がるのは結婚・出産のためである。しかし，その下がり方はしだいになだらかになっており，45—49歳の女性のそれは53.9％にもなっており，台形型に近付きつつある。香港も同様でシンガポール以上に各年齢別の労働力率が上がっており，台形型に近づいていると言えよう[16]。シンガポール，香港とも中流上の家庭で，専門職や管理職の女性はフィリピン等からの家政婦を雇用するケースが多いとされていること[17]，フレックス・タイム制の導入が浸透しはじめ家庭責任や育児におわれる女性も勤務時間を選択できるようになっていること[18]，パートとして働く女性が増えていること，保育所の増設や保育に対する補助金の支給[19]が，労働力率の上昇に寄与している。

　先進国ではM字型から台形型（逆U型）に移行しているか，移行しつつある。イギリスでは資本主義初期の時代には児童も女性も労働力として参加させられてきたが，工場法によって女性の労働を制限し，男性の稼ぎによって家族が生活できるシステムが出来て，女性が家事労働に専念し始めた。その結果男と女の役割分業が生じたために19世紀後半頃にM型になり，最近になるまでM型であり，しだいに底が浅くなるM型に変化しつつある。アメリカの労働力率は1940年代まで初期年齢ピーク型であったが，1940年代から1970年頃までM型を形成した。1960年代からM型の底が浅くなり，1980年には台形型に移行している。スウェーデンでは1980年にはM型から台形型に移行している。日本も1920〜30年代にすでにM型になり[20]，高度経済成長期以降M字型の底があがることによって台形型に移行することを目指している[21]。これに対して台形型を描く国が東南アジアに存在することは何を意味するのであろうか。東南アジアでは農業部門，インフォーマル・セクターに従事する者は多く，自営業者や家族従事者として働く者の割合が高いために，女性の労働力率が雇用率を示すことにはならない。そこで経済発展がさらに進めば，フォーマル・セクターに従事する者が増加し，雇用率の上昇を導き台形型を維持するのであろうか。それとも経済発展によって専業主婦が増えてM型に転化するのであろ

第5章　東・東南アジアの女子労働の現状と法制度

うか。日本がこれから台形型を目指すのであれば，東南アジアはすでに先取りしていると見ることも可能であろうが，労働力率の中身が違うので，それは無理であろう。

(3) 男女間の賃金格差・管理職に占める女性の割合

国連開発計画の1995年版報告書『ジェンダーと人間開発』（発行：国際協力出版会）42頁にある「非農業における男性賃金に対する女性賃金の割合」の表の中で，男性賃金を100とした時の女性賃金の数字が掲載されている。アジアだけを拾い上げると，高い順からベトナム91.5，スリランカ89.8，シンガポール71.1，香港69.5，タイ68.2，フィリピン60.8，中国59.4，韓国53.5，バングラデシュ42となっている[22]。台湾はこの統計に含まれていないが，別の統計では71.6になっている[23]。さらに日本も入っていないが，この統計年が国によって異なるが1990年前後なので，日本の1992年の数字を見ると，パートタイマーを含むと50.9，それを除くと61.5となっている。パートタイマーを含むと韓国より低い数字になっている。それを除いてもフィリピンと変わらない。

行政および管理職に占める女性の割合[23]であるが，先と同じ資料の67頁には，男性を100とした時の女性の数字がのっている。フィリピン38，タイ29，シンガポール19，香港19，中国13，日本9，インドネシア7，バングラデシュ5，韓国4，パキスタン3となっている。

本稿で取り上げた国すべての数字が出ていないが，日本は韓国とともに東南アジアのいくつかの国より男女の格差が大きいと言えそうである。その原因であるが，男女を問わず学歴資格によって賃金や処遇を決めるシステムが東南アジアに存在することが考えられる。さらに高学歴の女性が活躍できる背景に，家庭責任を軽くしてくれる家事労働者が存在することも日本とは異なっている。後で述べるように男女雇用平等を目指す法律が制定されている国があるが，それらがきちんと実施されていなくても，東南アジアでは男女格差が日本と韓国より小さい。これは経済発展によって男女の格差が解消するとは言えないことを示している。日本は賃金額自体が高いので男女の格差が大きくても，女子の賃金額が東南アジアの女性の賃金より高くなる。ここで依拠する資料を前提とするかぎり東南アジアのいくつかの国より日本の方が男女格差が大きいことを

自覚すべきである。もちろん東・東南アジアで男女格差が消えていないのは言うまでもない。

3　東・東南アジア諸国の女子労働法制

先に述べたように東・東南アジア諸国では，まだ雇用上の男女差別が存在するので，それを解決する一の方法として法的手段が用いられている。女子労働の法的規制は母性保護規定，弱い性であることから設けられる女子保護規定，男女雇用平等規定の3つに分けられる。前2つはここで考察の対象にするすべての国にもうけられているが，男女雇用平等にかかわる規定のない国がある。日本，韓国，フィリッピン，香港には男女雇用平等に関する規定がある。インドネシアには一般的な機会均等と差別取扱の禁止規定が1997年の労働法によって定められている。タイでは1995年憲法に男女平等規定が復活し，賃金差別禁止規定を設けているが，1998年修正の労働保護法で規定が設けられた。台湾が法案（男女工作平等法案）を作って審議中である。しかし，雇用差別に関するILO条約の批准状況は芳しくなく[25]，まだ国際的レベルに達していないことが分かる。しかし女性差別撤廃条約の批准をきっかけに，以前に比べれば，男女雇用差別に関する法制度が進展しつつあると言えよう。

(1)　包括的な男女雇用平等にかかわる法律が制定されている国

この範疇に入る国は包括的な男女雇用平等に関する法律を持っている日本，韓国，フィリッピン，香港である。

日本では均等法で募集・採用，配置・昇進，教育訓練，福利厚生，定年・退職・解雇に関して差別的取扱を禁止しているが，罰則はない。その代わり企業名公表制度や調停制度の改善で強化を図っている。企業が積極的に取り組む措置の設定，育児介護休業制度による職業生活と家庭生活との両立，母性保護の強化をおこない，一方女子保護は労働時間規制を男女同じにして，均等扱いと女性の職域拡大を図っていくことになっている。セクハラ防止の配慮義務も定められている。

韓国では勤労基準法5条で男女の差別的待遇を禁止し，違反した者は500万

ウォン以下の罰金に処せられる規定があったが、1984年12月女子差別撤廃条約批准を契機に国内法の整備に乗り出した。まず1987年10月29日制定の第六共和国憲法32条4項で「雇用および勤労条件において性差別を受けない権利」が明文化され、さらに1987年11月28日男女雇用平等法が制定され、1988年4月1日から施行された。これは与党であった民正党議員44人の共同提案で10月5日国会に提出され、11月28日に制定された。2カ月という短期間で成立した。1987年末の大統領選挙で女性の支持を得るためであったとされている(26)。その内容は日本の男女雇用機会均等法によく似ており、募集・採用で男女に平等な機会の提供、教育・配置・昇進で差別待遇の禁止が定められ、罰則はなかった。しかし、1989年3月8日改正され、罰則規定をもうけ、日本より強力な規定を設けた。「事業主が賃金、定年・退職および解雇などで違反した場合は、2年以下または500万ウオン以下の罰金に処す。募集と採用、教育、配置、昇進などにおける性差別と、育児休職条項に違反した場合は250万ウオン以下の罰金に処す」(22条)と規定された。さらに同一価値労働同一賃金の規定を設けた（6条の2）。1991年「雇用における性差別撤廃のためのガイドライン」を制定し、行政指導による改善がなされるが、罰則の適用を受ける事例も出てきている(27)。1995年改正によって、募集、採用における職務遂行に不必要な身体条件等の提示を禁止したり（6条2項）、福利厚生での差別を禁止した。男女雇用平等法制を促進する一方、勤労基準法上の女子保護規定は存続している。深夜労働と休日労働の禁止（女子の同意と労働大臣の許可があれば別）、時間外労働時間数の規制、坑内労働の禁止が定められている。今後廃止論議が出てくるものと思われる。母性保護として生理休暇、産前産後休暇、育児時間の規定がある。1995年12月（1996年施行）女性発展基本法を制定して、1998年〜2002年の第一次女性政策基本計画を策定している。男女雇用平等政策は日本とよく似た動きをしているが、罰則によって強力な立法を制定していることが特色である(28)。しかし、OECD加盟国の中で日本より女性が働きにくい国とされている。日本以上に男女の格差が大きいことが罰則付きの法律を生み出しているといえよう。

　フィリピンでは、1974年制定の労働法典が女子労働法制の基本法である(29)。これは男女雇用平等規定を拡大する一方、母性保護や女性保護の規定を廃止または緩和する方向を示している。母性保護として4人目の子供までの

出産休暇[30]，女性用の便所・洗面所等の施設，託児所の設置，家族計画の規定があるが，1952年「女性および児童労働法」によって認められた育児時間は廃止している。女性保護として深夜労働の禁止は継続して存在しているが，その例外を認めるケースを拡大している。さらに深夜時間の終了を１時間早めて午前６時としている。18歳以下の女子の雇用制限の廃止，重量物の運搬および立ち仕事禁止の廃止，休憩付与の廃止がなされ，女子保護の範囲が縮小されている。

これに対して差別禁止規定は拡大されている。まず女性であることを理由とする労働条件の差別が禁止されている。これは同等価値労働には同一賃金を支給すること，昇進・訓練・研究・奨励金に関して男子を優遇することの禁止を意味している。さらに結婚・妊娠・出産を理由とする解雇禁止，福利厚生を受けていることを理由とする解雇禁止を定めている。これらの規定違反には1000ペソ以上10000ペソ以下の罰金，３カ月以上３年未満の禁固刑，または両方が課せられる。この労働法典の規定を強化するために，アキノ政権は1989年職場における女性差別禁止法を成立させた[31]。これは同等価値労働同一賃金に反する使用者に罰則を課すことと昇進，訓練に際し男子を有利に扱うことを禁止し，それに違反する使用者に罰則を課す規定を設けている。さらに1995年２月反セクシュアル・ハラスメント法が制定されている[32]。アジアでは最初のセクハラに関する法律である。ここでは雇用の場だけでなく教育・訓練の場も含まれ，対価型と環境型のセクハラが対象とされている。違反者には１カ月以上６カ月以下の禁固，１万ペソ以上２ペソ以下の罰金，または両方が課せられる。さらに使用者が被害者からセクハラの連絡を受け，なんらの措置も講じない場合，セクハラから生じる損害賠償の責任を負うことを明記している。企業内でセクハラの調査委員会を設置して調査し，セクハラの存在が認定されると処分をおこなう権限が付与されている。フィリピンでは女性保護を縮小しつつあるが，完全になくなっていないので，それと雇用平等との関係をどうするかが議論されている。両立できるのかどうか，どうすれば女性の雇用の機会を拡大できるのかが問題となっている。

フィリピンの法制度だけを見れば，日本以上に整備され罰則付きの雇用平等法制を見ることができる。雇用平等実現のために女性保護を少なくしていく

第5章　東・東南アジアの女子労働の現状と法制度

方向も示されている(33)。

　香港では1991年制定の人権条例の中で公共部門での女性差別を禁止しているが、民間部門にまで適用されていないので、性差別に対する今後の法政策を検討する作業委員会が政庁内に設置された。その報告書では経済に悪影響があり、実施が困難であることから性差別禁止法の導入を勧告しなかった(34)。しかし、政庁は女性差別禁止条約の批准のために性差別禁止に関する条例を制定することにし、政策を転換した。イギリスの1975年性差別禁止法やオーストラリアの連邦法である1984年性差別禁止法の影響を強く受けて、1995年6月に性差別禁止条例(35)が制定された。これは直接差別だけでなく間接差別も禁止の対象としていること、雇用における差別だけでなく、職業紹介所、労働組合・使用者団体、教育訓練機関等での差別も規制の対象としている点に特色がある。雇用差別禁止については性、婚姻関係の有無、妊娠を理由とする募集、昇進、配転、訓練、賃金や付加給付に関して差別的扱いをすれば不法行為として15万香港ドル以下の損害賠償の支払いを裁判所が命じる。対価型と環境型のセクハラに対する賠償責任も同様である。機会均等委員会は公式調査をおこない違反が認められる場合には差別停止の通告をおこなうことができる。

(2)　包括的な男女雇用平等にかかわる法律が制定されようとしている国
　この範疇には台湾が入る。
　台湾では、憲法7条に男女間の平等の規定を定め、労働基準法25条では、使用者は性別により差別待遇してはならないこと、労働の効率が同じ者に対し、同等な賃金を支払うべきことが規定されている。就業服務法5条では、使用者は求職者または従業員に対し、性別をもって差別してはならないとしている。就職差別の認定のために公労使代表による「就業差別評議委員会」が組織されている。託児所設置のための補助金制度や再就職のための訓練費用の補助制度が設けられている。これらの法律では、その適用対象が異なったり、規定も不十分なことから、行政院労工委員会は男女工作平等法案を作成し、行政院で審議中である(36)。
　その内容であるが、まず募集、選考、採用で性別による差別待遇が禁止されている。ただし仕事の性質のために特別な者は除外される。次に、同一労働同

95

一賃金の原則，教育・訓練，福利厚生に関して性別による差別待遇を禁止している。さらに定年，退職，解雇に対して性別による差別待遇を禁止している。結婚・妊娠・出産，育児による解雇が禁止され，その解雇は無効とされている。出産休暇，育児時間，介護休暇，再就職の機会の援助，対価型のセクハラ禁止と防止措置，差別待遇の救済として労働監督機関に通報することができる。差別禁止のために広範囲な雇用上の差別を禁止しているが，罰則の規定はみられない。ここに日本の男女雇用機会均等法の影響をみることができる。

(3) 包括的な男女雇用平等法はないが，それを目指している国

この範疇に入る国はタイとインドネシアである。

タイでは1972年労働者保護に関する内務省令[37]で女子労働保護規定として深夜労働禁止（連続操業，交替制勤務等の場合には除く），鉱業・建設・爆発物可燃物製造，重量物の運搬等の危険有害業務の禁止，18歳未満の女性を風俗営業に雇用することの禁止が定められ，母性保護として90日の出産休暇（45日分は賃金支給），不妊手術のための休暇，妊娠中の女子の一時的配転，妊娠を理由とする解雇の禁止が定められている。その後国会の審議を経ない省令で定められていることへの疑問があり，法律によって労働条件を定めることになった。その結果新しい労働者保護法が1998年1月7日可決され，8月19日施行された。それには先の規定に追加して，男女同じ権利を保障すること，妊娠中の女子の時間外労働禁止と休日労働禁止，使用者や監督者による女性従業員への性的虐待の禁止，危険業務の範囲を拡大しトンネルでの業務が禁止されている[38]。セクハラについての禁止規定とそれに違反する使用者の責任を定めた点に大きな特徴がある。

タイの1974年施行の憲法で，男性と女性が平等の権利を有することを明記したが，1976年軍事政権下で女性の権利に関する条項が削除された。1995年憲法で男女平等規定が復活したことがきっかけで，女性差別禁止法の草案作成の動きが出てきた[39]。しかしその草案がどのような内容なのか不明である。男女平等の取扱やセクハラの規定が労働保護法に設けられたことは，これから包括的な雇用平等法を作っていく一段階とされている。現在は雇用平等法制を研究している段階にある[40]。その一部は先に述べた1998年施行の労働者保護法に

反映されている。

インドネシアでは1925年の「児童労働および女子の深夜労働に関する条例」で午後10時から午前5時までの労働が禁止されているが、1989年の労働力大臣令によって深夜労働の強い必要性と女子の安全、健康、道徳の保護を条件のもとで労働力省地方事務所の許可があれば深夜での労働が可能になっている。1948年法律1号で坑内労働禁止、危険有害労働禁止（未施行）、2日間の生理休暇[41]、6週間の有給の産前休暇と6週間の有給の産後休暇（医師の診断書で3カ月まで延長可能）、授乳時間が定められている。1969年労働基本法2条に「差別があってはならない」という一般的規定があるだけである。1989年の労働大臣決定では結婚・妊娠・出産を理由とする解雇を禁止し、違反する使用者には罰則を課している[42]。しかし、規定はあってもまだ施行されていなかったり、規定通り実施されているかどうか疑問視されている。

インドネシアの労働法規は錯綜しているために、それらを整理し体系的な法律とするために1997年9月11日新しく労働法が成立したが[43]、2000年10月1日まで実施が延期された。その中で使用者にすべての者に対する差別の禁止と均等な就労機会を与えることを義務づけている。この違反には4年以下の禁固刑または4億ルピア以下の罰金またはその両方がかせられている。どのような理由による差別を禁止するかは何も規定していないが、女性であることを理由とする差別も含まれると思われる。母性保護として妊娠中、および授乳中の女性の一定時間帯の就労禁止、2日間の生理日の勤務の強制禁止、授乳時間の付与、産前1カ月（医師の診断書により3カ月まで延長可能）と産後2カ月の休暇（流産の場合は1カ月半の休暇）付与し、しかもその間の賃金カットはできないし、違反すれば罰則が課せられる。女性保護として坑内労働禁止（許可を得た場合等には例外として認められる）だけが規定されている。残業や深夜労働は男子と同様に認められており、女性保護規定が非常に少なくなっている。

(4) 男女雇用平等に関する法律も法案も存在しない国

この範疇にはマレーシア、シンガポールが入る。シンガポールはアジアNIESとして、マレーシアもそれにつく経済発展を遂げているのに、男女雇用平等に関する法律を作成する予定もない。それには以下の特殊事情が存在する。

第2部　アジアの公正労働基準

　マレーシアでは1955年雇用法で深夜労働禁止（交代制の場合労働大臣の許可によって深夜労働が可能なため軽工業部門には女子が深夜交代勤務に就いている事例が多い），坑内労働の禁止，60日の出産休暇（一定条件で出産手当がつく），不妊手術を受けるための休暇制度が定められている。深夜労働以外の時間規制は男女とも同じであるが，月収1500リンギ以上の女性事務職労働者には雇用法が適用されないので深夜労働は禁止されない（女性ブルーカラー労働者には月収額に関係なく適用になる）。したがってエリート層の女性には女子労働保護の範囲が狭くなるという特色を持つ。1997年末にはパートタイマーの年休，フレックス時間制，休憩時間に関する規定が導入され，パート就労の拡大を目指している。

　マレーシアには雇用平等に関する法律，男女の賃金平等に関する規定もないが，これはブミプトラ政策によってマレー系優遇政策を採用しているためである。マレーシアは主としてマレー系，中国系，インド系の3つの人種から構成されており，その中でマレー系の経済的地位向上のためにマレー系の男女を優遇する政策が採られていることから，国民一般に適用する雇用平等や賃金平等政策を採用しにくい状況にある。そのために女性差別撤廃条約を批准したのが1995年で遅かった。

　シンガポールでは憲法12条で宗教，人種，血統，出生地による差別を禁止しているが，性差別を禁止する規定はない。1968年雇用法でも宗教，人種，家系または出生地を理由とする差別の禁止しか定めていない。雇用法では女子ブルーカラー労働者の深夜労働禁止，すべての女子労働者の坑内労働の禁止，産前産後4週間の休暇（一定の条件で有給）制度がある。しかし，深夜労働以外の時間規制（時間外労働，休憩時間，変形労働時間）は男女とも同じであるが，月収1500シンガポール・ドル以上の労働者には労働時間規制の適用がなく，収入の多いエリート層の女性には労働時間規制がないことになる。女子労働保護の範囲が狭いのはマレーシアと同じである。さらに女性差別撤廃条約を批准したのがマレーシアより遅い。日本と比べれば女子の活躍の場の広いシンガポールであるが，雇用平等に関する法律を制定しないのはなぜか不思議である[44]。人種間のバランスを優先した結果だろうか。

　以上のとおり，マレーシア，シンガポールを除き，男女雇用平等を目指す法律を作成したり，作成しつつある。特に女性差別撤廃条約の批准をきっかけに，

その方向が明確になっている。その際，日本のような行政指導によって雇用平等を促進するという柔軟な手段ではなく，罰則によって強制する方法が採用されている。なぜ違いが生じるのか。行政に対する認識に違いがあるためなのか。さらに雇用平等規定と女性保護規定とのかかわりが今後重要な問題となってくるように思われる。方向としては女性保護規定をなくすことが示されているが，東・東南アジアではまだ，そこまでの詰めが十分になされていない状況にある。

4 おわりに

これまでほとんど無視されてきた東・東南アジアの女子労働の実態とその法制について，若干の分析をおこなってきた。日本は先進国ばかりに目を向けて，OECD23カ国の中で，「女性の働きやすさ」指標が19位で遅れていることを気にしているが，本稿で考察した東南アジアのいくつかの国々にも遅れをとっている。女子労働法制でも罰則を設けている国があり，日本より強力な措置をとっている国が存在している。それには実態を無視して法制度だけ立派なのではないかと言う批判があろうが，それなら日本は男女雇用機会均等法を作りながら，なぜ男女格差が東南アジアのいくつかの国より大きいままなのかが問われるべきであろう。東南アジアの国々は重層構造になっており，下層の女性の悲惨な労働実態がみられる一方，上層階層の男性以上に活躍する女性もいる。どちらに注目するかによって見方が変わってくるが，今回は統計資料と法制度に基づいてまとめた。南アジアは考察の対象からはずしているが，それを含めて今後各国毎に法制度と実態の関係の検討を深めていきたいと思っている。

(1) 朝日新聞1998年5月31日朝刊。
(2) 韓国，マレーシア，フィリッピン，タイの女子労働力率の数字はSusan Horton ed., Women and Industrialization in Asia, Routledge, 1996, pp. 169, 210, 248, 276。インドネシアについては山本郁郎「インドネシアにおける規制緩和政策と労働市場の変化」社会政策学会年報42集31頁，台湾については呉慎宜「台湾の男女工作平等」1998年第四回ソーシアル・アジア・フォーラム提出論文，シンガポールについてはYearbook of Statistics Singapore 1996, p. 40

第2部　アジアの公正労働基準

(3) 藤井光男編著『東アジアの国際分業と女性労働』ミネルヴァ書房，1997年2月参照。
(4) Susan Horton ed., op. cit., p. 18.
(5) 年齢別女性労働力率を類型化したものとしてJ. D. Dulland, The Labour Force in Economic Development: A Comparison of International Census Data 1940-1966, Princeton University Press, 1975. アジア諸国を対象に比較したものとしてLin Lean Lim, "The Feminization of Labour in the Asia-Pacific Rim Countries: From Contributing to Economic Dynamism to Bearing the Brunt of Structural Adjustments", in Naohiro Ogawa, Gavin W, Jones and Jeffrey G. Williamson ed., Human Resources in Development along the Asia-Pacific Rim, Oxford University Press, 1993, pp. 175-209およびSusan Horton ed., op. cit., pp. 7-16参照。
(6) 東南アジアの伝統的な親族組織の特徴は父系でも母系でもない「双系制」にあるとされている。父系と母系の双方を同時に重視し，父系と母系の双方の祖先を中心とした子孫につながる親族の関係を意味している。双系制のもとでは男女の均等相続が原則であり，夫婦の財産は個々に所有され共同財産にはならないこと等で女性の地位が父系制に比べて高くなる。北原淳編『東南アジアの社会学』世界思想社，1989年，15頁以下。
(7) 李効理（梁澄子訳）「韓国の家父長制と女性」林玲子・柳田節子監修『アジア女性史』明石書房，1997年6月，343頁。
(8) 田中かず子「M字型カーブ」日本労働研究雑誌408号5頁。
(9) 瀬地山角『東アジアの家父長制』勁草書房，1996年11月，226頁。
(10) 瀬地山角・前掲書，260頁，陳珍珍「台湾における女性の就業パターン」日本労務学会年報26回全国大会，1996年12月，44—48頁。
(11) 永野善子「重層的な女性労働市場」アジア経済研究所編『第三世界の働く女性』明石書房，1996年3月，73頁。
(12) 宮本マラシー「諺にみるタイの女性と現状」大阪外国語大学女性研究者ネットワーク編『地球のおんなたち』嵯峨野書院，1996年5月，46頁。
(13) 遠野はるひ「マレーシア」森健・水野順子『開発政策と女性労働』アジア経済研究所，1985年3月，132頁。
(14) 吉村真子「1990年代のマレーシアの労働力構造」大原社会問題研究所雑誌464号5頁。
(15) 黒柳春夫「インドネシアの家族・親族」北原淳編・前掲書，143頁。

第5章 東・東南アジアの女子労働の現状と法制度

(16) Naohiro Ogawa, Gavin W. Jones, Jeffrey G. Williamson ed., op. cit., p. 197.
(17) 働く女性のための税金優遇制度によって,メイドを雇用しなければならない女性には「外国人メイド課税」の2倍の額の控除を認めている。
(18) 『シンガポール』188号84頁(日本シンガポール協会発行)。
(19) 半日保育の場合子供一人当たり月75ドル,全日子供一人当たり月150ドルが支給されている。IMFJC, 252号, 9頁。
(20) 千本暁子「20世紀初頭における女性の有業率とM字型就労」阪南論集・社会科学編32巻2号。1996年9月, 1―15頁。
(21) 日本の都道府県によっては台形型に近い型を取っているところがすでにある。岩手県,山形県,青森県,秋田県,福島県,新潟県,富山県,石川県,福井県,鳥取県,島根県,徳島県,高知県,佐賀県,熊本県,宮崎県がそれである。陳珍珍「日本における地域別の女性の就業パターン」日本労務学会第28回全国大会研究報告論集181頁。
(22) 出典はUnited Nations, "Women's Indicators ans Statistics Data-base", Version 3. CD-DOM, Statistical Division, New York, 1994.
(23) Department of Budget, Accounts and Statistics (Republic of China), A Survey Report on Application of Manpower (1997), p. 15.
(24) 出典はILO, Yearbook of Labour Statistics, 1994, 53d issue, Geneva.
(25) 雇用平等に関するILO条約・差別撤廃条約の批准状況(0印が批准したところ)

	100号	111号	156号	差別撤廃条約(発効日)
カンボジア			○	(92年11月14日)
中国	○		○	(81年9月3日)
インドネシア		○	○	(84年10月13日)
韓国			○	(85年1月26日)
ラオス			○	(81年9月13日)
マレーシア			○	(95年8月4日)
ミャンマー			○	(97年8月21日)
フィリッピン	○	○	○	(81年9月4日)
シンガポール			○	(95年11月5日)
タイ			○	(85年9月8日)
ベトナム		○	○	(82年3月19日)
日本	○	○	○	(85年7月25日)

第2部　アジアの公正労働基準

(26)　水野順子「効力を発揮した『男女雇用平等法』」アジア経済研究所編・前掲書，38頁，広木道子「韓国」柴山恵美子編『新・世界の女たちはいま』学陽書房，1993年7月，223頁。

(27)　孫昌熹『韓国の労使関係—労働運動と労働法の新展開』日本労働研究機構，1995年11月，323頁。

(28)　海外労働時報224号17頁以下に女性労働力の積極的活用のための政策提言がなされているが，経済状況の悪化のために構造調整を余儀なくされており，その実施困難であろう。

(29)　歴史的経緯については神尾真知子「フィリピンにおける女性労働者の保護と平等」家族・労働・福祉刊行委員会編『家族・労働・福祉』永田文昌堂，1991年10月，283—308頁，労働法典の翻訳は日本労働研究機構編『フィリピンの労働事情』日本労働研究機構，1994年3月，239—358頁参照。

(30)　法律上の配偶者の出産（第1子から第4子までに限定）の際に男性も7日間の有給出産休暇をとることができる Paternity Leave Act of 1996 がある。海外労働時報246号9頁。

(31)　フィリピンの雇用平等と女性保護について，ホセ・モヤ「フィリピンにおける女性保護立法の是非」海外労働時報156号69—72頁，ILO., Labour Law Documents, 1989-PHl 3, p. 100.

(32)　ILO., Labour Law Documents, 1995-PHL 1, p. 68-69，翻訳は神尾真知子「フィリピンの反セクシュアル・ハラスメント法およびフィリピン労働雇用省における反セクシュアル・ハラスメント法施行規則」帝京平成大学紀要8巻2号53—60頁。

(33)　女性の国作りに果たす役割を認めて男子と平等な取扱を保障することを宣言し，成年女子に成年男子と同様な行為能力を認め，クラブ組織への入会権の平等取扱，軍の学校への入学への平等の機会の提供を定める Women in Development and Nation Building Act, 1992 が制定されている。ILO., Labour Law Documents, 1992 PHL 2, pp. 88-90.

(34)　ン・セク・ホン「香港における職場での性差別」海外労働時報201号62頁。

(35)　ILO., Labour Law Documents,1995-GBD 1, pp. 70-110，および海外労働時報212号23頁，213号26頁，215号27頁，233号23頁，244号25頁参照。

(36)　Liou Chih-Poung, "Latest Developments in the Taiwan Individual Labour Relations Laws", Papers presented to international workshop at Aoyama Gakuin University, Faculty of Law, 12-14 March, 1998.

(37) 村嶋英治訳『労働者保護法解説』バンコク日本人商工会議所，1985年11月．
(38) この新しい労働保護法は1998年8月19日から施行される。その内容については海外労働時報249号5頁，268号28頁および小暮康二「新労働者保護法（1998年）の概要」バンコク日本人商工会議所所報433号37頁。
(39) 海外労働時報230号5頁。
(40) 在タイ日本国大使館の木暮康二氏からの筆者あての1998年9月10日到着の返信による示唆である。この件について木暮氏に感謝申し上げる。
(41) 生理休暇の規定は日本，韓国とインドネシアで定められている。韓国は日本を参考に規定を設けたが，インドネシアはどうか。旧宗主国であったオランダには生理休暇を法律で規定したことはない。日本で生理休暇制度が最初に定められたのは昭和6年12月千寿食品研究所で認められた5日間の有給生理休暇であったとされており，戦前から生理休暇を組合が要求していた。戦時下に国力増強のために女子の労働力を活用したが，生理中の勤務で健康を害する調査事例があった。そこで1943年7月女子勤労動員要綱で「月経時の保護」として「初潮時における適切なる指導の徹底，女子の労務係員をして各自の予定日を知り置く施設設置，重労働の禁止抑制，脱脂綿の配置」を決めている。1994年6月の女子挺身隊受入側措置要綱でも生理中の女子を就労させる場合の特別の考慮を払うべきことを決定している。産めよ増やせよ時代であり，出産にかかわる生理中の勤務が負担になって出産が減少することをおそれて生理休暇が取り入れられたのであろう。それが日本軍が軍政を敷いたインドネシアに入ったのでないかと言う仮説を持っている。今のところ仮説の段階にすぎない。浅倉むつ子「生理休暇の生成過程と権利構造」労働法律旬報921号23頁，拙稿「インドネシアの労働事情調査」国際産研14号25頁。
(42) 水野広祐「インドネシアにおける農村出身女子労働者保護問題」アジア経済33巻6号26頁。
(43) 日本インドネシア協会編・インドネシア経済法令時報1997年12月号および1998年1月号に翻訳が掲載されている。
(44) Yee Shoon Foo, "The Provision of Women in Labour Law and Social Security in Singapore", Flerida Ruth P. Romero ed., First Asian Congress of Labour Law and Social Security, University of the Philippines Law Center, 1982, p. 518.

第2部 アジアの公正労働基準

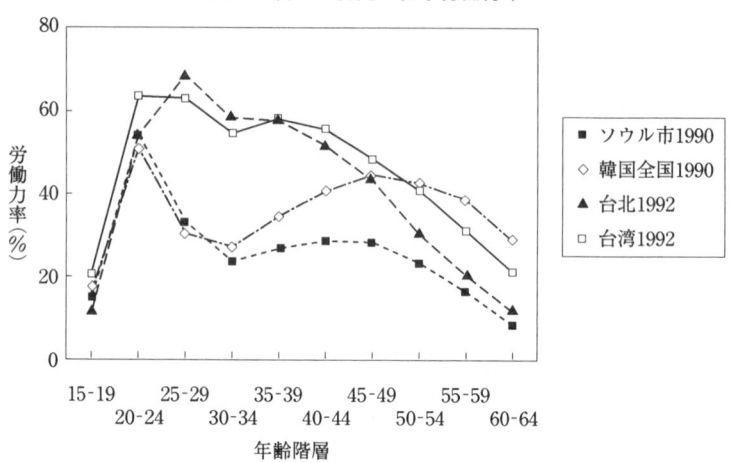

図1 韓国・台湾の女子労働力率

- ソウル市1990
- 韓国全国1990
- 台北1992
- 台湾1992

（出典）瀬地山角『東アジアの家父長制』261頁

図2 マレーシア・フィリピン・タイの女子労働力率

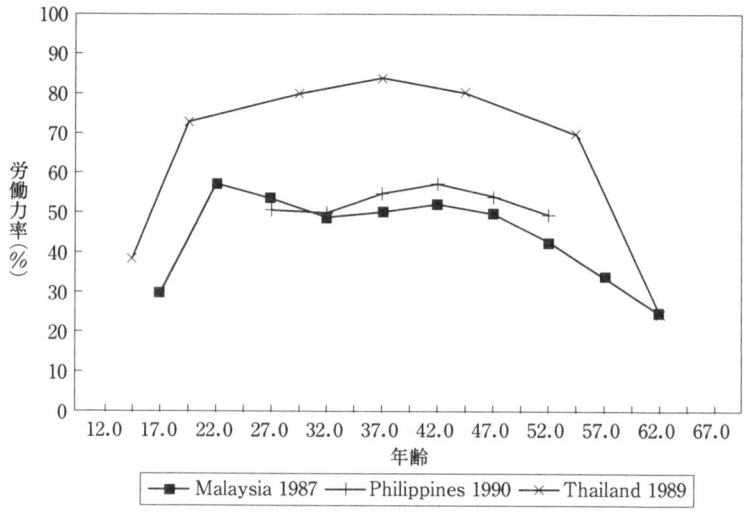

― Malaysia 1987 ― Philippines 1990 ― Thailand 1989

（出典）Susan Horton ed., Women and Industrialization in Asia, 11p.

第 5 章　東・東南アジアの女子労働の現状と法制度

図 3　インドネシアの女子労働力率

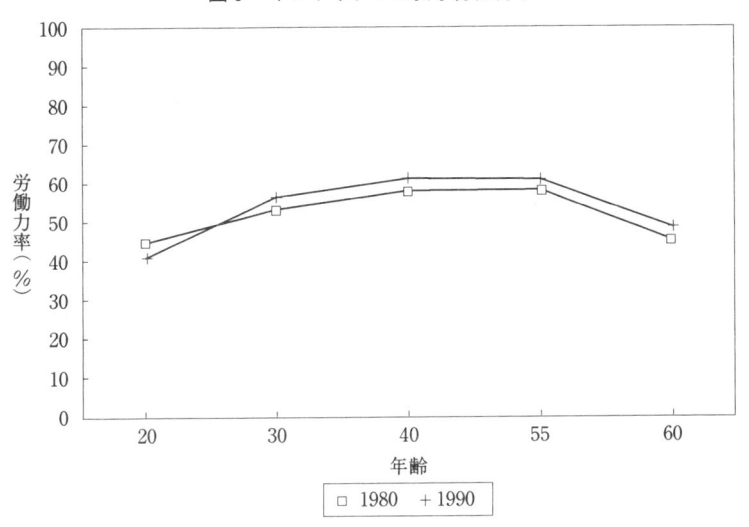

□ 1980　+ 1990

（出典）Susan Horton ed., Women and Industrialization in Asia, 13p.

図 4　シンガポール・香港の女子労働力率

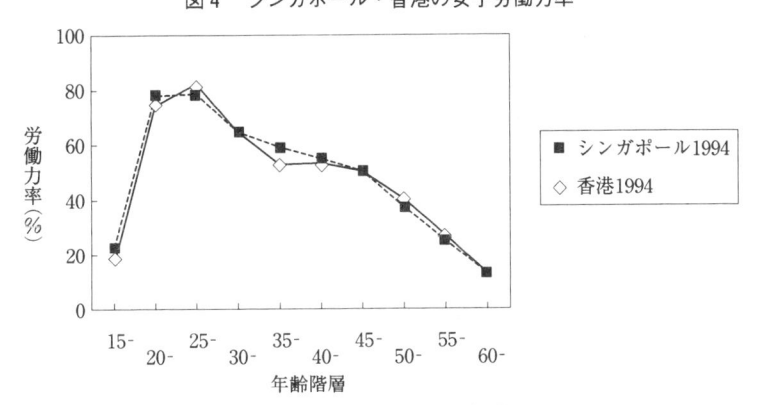

■ シンガポール1994
◇ 香港1994

（出典）瀬地山角『東アジアの家父長制』265頁

第6章　アジアにおける児童労働

1　なぜ児童労働問題なのか

　ここで取り扱う児童労働の定義が必要であるが，定義が非常にしにくい[1]。というのは児童のおこなう労働すべてが禁止されるべきではなく，労働が教育として意味がある場合もあるからである。そこで親の手伝いや家庭内での労働は除いたり，矯正施設での労働を除いている。しかし，親の手伝いであっても親が債務労働者として働かされる場合，その家族全員が雇い主のもとで厳しい労働に従事させられる場合が多い。したがって親の手伝いであるとして保護の対象からはずすことはできない場合がある。そこで子供の権利条約32条の規定からヒントを得て，児童が経済的搾取を受け，危険な労働や教育の妨げとなる労働や身体的精神的道徳的に有害となる労働に従事している場合を児童労働（Child Labour）と定義しておきたい。それとは異なり労働が教育として役立ち，児童を搾取することにはならない労働を「児童の労働」（Child Work）として区別することにする。自分の家の手伝いであって，搾取されない，危険有害でない労働がこれに入る。

　次になぜこのような児童労働が問題となるのかを検討しておこう。児童の時から労働に従事し，教育を受けられないままでいることは人材育成上マイナスである。つまり労働力として健康，心身の健全な発達がさまたげられて摩滅してしまう場合があり，大人になっても未熟練労働者としてしか働けない。ということは貧困な状態のままで生活せざるをえなくなる。そうなると，その子供も同じ状態を繰り返し，貧困から抜け出せない。つまり貧困の循環がおこる。そこで児童労働の禁止が中核的な労働基準の1つとして位置づけられている。

第6章　アジアにおける児童労働

　次の理由として考えられるのは，アジア諸国での富の公正な再配分の必要性が高まっていることである。アジア諸国では工業化政策による経済開発のために低コストの生産を武器としてきた。そのために児童労働が利用されてきた。つまり児童労働が経済発展政策の中に組み込まれてきた。しかし，経済発展政策の実施によって国民総生産が上昇し，富が拡大し，中産階層が生まれているが，その配分が貧困層にまで十分及んでいない。児童労働が生じる最大の要因は親の経済的貧困である。ある程度の経済発展がなされても親に雇用の場が確保されず，インフォーマル・セクターに従事しても生活するにかつかつの収入しか得られない状態が見られる。そうなると児童も含めて一家総出で稼がざるをえない。親の老後の保障のために子供の出生率が高いが，それは貧乏人の子沢山の状態を生み出し，一家の生活を支える児童労働を禁止するだけでは，ただちに生活困窮に陥るおそれがある。これは児童労働禁止をどう実現していくかの政策実現の難しさを示している。

　なぜ日本でアジア諸国での児童労働を問題とせざるをえないのか。児童労働がWTO，ILO，国際的金融機関，国際的労働運動の場で議論されているが，日本国内ではこれまであまり議論されてこなかった。日本はまだILO138号条約を批准しておらず，批准にむけた議論をすべき時が来ている。日本がアジア諸国の児童労働にかかわる前提としてILO138号条約の批准は必要である。アジア諸国では1997年批准のマレーシア，ネパール，1999年批准したインドネシア，カンボジアがあるが，先進国として日本は率先して批准すべきであろう。その上で，日本が社会開発のためにアジア諸国にODAを提供する場合に，児童労働の禁止を条件とすることが考えられる。社会開発の一環として人材育成に力を入れているが[2]，その際，児童労働を放置することは人材育成にマイナスになるからである。

　次に海外進出の日本企業，またはその下請の現地企業が児童労働を雇用することが問題となっている[3]。多国籍企業の行動準則として児童労働を雇用しないことを明記する必要性がある。

　さらに消費者として，日本人が児童労働によって作られたことを知らないで使用する場合がある。ドイツ，カナダ，アメリカ等ではラベルによって児童労働で作られたものでないことを明示し，それだけを購入する運動を進めている。

第2部　アジアの公正労働基準

アメリカではハーキン法案で児童労働のつくる製品の輸入を禁止しようとする動きさえあった[4]。日本はその運動に鈍感であるが，これでいいのかという問題がある。もし運動する場合には，児童労働によって作られた物を購入しないだけでは不十分であり，労働している児童にどういう対策を提供すべきかも考慮しなければならない。

ILO は1999年に，奴隷，強制労働，債務奴隷，農奴などを含む最もひどい，危険有害あるいは虐待的な条件下で働いている児童労働（売春，ポルノ制作による性的搾取，少年少女の強制的徴兵，麻薬の製造売買等の非合法活動への使用）に焦点をしぼった ILO 条約182号を成立させた[5]。それを早急に日本も批准する必要があるが，そのための対策が当然に必要になる。「援助交際」という名の売春への対策や，アジア諸国等での児童買春，児童ポルノ利用者としての日本人にどう対応するのかという問題がある。議員立法として「児童買春・児童ポルノ等処罰法」が1998年の通常国会に提案され，1999年5月に成立し11月1日から施行された。これは日本国内での児童買春・児童ポルノに対する犯罪への取締には効果があるが，日本人による海外での児童買春を日本の法律によって，日本の裁判所において処罰する点では不十分である[6]。加害者としての日本がどうこの問題を克服していくのかが問われている。

理論的関心として，アジア諸国の児童労働に「アジア的価値」「アジア的論理」があるのかという問題がある。アジア的価値は西欧的普遍主義に対抗するために，アジア固有の論理があることを示すために持ち出された。その内容として，個人に対する社会の優位（集団主義），家族の尊重，協調と寛容の精神[7]があげられ，児童であっても家族の生活を支えるために働くことを美徳としてとらえる傾向がある。それが児童労働を肯定するいいわけに利用できるのであろうか。「アジア的価値」論が児童労働肯定にまでつながるのか。中核的労働基準は普遍的価値として認めるべきであり，「アジア的価値」を主張できないのではないか。アジアの発展途上国では，国民が食べていけるようにするために経済発展を実現する権利を優先して，そのために人件費コストが安くつく児童労働は不可欠であると主張できるのであろうか。

以上のとおり児童労働はさまざまな側面から議論できる問題であり，容易に解決できない問題でもある。ネパール・インドで調査してきたことを含めて，

児童労働を解消するための政策をさぐってみたい。

2　児童労働の実態

　正確な児童労働の人数はわからないが，ILO は 5 歳から14歳までの児童労働の数を，アジアでは 1 億5300万人，アフリカでは8000万人，ラテンアメリカでは1750万人と推計している[8]。

　児童労働が従事している分野は，農林水産業，製造業，サービス業等にみられる。農林水産業では，たとえばプランテーションで債務労働として家族の借金返済のために児童が働いているが，農薬，化学肥料，殺虫剤によって危険な労働に長時間従事されられている。また漁業では，深海での漁業や魚を網に追い込む作業に児童が従事し，酸素不足や潜水病で死亡にいたるケースがある。

　製造業ではカーペット，織物，タバコ，研磨，手工芸，ガラス，陶磁器，マッチ，花火の製造，建設業での従事がみられる。多くの児童が労働請負人の斡旋によって職を得ているが，そこには当然中間搾取がみられる。大人より安い賃金で長時間労働，不健康な労働環境での労働が見られ，化学薬品による病気やケガがおこりやすい。自らの労働条件がどうなっているのかも知らず，親の借金をいくら返したのかさえ分からず，使用者の言うままに働く状態に置かれている。

　サービス業では性労働として児童買春，児童ポルノがあり，HIV 等の性病感染，妊娠，麻薬による薬物中毒の危険性が高まっている。1996年の国連報告によれば，UNICEF はアジアでは少なくとも100万人の児童が性産業に従事していると推計している。うち90％は少女であるが，インド，タイ，フィリピンに多く見られる。

　家事労働では長時間働かされ，ミスをすれば暴行を受け，教育を受ける機会もない。雇い主の食べ残しを食べられるだけで賃金の支払いもなく，性的虐待を受ける場合も報告されている。教育を受けさせる雇い主もいるが，それが一般的とは言えないし，家事労働は家庭という密室の中での労働であり，外部に問題がもれにくいために悲惨な家事労働に従事している児童がいる。さらに路上での労働として靴磨き，洗車，くず拾い，新聞雑誌，花や食料品売り等があ

第2部　アジアの公正労働基準

る。これらの仕事にもボスがおり，収入が不安定にもかかわらず売り上げの何割かは巻き上げられるし，場合によれば暴行やレイプを受ける。警察官から暴行を受けることさえある。そこで麻薬や非行に走る子供が出てくる。

　これらの児童労働は工業化政策による経済発展政策とのかかわりで捉える必要がある。これらの児童労働に共通に見られるのは，その労働条件は過酷であり，健康を害したり，暴行に耐えながらの労働である。反抗しようにも大人の使用者に押え込まれてしまう。児童自身も悲惨であっても労働しなければ生活できないことを知っており，我慢する。使用者にとっては児童はおとなしく使いやすい労働力である。さらに賃金は大人より低賃金である。それは低賃金・低コストを武器に経済発展を実現しようという政策に添っている。経済発展政策の中に児童労働が組み込まれていると言えよう。農村では食べられないので児童が都市に出てきて低賃金でも働こうとする。インドの場合1日10〜50ルピーぐらいしかもらえない。それさえ親の借金の返済のために支払われない場合がある。長時間労働と教育のための費用を支払えないために教育を受ける機会がないまま大人になってしまう。親に雇用の場がなかったり，あってもインフォーマル・セクターでの就労しかできず不安定な収入しかないために，子供が親の手助けのために働かざるをえない。児童労働がなければ児童とその家族が食べていけない。これは児童労働を法律で禁止[9]するだけでは対策として不十分であることを示している。

3　児童労働への対策

　児童労働問題に取り組んでいるのは，それぞれの政府，UNICEFやILO等の国際機関，国際的な労働組合や各国の労働組合，使用者団体，児童労働問題を抱える国や先進国のNGO等である。それらでは多様な取り組みがみられる。1つは緊急対策として働いている児童を労働から解放することである。しかし，子供を労働から解放しても，また舞い戻ってしまう。親のいる家に帰っても食べる口が増えるために居づらいためである。したがって解放後のリハビリテーションが重要である。そこで，現に働いている児童のための緊急対策（対症療法）として労働条件確保，職業訓練，教育の機会を与えることが必要になる。

第6章　アジアにおける児童労働

たとえば職業訓練を施せばむしろ児童労働を固定化するのではないかという疑問があるが，その児童は何年かすれば最低就労年齢に達し，その時に職業訓練を受けたことが生きていく。

もう1つは根本的に児童労働をなくしていくという目的のための対策であり，先の対策と同時に追求せざるをえない。児童労働は親の貧困から生じているので，貧困をなくすための経済社会政策を実施することである。基本的には親に雇用の場があって，家族を養えるだけの収入が確保される必要があるので，親自身への教育訓練によって雇用の場を確保することである。

以上2つの政策を同時に進めざるをえないが，いくつかの対策の事例を考察してみよう。

(1)　ILOの児童労働撲滅計画

ILOは児童労働に関する条約を成立させ[10]，その批准を促進するための技術援助をおこなっている。アジア諸国ではそれらの条約批准が少なく[11]，技術援助を必要とする国が多い。1998年の総会で成立した「労働に関する基本的原則と権利及びそのフォローアップに関するILO宣言」では，児童労働を含む中核的な労働基準については批准をしていなくても，それについての各国の法律や慣行に関する報告を提出することが義務づけられている。これは条約を批准していないことを理由に中核的労働基準を無視することができなくなったことを意味する。それまでより一歩前進する取り組みである。

さらに，技術援助は一層必要であり，その代表的事例が，1992年にドイツの財政援助によってILOが始めたInternational Programme on the Elimination of Child Labour (IPEC)である。現在30カ国近くの国で実施されている。1992年にはインド，ブラジル，インドネシア，ケニア，タイ，トルコ，1994年にはネパール，バングラデシュ，パキスタン，フィリピン，タンザニア，1996年からはスリランカ等12カ国，1997年からはカンボジア等6カ国が参加している。援助国にはオーストラリア，ベルギー，カナダ，フランス，ノルウエー，スペイン，ルクセンブルグ，アメリカが加わり，日本は1997年度より参加している。

この計画はILOが提供する技術援助であるが，児童労働をなくすための政策やプロジェクトに財政的援助と人的支援をおくっている。各国の政府，使用

111

者団体，労働組合，NGO との共同で進められている場合が多い。各国では児童労働をなくすための立法措置を講じているが，それだけで不十分なことは分かっている。先に述べたように低賃金で働かすことができる児童労働は経済発展政策に組み込まれており，さらに最近の構造調整政策の中では児童に対する救済政策は切り捨てられる傾向にある。その中で児童労働をなくすための政策を実施することは困難が伴う。

IPEC では児童労働の中でも 3 つの場合に焦点をあてている[12]。債務労働者として悲惨な条件で働かされている児童，危険な業務に従事している児童，12 歳以下の年齢で働いている児童である。これらは緊急に保護を必要としているからである。問題に取り組むための人材や財政基盤に限界があるために焦点をしぼらざるをえない。政府あるいは NGO が行動計画を作成するのを援助するために顧問団を派遣したり，セミナーを開催したり，情報提供のために出版をおこなう。行動計画実施のための運営委員会や，財政援助するための団体を政労使で結成させ，以下の活動を支援している。つまり①NGO，労働組合，使用者団体等と共同で，労働に従事する児童の労働条件改善，危険業務からの解放，リハビリテーション，教育訓練という児童に直接働きかける事業，②児童労働への認識を人々に深めてもらうための活動，③児童労働禁止を実現するための監督行政への支援，④児童労働廃止を目指して活動している団体の組織力や企画力の向上や貧困撲滅や児童福祉を促進する制度改革の提言への支援をおこなっている。

つまり，働いている児童の直接的な救済活動と児童労働をなくすための活動の条件整備の 2 つに力を入れていると整理することができる。

この計画も初めてから 7 年が経っているが，その評価はどうか。さまざまな事業やプロジェクトを実施しているが，児童労働の減少という点では微々たるものである。微々たるものであってもその事業によって救済される児童とそうでない児童の落差は大きい。その落差を少なくする必要があるが，子供の出生率が高く，いくらやっても次々と働かざるをえない児童が増えていき，いたちごっこという感じがする。だからと言ってこれを中止することはできない。児童労働から解放されても，より悲惨な労働に駆り出されることがないようにリハビリテーションに力を入れている。しかし，財政事情から，そのリハビリの

第6章 アジアにおける児童労働

対象者を限定さざるをえないことに問題がある。

　この中で日本は何をすべきか。たとえばネパールでは国の財政事情が悪く，児童労働廃止のためには国際機関や外国政府やNGOの援助に依存せざるをえない状況にある。本来ならネパールが自助努力によって児童労働をなくすべきであろうが，今は外国の援助に依存している。過度の援助は慎まなければならないが，ネパールへのODAの48％（1995年度）を出しているのが日本であり，日本が今後社会開発への技術援助や無償資金協力を強める必要性を感じる。さらにILOの事業に資金援助だけでなく，人材派遣による貢献の必要性もある。日本にも長い児童労働の歴史があり，それを減少させていった体験をいかす貢献が可能ではないか。

(2)　労働組合の役割

　ICFTUは1979年の「国際児童年」を契機に児童労働問題に優先的に取り組んでいる。たとえば1996年6月の第16回世界大会では，社会条項との関連で児童労働の廃止を優先的な課題と位置づけている。そのために教育を受ける機会を強化すること，親が家族を養えるように親の雇用創造プログラムを推進すること，最低年齢，強制労働禁止等の国際労働基準にしたがって法律の施行を推進することを目標として掲げた[13]。特に国際貿易協定の中で児童を雇用していないことを貿易の条件とする社会条項，児童を雇用しないという企業の行動準則，消費者として児童労働によって作られたものを購入しないという運動を進めている。

　それを積極的に取り組んでいる国際的な産業別組織が国際繊維被服皮革労連（ITGLWF）と，国際商業事務技術労連（FIET）である。両者は1995年10月に「児童労働と闘うための協力に関する協定」を締結した。繊維皮革部門に児童労働が多いことから生産者，輸入業者，卸業者，小売業者に影響を与えて児童労働の雇用させない運動をおこしている。具体的にはカーペット製造やスポーツ用品の製造業者に児童を雇用しないことを決定させている。有名な事例としては，国際サッカー連盟がICFTU，ITGLWFやFIETとの合意文書で児童によって作られたサッカーボールを利用しないことを約束している。

　児童労働が多くみられる国の労働組合自身も児童労働をなくすための事業を

展開している。たとえばネパール労働組合会議は児童労働禁止立法の施行の強化、児童労働に関する情報を公表して人々の意識を啓発する活動、非公式の学校を設置して働く児童に教育を受ける機会を提供する活動を展開している。最後の活動にはILOの援助で進めている施設と国際労働財団との共同プロジェクトとして進められている施設との両方がある(14)。1日2～3時間の勉強を数カ月間続けて字や計算を覚え、公式の学校につなげる活動をおこなっている。これだと児童が働きつつでも勉強ができる。労働から完全に離れた場合、勉強している間の生活をどう維持していくのかという問題があるからである。それでも勉強する場合経費がかかる。児童自身が負担するのは大変なので、その経費をILOや国際労働財団が負担している。児童が勉強することを促すにはどのような負担をすべきなのか、一方的に負担しすぎると依存してしまい、自助努力を阻害しかねない。その兼ね合いが難しい。

(3) 使用者あるいは使用者団体の役割

使用者あるいは使用者団体がその行動準則 (Code of Conduct) の中に児童を雇用しないという条項を設ける場合がある(15)。

たとえば、ナイキ、リーボック等のスポーツ会社は自分のブランド名をつけた製品の生産をアウトソーシングしており、その工場で15歳以下の児童を雇用しない、最低賃金や法定労働時間を順守するという行動準則が作成されている。ナイキの場合、ナイキと生産のための下請け契約をする工場で労働紛争が生じ、それに対する批判がアメリカで生じたことが行動準則を作るきっかけとなった。下請け工場としてはじめは韓国や台湾の企業がそれぞれの国内で生産していたが、国内での賃金が上昇したために、インドネシア、ベトナムや中国に進出していき、そこで労働紛争を発生させた。ナイキからの製品単価の引き下げに対応するためにコスト削減を目指して進出していき、そこでできるかぎり早く投資資本の回収をするために体罰やレイプという人権無視や、最低賃金以下の賃金や労働法違反の長時間労働、安全衛生の無視が労働紛争の原因になった(16)。そこで、ナイキでは児童労働、最低賃金、健康安全のための行動準則をさだめ、それに違反する下請け工場とは契約をしないという規定を設けた。

リーボックも1992年「人権尊重の生産基準」(Human Rights Production

Standards) を作った。その中に児童労働を使っている業者とは一緒に仕事をしないことを明記している。その児童の定義であるが，ここでは14歳以下だけでなく14歳をこえても義務教育を終えていない者も含めている。さらに差別の禁止，割増手当のない残業の禁止，結社の自由，安全衛生についても定めている。

世界スポーツ製品産業連盟は，内部での検討を経て1997年8月児童を雇用しないことを含むモデル行動準則を発表した。その中で児童労働や強制労働の禁止規定に従うこと，差別の禁止，結社の自由や団体交渉の尊重を定めている。児童の定義として15歳（発展途上国では14歳）以下，それ以上でも義務教育を終えていない場合としている。連盟は加盟する会員にこの行動準則に基づく準則を作成するよう奨励している。

世界旅行代理店連盟はその憲章によって児童売春をともなう旅行をあっせんをしないことを決め (Child and Travel Agent Charter 1994)，これに署名する旅行代理店は児童買春をともなう旅行のあっせんをしないことを約束している。

これらの行動準則が作成されることによって労働者の保護だけでなく，消費者にも好まれる環境を作り，製品の売り上げを図るという意図が感じられる。さらに行動準則は強制力はなく倫理綱領にすぎないが，長い目でみれば企業のイメージアップにもなり，業績アップにもつながることを期待していることが窺われる。

問題は行動準則がきちんと順守されるかどうかである。表面上だけ定めて，企業イメージの向上の手段に使われるだけではだめであり，外部の監視や外部の評価が入ればはっきりするので，そこまで規定する行動準則が必要であろう。

(4) NGOの活動

NGOの活動の中で注目したのは1994年から開始されたラグマーク・キャンペーンである。ここではインド，ネパール，パキスタン[17]，バングラデシュのカーペット製造業で働く児童の救済がおこなわれている。しかし，カーペットは外貨を稼ぐ貴重な産業になっており，児童労働によって低コストで生産できても，そのことを批判されて販売が落ちれば困るという問題点も抱えている。

この運動はドイツでアジア諸国のカーペット製造業で働く児童労働の実態が

報道されたことがきっかけとなって,ドイツの輸入業者が児童労働によって作られたカーペットの購入をやめる運動を開始したのが始まりである。購入をやめれば売れなくなり,カーペット産業から児童労働をなくしていくきっかけになる。しかし児童をカーペット産業から排除するだけでは不十分である。児童はさまざまな地区から労働請負人を通じて働きにきている。カーペット産業から排除された児童は収入を得るために,他の働ける場所に移動していく。より悲惨な労働につく可能性もある。ネパールの場合カーペット工場で働いている女子がインドの各地に売春婦として売られていく場合が報告されている[18]。そこで労働から解放された児童に教育訓練やリハビリテーションを受けさせ,その間の生活の面倒を見るとともに,児童を働かせていた親に雇用の場の提供や教育を施す必要性が出てくる。

そのためにネパールでは Nepal Rugmark Foundation を組織している[19]。これは1995年12月に会社法によって登録され,理事会は9名で構成されている。カーペット業界から4名,子供のために活動するNGOから4名,専門家1名という構成である。カーペット会社や輸出業者からラグマークを使いたいという申請があれば,その会社からの情報を集め,もし児童が働いていれば,その名前をリストアップする。そして児童を隠したり,逃がしたりしないように要求する。その場合親や保護者と面談して児童を親元に返したり,リハビリテーションをおこなう。それが終了後,ライセンス協定を締結し Rugmark を発行し,そこには輸入業者の名前と住所,デザイン,カーペットのサイズや質,織機番号が記載されており,それをカーペットに添付することを認める。このライセンス協定の中心は14歳未満の者を雇用しないことと労働者に最低賃金以上の額を支払うことである。

ライセンス協定締結後も定期的に検査をおこなう。検査する者は工場のあらゆるところに立ち入ることができ,会社側は必要な情報提供することが義務づけられている。さらに検査モニター小委員会があって,NGOから Child Workers in Nepal Concerned Centre (CWIN), Environment & Public Health Organization (ENPHO) や UNICEF も参加しているが,3カ月に1回工場の検査を臨時に実施している。協定に違反している場合,2回の警告後,まだ児童を雇用している場合,ライセンス協定を破棄する。

第6章　アジアにおける児童労働

　輸入業者ですでにライセンス協定を持っている場合には，送り荷価格の0.25％，ライセンス協定のない場合やRugmarkの事務所のない場合には送り荷価格の1.25％（輸出業者が0.25％，輸入業者が1％を負担）の料金でRugmarkのラベルの使用を認める。ドイツにあるRugmark Internationalが輸入業者からの1％を取り立てている。このお金はこの基金の活動費となる。

　1999年2月末段階でライセンス協定を締結したネパールの企業は74であり，工場数は303である。織機は5621であり，ネパール全体の企業の5％ぐらいしか占めていない。ライセンス協定を締結してドイツの輸入業者は36，ラベルを使用できる輸入業者は，ドイツで36，アメリカで13である。

　ラグマークを受けるためには児童を使用できないので，児童を解雇せざるをえない。その児童をどう救済するかが問題である。解雇された児童がより悲惨な労働に追いやられることがないよう配慮する必要がある。これまでこの基金によって解放された児童は288人であり，家族のいるところに帰ったのが81人，NGOの保護を受けたのが2人，リハビリテーションを受けたのが205人（うち非公式教育を受けたのが91人，公式教育を受けたのが98人，職業訓練を受けたのが16人）である。

　以上が活動を初めて4年間の数であるが，カーペット工場に働いている児童が15万人以上いると推定されており，それと比較すると救済される児童は微々たる数字である。しかし，微々たる活動であっても継続して積み重ねることが必要である。

　インドでもRugmark Foundation (India)を1994年9月に会社法によって設立され，ネパールと同様に活動を展開している[20]。1999年1月末段階でライセンスを得た企業は200，ラグマークのラベルをつけたカーペットは1,258,520個である。特にドイツではインドから輸出されたカーペットの3分の1がラグマークを付けている。検査をした企業で働いていた児童は1243人であり，そのうちこの基金がカーペット工場の多い地区で経営する5つの学校で，職業教育，公式あるいは非公式教育を受けた児童は983人である。さらに児童の親のための成人学級を開き191人が参加している。せっかく教育を受ける機会ができても，その間の生活をどうするかが問題である。学校からドロップアウトしないように学校で給食を出し始めている。その費用はドイツの輸入業者が負担する

カーペットの本船渡し価格の１％分をあてている。インド全体のカーペット工場で働く児童の10万人と比べればまだまだ微々たるものである。

今後どこまでこの活動を広げられるかが問題である。そのためには児童を働かせていないという検査をきちんと実施すること，児童を使わなくても経営が成り立つことが前提である。労働から解放された児童の救済がなされ，別の労働の場に移らないで教育を受ける機会を増やす必要がある。そのために，この活動はカーペットの生産者と消費者が共同で働く児童のために貢献できる貴重な場を提供している。

(5) 裁判所による救済

インドでは社会活動訴訟 (Social Action Litigation)，ネパールでは公益訴訟 (Public Interest Litigation) と呼ばれる訴訟形式がある[21]。これは裁判所へのアクセスを容易にするための訴訟形式であり，司法の民衆化を進める１つの方法とされている。インドではこれまで判例法の積み重ねによって債務労働，児童労働，路上生活者で立ち退きを要求された者，売春を強制された者，警察で暴行を受けた囚人等の社会的な弱者を社会活動訴訟によって救済した事例がある。ネパールでは憲法88条２項にはっきりと最高裁判所に公益訴訟を認める明文の規定がある[22]。

その特徴点を整理しておこう。１つは当事者適格を緩和している点である。これは訴えの利益をゆるやかに捉え，現実に被害を受けた者とは関係のない弁護士，法学者，ケースワーカーにも当事者適格を認めている。実際に被害を受けた者には識字者でない場合が多く，みずから争う手段の存在すら知らないからである。２点目は行政機関に一定の措置を命じる判決を認める点である。したがって連邦および州政府が訴えられる側になる。その根拠規定はインド憲法32条である。これによって基本権を実施するために令状を出す権限が最高裁判所に付与されている。高等裁判所にも憲法226条によって令状を出す権限を認めている。３点目は訴状の形式をとわないで，裁判官にあてた単なる手紙による訴えの提起を認めているし，マスコミや，NGO の集めた資料，裁判所の任命する者が提出する報告書にも証拠能力を認めることである。

問題点は判決の執行をどうするのか，つまり連邦や州政府が判決にしたがっ

てどのようにして一定の行政措置をとったと判断するのかという問題がある。
　この社会活動訴訟の中で児童労働をあつかった典型的事例（M. C. Mehta v. State of Tamil Nadu and Others, Supreme Court of India, 10 December 1996(23)）を紹介しておこう。タミール・ナド州にあるシバカシはマッチと花火製造に児童を使用していることでよく知られている(24)。1985年末には221の登録工場で働いている27,338人のうち2,941人が児童であった。火薬を使うために危険であり、死亡事件が多発していた。そこで弁護士のMehtaは、憲法24条で保障されている児童の基本的権利が守られていないとして、憲法32条によって州政府に対する令状請求の訴えをおこした。
　最高裁判所は児童労働についての立法史や児童労働をなくすことのできなかった原因を考察し、国家政策の指導原則を定めている憲法39(f)条および45条の規定を生かすために、裁判所は州政府および連邦政府は次のことをすべきであると述べている。働いている児童に教育を受けさせること、そのために児童雇用禁止法に違反して児童を雇用している使用者に、児童一人あたり2万ルピーを賠償金として福祉基金に拠出させる。児童の雇用に代わって家族のうちの大人に雇用の機会を与えるように州政府は配慮すること、もしそれが不可能な場合には州政府は児童一人あたり5000ルピーを福祉基金に拠出すること、児童の代わりに大人の雇用が見つけられない場合、その親または保護者にその基金から、1月5000ルピーが支払われる。親または保護者がその児童が教育を受けられないようにした場合には、代わりの雇用の提供やその支払いは停止する。
　そこで最高裁判所は州および連邦政府に次のことを指示した。①マッチと花火工場での児童労働の実態調査を6カ月以内に完了すること、②憲法24条が禁止する危険な雇用の「危険性」を判断する基準を決めるための作業をすること、③この指示によって安全性の高い雇用を見いだせても、これは児童労働の雇用を増加することを求めるものではないこと、④児童に代わる雇用が公企業や手工業で認められる場合には、家族の住居の近くにすること、⑤児童の代わりに、家族のうちの大人の雇用が確保されるよう州政府が配慮すること、雇用が確保されない場合には、州政府は児童1人あたり5000ルピーを福祉基金に拠出する、雇用が確保されない場合、その児童の親や保護者には1月5000ルピーが支払われること、親や保護者がその児童に教育を受けさせない場合にはその支払いが

停止される，⑥14歳までの無料の義務教育の実施を保障すること，1986年児童労働禁止法17条によって任命される監督官がそれをチェックする義務がある，⑦監督官の仕事を監視する地方の行政官を設けること，労働局の中にそれをもうけてもよい，労働局長がそれをモニターすること，⑧連邦政府の労働大臣はこの指示の順守について1年以内に裁判所に報告すること，その報告いかんではさらに令状請求が必要であれば，それを認める，⑨この指示が順守されない場合には，児童労働禁止法によって罰則が適用になること，⑩危険でない仕事の場合には，監督官は児童の労働が1日6時間をこえないかどうか，少なくとも1日2時間の教育を受けているかどうかをチェックすること，教育の費用は使用者が負担すること。

　児童に危険な仕事をさせないこと，児童に教育を受けさせることを中心とする指示をタミール・ナド州におこない，その施行を担保するために監督官や労働局長，連邦政府の労働大臣に指示を与えている点に特徴がある。行政レベルで実施すべき内容を司法レベルが積極的に決めており，さらにその履行を担保するために上位の行政機関に管理させ，それを裁判所に報告させている。ここまで司法が行政に立ちいっている。これは司法によって社会改革を試みていると言えよう。

　これが児童労働をなくすことにどこまで効果があるのであろうか。というのは，この判決では監督官の役割が大きい。ところが違反行為が見つかっても罰金が安いので払えばよいという考えを使用者が持っているし，監督官が何らかの報酬を使用者からもらってお目こぼしをおこなう場合もある。どこまで監督官の役割に期待できるのか疑問がある。監督官の権限や監督状況の見直しが必要である。

(6)　児童自身が労働組合を設立する場合

　デリーで子供労働組合（バール・マズドゥール・サング）がバタフライズというNGOの援助で1992年8月に設立された。この組合で注目されたのは組合登録を申請したが，拒否され，それを訴訟で争ったことである。登録官が組合登録を認めるよう裁判所から指示を出すよう令状請求をおこなった。1993年2月デリー高等裁判所では請求が棄却された。14歳未満の児童の労働は禁止されて

第6章　アジアにおける児童労働

おり，禁止されている労働に携わっている児童の組合登録を認めることは児童労働を認めることになること，労働組合法21条では15歳に達した者が登録労働組合のメンバーになることができ，21―A条では役員には18歳に達しなればなれないという規定がある。この2つの理由で棄却した。それを最高裁判所では，1993年11月15日の判決で登録を認めよという指示を出した。1986年児童労働禁止法では危険な業務での児童労働を禁止しているが，すべての児童労働を禁止しているわけではないこと，1992年12月インドが批准した子供の権利条約では子供に結社の自由を保障していることが根拠になっている[25]。

　ところが，この2つの判決は判例集に掲載されていないことが，1999年3月のインドでの調査ではっきりした。なぜなのか。最高裁判所の判決が出たが，組合登録はされなかった。もし登録を認めれば労働組合法の明文の規定に違反することになるからである。そのことを無視した最高裁判所の判決には問題があった。批准した子供の権利条約が法律より上位の規範であったとしても，条約違反として労働組合法21条，21―A条を修正すべきであり，それがまだなされていない段階では最高裁判所のような判決には問題があった。そこで登録官も登録を拒否し続けたものと思われる。その結果判例集への掲載がされなかったのではないかという推測が成り立つ。

　しかし，たとえ子供労働組合の登録が認められなくても労働組合法上違法な団体ではない。インドでは労働組合の登録は強制されていないからである。登録が認められれば，さまざまな恩典が受けられるが，登録されなければその恩典が受けられないだけであり，活動そのものができないということはない[26]。事実，子供労働組合を支援しているバタフライズというNGOの事務所では，毎土曜日に子供達が集まって，生活や労働上の問題点を話し合い，どう解決するかの会議を開き，活動を継続していた。

　この子供労働組合に批判的なコメントを労働組合や他のNGOから聞かされた。子供労働組合の存在自体が矛盾しているという批判である。つまり，児童労働を廃止していくべきなのに，子供労働組合は児童労働を存続させることになるという批判である。しかし，児童労働を即時に廃止することは不可能であり，現実に児童が働いているという中では，その労働条件を改善していくことは児童の保護になり，大人より低賃金で悲惨な労働条件で働くことをなくして

いくことは必要な活動と言えるであろう。児童は従順で使用者の言うとおりに働き，不平を言わないので，使用者に都合のいい労働者であるとされているが，児童自身も発言していけることを示すことは地位向上のためには必要である。この活動を通じて児童自身が学習することによって力（empowerment）をつけていき，児童はいずれ大人になっていくので，その時に力を発揮することになろう。

4　日本の役割

アジア諸国の児童労働廃止のために，日本はなにをおこなうべきであろうか。その主体として政府，地方自治体，労働組合，使用者（団体），NGOが考えられる。最悪の児童労働廃絶のためのILO190号勧告16条では，国際協力による相互支援体制を整備することが定められており，そこで日本側がどの対応すればよいかを検討する意味がある。

(1)　政　府

日本では，まだILO138号条約を批准していないが，早急に批准することが必要であろう。労働基準法56条を改正し，最低就労年齢として満15歳に達してからの最初の3月31日まで使用できないとし，軽易な労働については許可を受ければ可能であるが，それまで満12歳であったのを満13歳にあげた。これは条約に合わせた改正であり，批准に向けての準備である。さらにILO条約182号条も早期批准が望まれる。すでに日本では児童買春・児童ポルノに関する法律が1999年5月に成立している。しかし日本人の国外での児童買春や児童ポルノに関わる犯罪への処罰にはまだ問題が残っており，早期批准に向けての作業が期待される。

これまで政府は発展途上国の児童労働に対してなにをしてきたのか。児童労働を管轄するのは労働省であるので，労働省がODAとしてなにをしてきたのかを見る必要がある。労働省は国際協力活動として，発展途上国での安全衛生，職業訓練への技術協力がメインになっている。安全衛生面でも児童を対象とする技術援助が含まれるが，それだけを対象とした援助はあまりなされていない

のではないか。さらに児童に直接職業訓練を施すことはなされていない。職業訓練は技術移転を目的としているために最就労年齢以上を対象とされているからである。さらに，児童労働は違法とされており，それを支援するのはさしひかえたいという考えもあるからである。そこで児童を対象とした安全衛生，職業訓練は考慮されてこなかったのではないかと思われる。

　職業訓練より，まず義務教育（基礎教育）の充実が先であり，教育面でのODAによって働いている児童を対象とする教育援助によって識字率を高めることが不可欠である。文部省や国際協力事業団による無償資金協力として学校建設，教材や機材の提供がなされているが，特に働いている児童を対象とした援助ではなく，初等教育（基礎教育）の充実の一環としてなされている。労働に従事する児童への特別配慮をおこなう援助方法の工夫が必要ではないか。

　1998年度にはじめて，日本はILOの技術協力として，2,040万9000円を拠出した。これはIPECの事業として「アジア地域児童労働問題セミナー」に使われた。これはマルチ・バイ協力の1つである。1999年度では，1999年9月8～10日ブーケットで最悪の児童労働に関するアジア地域会議が開催されたが，その費用1,939万1000円を日本側が提供した。これは金銭面での援助であるが，日本でのこれまでの児童労働に対する政策に関してアジア諸国に示唆することがあれば，それを提供することも必要であろう。

　外務省の管轄に入るが，ODA予算から発展途上国の地方自治体やNGOからの要請で「草の根無償資金協力」（GGA）が提供されている。これにかかわる分野は保健衛生，初等教育，貧困救済，公共福祉，環境等が含まれているが，この中に児童労働にかかわる事業をおこなっているNGOがある。児童に対する職業訓練は単純な訓練が中心であろうから，直接日本のODAでやるより，発展途上国のNGOを援助する方が有効であろう。また行財政改革としてODA予算の削減がなされているが，このGGAはできるかぎり削減を少なくすることが必要である。

　さらに海外で活動している日本のNGOに対する支援として「NGO事業補助金プログラム」があるが，これも削減を少なくすることを期待したい。これはNGOが実施している開発プログラムに最高2分の1の経費を補助する制度であるが，NGOの中で児童労働廃止に向けての事業をおこなっているものがあ

り，それへの支援が期待される。

1995年3月に開催された国連社会開発サミットでは，先進国はODAの20%を，発展途上国は国家予算の20%を基礎的社会プログラムに配分することが採択された。これは「20：20協定」と呼ばれており，BHN (Basic Human Needs) に力を入れ，低所得層への援助を拡大することが決議されている。この中には児童労働への対策も含まれるであろう。

日本から有償資金援助を受ける場合，その国で児童労働対策に費用を支出した場合，それにみあう額の返済を免除するという方法がある。「児童労働スワップ」の提案であるが，これを児童労働廃絶につなげることができないか[27]。

(2) 地方自治体

地方自治体も国際協力活動を展開している。多くの自治体では1989年自治省の示した「地域国際協力推進大綱の策定に関する指針」に基づき大綱を作成しており，さらに1988年7月設立された財団法人自治体国際化協会も「自治体国際協力センター」を設置して，自治体の国際協力を支援している。自治体は「地域国際化協会」を設立し，そこを中心として独自の活動をおこなうとともに，NGOと連携して活動する場合やNGOを支援する場合もある。その中で地域住民の福祉向上を国際的に協力しあうことによって，児童労働の廃絶にかかわる事業を実施することが考えられる。実例としては東京都北区ではNGOと連携してタイで保育支援をおこなっている。さらに神奈川県では県民活動支援センターや「かながわ民際協力基金」を設立してNGOの活動に資金援助や活動の場所を提供している。その活動の中で児童労働にかかわる活動に従事しているNGOを支援することもありうる。

(3) 労働組合

国際的な労働組合，たとえばICFTUやTWARO（ITGLWFのアジア太平洋地域組織）は児童労働廃絶に取り組んでいる。その活動に積極的に参加することが必要である。たとえば，児童労働によって作られた商品を買わない運動を実践する。

第6章　アジアにおける児童労働

　さらに企業の行動準則について組合との団体交渉によって拘束力のある規範とすることが推進されなければならない。児童労働を雇用しないことを行動準則に定め，それの履行をモニタリングをおこなうためには，労使の協定によって行動準則を定めることが重要である[28]。特に多国籍企業では，親企業だけでなく子会社，取引先企業をも巻き込んだ行動準則とするためには組合との団交が不可欠である。

　発展途上国の労働組合への支援によって組合活動を強化し，児童労働が入らないように監視する活動ができればよい。つまり児童を雇用しないよう使用者の団交によって労働協約を締結し，それを監視できる力をつけることができるよう支援する。

　連合は1998年に「連合愛のカンパ」から500万円をIPECに拠出した。これはホテル・飲食・観光産業に従事する児童労働の実態調査，啓発活動，職場モニタリング等に用いられた。連合からの児童労働廃止への資金援助は初めてであるが，当分の間この資金援助を継続することになっている。児童労働廃止には息の長い活動が必要であり，継続的支援が望まれる。

　連合を中心に組織された国際労働財団は，働いている児童に対する教育活動を実施している。ネパールの労働組合と提携してインフォーマル・エデュケーションを進め，学校建設，教材開発への援助，機材提供，ユニフォームや傘の提供等きめの細かい援助をおこなっている。これをインドにも広げて，同じ活動に取り組んでいる。自助努力をスポイルしないように支援をおこない，さらに支援の結果についての評価をきちんとやっている点に特徴がある。予算および人数の制約から対象国が限定されているが，少しづつ増やしていくことが望まれる。

　産別や企業別組合レベルで独自にボランティア活動として児童の教育支援がなされている。ボランティア休暇制度を活用して支援先に出向き，顔の見える支援ができることが強みである。

(4)　使用者（団体）

　使用者側としては企業行動準則（Code of Conduct）作りに取り組む必要がある。特に多国籍企業では発展途上国において児童を雇用しないことを明確にし，

実践することが必要である。使用者が一方的に作る場合があり、これは「自主的行動準則」と呼ばれているが、拘束力がなく、その順守を担保するものがない。そこで先にの述べたように労働組合との団交で取り組むことが有効であろう。モニター制度をきちんと作ることができるからである。さらに使用者団体がモデルの行動準則を作って運動を進めることも有効であろう。その際に下請企業や部品提供を受ける関連企業にも広げることが必要であり、下請企業や部品企業で児童労働がみられる場合には取引しないことを明記すべきであろう。たとえば、経団連を中心として「発展途上国に対する投資指針」というガイドラインが1973年6月に発表され、1987年には「海外投資行動指針」が作られているが、その中で明記することが考えられる。

　ソーシャル・ラベリングの試みも考慮されるべきであろう。アメリカ、カナダ、ドイツ等の先進国で実施されているが、日本ではこの運動は見られない。消費者運動が弱いためであろうか。今後取り組むべき運動であるが、使用者（団体）だけでなく、労働組合、NGOを巻き込んで実施する必要があろう。

　消費者との関連でいけば、日本はセックス・ツアーを組んで、児童買春をおこなう者を送りだしているので、観光業者がそういうツアーをおこなわないことを行動準則で明記することを進めるべきであろう。観光業者にとっては利益をあげる機会であろうが、反社会的な仕事によって利益をあげることはやめるべきであろう。

(5) NGO

　日本では児童労働自体は大きな問題ではなくなってきている。そのために問題の認識が薄れているので、日本での世論の喚起が必要である。日本と無縁の問題ではないことを訴える必要がある。児童ポルノの制作や児童買春する者を日本が出しているという問題を抱えており、児童を搾取する側にたっていることを自覚させることである。そこで日本人向けの活動がNGOに期待される。労働組合や使用者団体にも望まれる活動でもある。

　NGOは発展途上国の中で社会的、経済的、文化的に最貧困層の人々を対象とする活動が望ましい。そこで働かざるを得ない児童を対象とする活動は、それにふさわしい。その際、発展途上国のNGOと提携して、児童労働廃止活動

を実践することが効果的である。そのためには，いかにして提携相手とのパートナーシップを築くかがポイントになる。提携先が主体的に取り組むことが重要であり，日本のNGOに頼り切り，一方的な援助になることを排除すべきだからである。両者が対等の立場で取り組むことが必要である。さらに日本のNGO自体もまだ人材や財政面で不十分であり，単独で事業をおこなうことは大変なので，現地のNGOとの提携が有効である。

　働かざるをえない児童にどのような援助計画を立てるのか。教育面では義務教育と最低就労年齢との間に開きがあると，その間に就労する児童が出てくる。そこで両者を接続することが必要であるが，就労する児童には，働きながらでも学べる非公式の教育をおこない，公式な教育につなげていくのはNGOにふさわしい活動である。さらに奨学金の援助，学校建設やその運営の支援，識字学級の運営支援，学用品の支援，ストリートチルドレンのための施設や職業訓練の支援，就学支援等が考えられる。それらを長期的に継続しても，いつかは発展途上国自身で取り組めるための人材育成にも力を入れる必要がある。これらの目的は，児童のエンパワーメントを強化し，自立を助けることにあるからである。

5　お わ り に

　児童労働問題は複雑な要因が絡んでおり，その解決は容易ではない。その解決のためには長期的に児童労働の根本的要因である貧困を解決するという長期的対策と，現に労働に従事し救済を求めている児童に対する緊急的対策の2本立てが必要である。

　ILO138号条約を初めとする児童労働にかかわる条約に基づき国内法を整備しても，問題はそれからである。経済のグローバル化によって発展途上国にも国際労働基準の順守が求められても，それを順守することは困難である。それを国際貿易の条件とされると企業経営が困難に陥る可能性がある。しかし，児童労働をそのまま是認することはできない。そこで国際機関，労働組合，使用者団体，NGOがこの問題に取り組んでいる。そのためにさまざまな手段が活用されている。社会活動訴訟や児童自身がエンパワーメントして発言すること

第2部　アジアの公正労働基準

までに至っている。しかし，児童労働が減少するという目に見える形での成果は少ない。子供の出生率が高く，いくら児童を労働から解放しても，次々と児童労働予備軍が生まれている。企業側も低賃金で雇用できる児童を手放したくない。それを武器に企業経営が成り立つからである。児童側もその日の生活の糧を得るために働かざるをえない。児童を労働から解放するだけでは問題は解決しない。児童の労働条件の向上のために教育訓練やリハビリテーションを施し，少しでも賃金を高くしていく一方，親に雇用の機会を創設し，児童が働かなくてもよい条件整備を図っている。日本にも児童労働の長い歴史があり，それを解決していった経験を生かして，その問題解決への日本の貢献が期待されているが，まだ十分な貢献とはなっていない。日本の政府，労働組合，使用者（団体），NGOとも，今後の活動の在り方について検討しなければならない。

(1) 谷勝英「アジア発展途上国における児童労働の実態とその発生要因」社会政策学会年報42集『アジアの労働と生活』96頁。
(2) 外務省『21世紀にむけてのODA改革懇談会報告書』1999年1月。
(3) "Firm fined for employing minor", New Straits Times, December 15, 1994, p. 1.
(4) Marvin J. Levine, Worker Rights and Labour Standards in Asia's Four New Tigers――A Comparative Perspective, Plenum Press, 1997, p. 431.
(5) 池田泰昭「児童買春，児童ポルノに係る行為等の処罰及び児童の保護等に関する法律の制定について」警察論集52巻9号122頁，坪井節子「子ども買春・子どもポルノ禁止法」法学セミナー537号57頁，木村光江「児童買春等処罰法」ジュリスト1166号64頁。
(6) 性犯罪の被害者を保護するために告訴できる期間が現行では6カ月になっているが，これを撤廃または延長することが法制審議会で検討されることになっている。刑法3条によって日本人の国外で犯した性犯罪は処罰の対象になるが，告訴期間が6カ月で短いために，事実上これまで告訴できなかった。これが撤廃または延期になれば告訴しやすくなる。性犯罪にあたるような児童買春をおこなう日本人が，現地で逮捕されてもお金で解決して日本に帰り，日本ではなんにも処罰されないままになってきた。これを改める機会になるであろう。

第6章　アジアにおける児童労働

（7）　Mahatir bin Mohamad, "Workers' rights in the developing countries", ILO ed., Visions of the Future of Social Justice——Essays on the Occasion of the ILO's 75th Anniversary, 1997, p.175, 青木保・佐伯啓思『アジア的価値とは何か』, TBSブリタニカ, 1998年, 208頁。
（8）　ILO, Child Labour : Targetting the intolerable. 1996（翻訳として初岡昌一郎監訳『児童労働——耐えがたき現状への挑戦』国際労働財団, 1997年8月）。
（9）　法律上の規定は次のとおりである。

　　インドの場合では①Factories Act, 1948［Factories Act, 1881の改正］
　　　14歳未満の雇用の禁止, 14歳になって就業できる適性がある者は労働時間が1日4時間半をこえてはならない。午後10時から午前6時までの労働禁止。18歳未満の危険な機械での作業の禁止。動力を用いる工場では10人以上, 用いない工場では20人以上の場合に適用される。

　　②Child Labour（Prohibition and Regulation）Act, 1986［Employment of Children Act, 1938の改正］
　　　14歳未満の者が別表に掲げる職種（輸送, 鉄道, 港湾, 建設, 染色, セメント等）に雇用されることを禁止, 別表に掲げる職種（ビディ, じゅうたん製造, セメント, 染色, マッチ製造, 石けん製造, 建設, 雲母切り, シュラック製造, 皮なめし製造, 絹の洗濯, 石筆製造等）では3時間労働で1時間の休憩, 休憩を入れて6時間をこえないこと, 午後7時から午前8時の労働禁止, 残業の禁止, 監督官への児童雇用の通知年齢で争いがある場合医療機関に付託する, 監督官がみられるように児童の経歴や仕事内容についての記録を保管。

　　③Bonded Labour System（Abolition）Act, 1976.
　　　債務労働の禁止。債務を消滅したものとみなす。債務労働からの解放。治安判事が労働者が以前住んでいた住宅を取り戻す権限を持つ。

　　パキスタンの場合には①Employment of Children Act, 1991.
　　　14歳未満の者の雇用を禁止する職種を定める。1日7時間以上の労働の禁止, 午後7時から午前8時の労働禁止, 残業の禁止, 3時間以上の労働に1時間の休憩, 禁止された職種に14歳未満の者を雇用すると1年以下の禁固, 2万ルピーの罰金, 併科される。

　　②Bonded Labour（Abolition）Act, 1991も存在する。

　　バングラデシュの場合 The Factories Act, 1965.
　　　14歳未満の者の雇用を禁じる。14歳以上18歳未満で雇用される場合には, そ

第2部　アジアの公正労働基準

の者が工場で働く適性があることの医師の証明書が必要，1日4時間までの労働，午後7時から午前7時までの労働禁止，雇用期間を明示する掲示を出すこと，監督官が見られるように児童の経歴や仕事の内容を定めた書類を作っておくこと。

インドネシアの場合，①労働することをよぎなくされる児童の保護に関する1987年労働大臣規則1号。

14歳以上の雇用認める。14歳未満の者について1日4時間までの労働，労働省への届け出，危険・重量物の扱い禁止，義務教育が受けられるような配慮。3カ月以下の禁固または10万ルピア以下の罰金。

②1997年労働法（これはまだ施行されていない）。

15歳未満の就業を禁止。特殊事情で働かざるをえない場合には就業を認める。ただし1日4時間までの労働，18時から午前6時までの就労禁止，坑内労働の禁止，危険な場所での禁止。最高2年の禁固刑，最高2億ルピーの罰金。インフォーマル・セクターにも適用することを明記している。

フィリピンの場合，フィリピン労働法典1974年。

15歳未満の者は両親または後見人の責任の下で雇用されること，15歳以上18歳未満の者は危険でない業務にだけ就業できる。

マレーシアの場合，Children and Young Persons（Employment）Act, 1966.

16歳未満の雇用禁止。労働時間の規制・夜間労働の禁止・休憩時間の保障・坑内労働の禁止。大臣の決定によって適用除外できる。

シンガポールの場合，Employment of Children and Young Persons Act, 1976.

13歳以上の者は非工業事業所でその能力にあった軽労働に従事することができる。14歳未満の者の工業事業所での雇用禁止。14歳以上17歳未満の者が工業事業所で働く場合，労働監督官の発行する許可証を携帯すること。午後11時から午前6時の深夜業禁止，学校に通っている場合，修学時間を含めて1日6〜7時間をこえてはならないこと。

タイの場合，1998年労働者保護法4章。

15歳未満の雇用の禁止，18歳未満の者を就業させてはならない業務の特定，雇用する場合に担当官に通知すること，18歳未満の児童には4時間勤務後1時間以上の休憩時間を付与，午後10時から午前6時までの深夜業禁止（例外あり），残業・休日勤務の禁止，研修休暇の権利の保障。児童本人への賃金支払を使用者に義務づける。

ネパールの場合，①1992年児童法。

14歳未満の児童の雇用禁止，16歳未満の者には健康に有害な業務や危険な業務につかせられない。14歳以上の者を働かせている場合には地区の児童福祉委員会に届け出が必要であり，そこから労働事務所にそのコピーが送付される。雇用する場合には親や保護者の承認だけでなく児童福祉担当官の承認が必要である。非道徳的活動（売春，ポルノを含む）や労働における子供の搾取を禁止し，違反には禁固と罰金を課す。さらに違反行為から生じた損害には賠償責任を負う。少年裁判所がこれらの違反問題を管轄する。

②1992年労働法

14歳未満の児童の雇用を禁止，16歳に達しない者は水力や機械によるプレス，金属のスライス削りのような危険な作業につけてはいけないこと，重量物の取扱制限があること，18歳未満の者には午後6時から午前6時までの原則として労働禁止，16歳未満の者は1日6時間，1週36時間をこえては働かせられない。

(10) 児童労働に関するILO条約の一覧表

1919年　◆ 5号　14歳を最低就労年齢，家族のみの企業での労働と工業学校での労働は例外

1919年　　6号　工業での年少者の深夜業制限

1920年　◆ 7号　海上労働において14歳を最低就労年齢

1921年　◆10号　農業部門での児童の雇用14歳未満でも授業時間以外では雇用可能

1921年　◆15号　石炭夫・火夫について18歳を最低就労年齢

1930年　　29号　強制労働禁止

1932年　◆33号　14歳未満と初等教育に通う者の非工業労働での雇用禁止，12歳以上の軽労働を認める

1936年　◆58号　海上労働で15歳を最低就労年齢（7号の改正）
　　　　　　　　学校等が児童にとって有益と認める場合には14歳以下の使用を認める

1937年　◆59号　工業での最低就労年齢を15歳に引き上げ（5号の改正）

1937年　◆60号　非工業での15歳未満も雇用禁止（33号の改正）
　　　　　　　　13歳までの軽労働・娯楽場での労働を認める，危険な業務での年齢設定

1946年　　77号　工業での年少者の健康検査

第 2 部　アジアの公正労働基準

  1946年　　78号　非工業での年少者の健康検査
  1946年　　79号　非工業で年少者の深夜業制限として14歳未満の児童および義務教育中の14歳以上の者は午後 8 時から午前 8 時までを含む14時間の労働禁止
  1948年　　90号　工業での年少者の深夜業について（ 6 号の改正）16歳未満は午後10時から午前 7 時，16歳以上18歳未満は午後10時から午前 6 時の間の労働禁止
  1953年　　96号　鉱山坑内労働の最低就労年齢16歳
  1957年　 105号　強制労働廃止
  1959年　◆112号　漁船の石炭夫・火夫についての最低就労年齢18歳
  1965年　◆123号　坑内労働の最低就労年齢を16歳
  1973年　 138号　◆印の10の条約を統合する。義務教育終了年齢以上で，15歳を最低就労年齢とする。発展途上国では14歳を最低就労年齢と認め，12歳からの軽易な労働を認める。健康・安全・道徳を損なう労働では18歳を最低就労年齢

(11)　批准状況（ILO ed., Lists of Ratification by Convention and by Country as at 31 December 1997より作成）

	5号	29号	59号	105号	123号	138号
アフガニスタン				○		
バングラデシュ		○	○	○		
カンボディア			○			○（1999年に批准）
中国			○			
フィジー	○	○	○	○		
インド	○	○			○	
インドネシア			○			○（1999年に批准）
日本	○	○				
韓国						
マレーシア			○		○	○
ミャンマー		○				
ネパール						○
パキスタン		○	○	○		
パプアニューギニア		○		○		
フィリピン				○	○	

第6章　アジアにおける児童労働

シンガポール	○	○		○		
スリランカ	○	○				
タイ			○		○	○
ベトナム	○					○
批准国総数	72	145	36	130	42	59

(12) Hirak Ghosh, "International Labour Organisation's Role in the Elimination of Child Labour", Nepal Law Journal vol. 1, pp. 56-70.

(13) 初岡昌一郎編『児童労働——廃絶にとりくむ国際社会』日本評論社，1997年11月，135頁。

(14) 前掲書177～182頁，秋葉美奈子「JILAFのネパール学校プロジェクトについて」国際労働財団『児童労働』1999年4月，139～155頁。

(15) International Organisation of Employers ed., Employers' Handbook on Child Labour——A Guide for Taking Action, 1998, pp. 49～54.

(16) アジア太平洋資料センター編，『NIKE：Just Don't do it——見えない帝国主義』月刊オルタ臨時増刊号，1998年7月，11頁以下。

(17) バングラデシュでは1995年4月16日児童労働をなくす運動を進めていたイクバル・マシフという12歳の少年が暗殺されたことがマスコミに報道され，じゅうたん不買運動に拍車をかけた。マシフは債務労働者としてじゅうたん工場で働いていたが，Bonded Labour Rebellion FrontというNGOに救出され，教育を受けて運動に参加していた。初岡昌一郎「児童労働—問題の所在と根絶のためのアプローチ」国際労働財団・前掲書，4頁。

(18) Gauri Pradhan, Back Home From Brothers——A Case Study of the Victims of Commercial Sexual Explotitation and Trafficking Across Nepal-India Border, Child Workers in Nepal Concerned Centre, 1996.
　Joseph Gathia, Child Prostitution in India, Concept Publishing Company, 1999, R. K. Tandom & K. N. Sudarshan, Child Prostitution, A. P. H. Publishing Corporation, 1997.

(19) Nepal Rugmark Foundationで入手した資料と在ネパール日本大使館の大西書記官と田中雅子氏から提供された資料にもとづく。「Rugmark News」6号，1998年12月，Sanjay Dhakal, "Combating Against Child Labour", Spotlight, December 4, 1998, p. 12.

(20) Rugmark Foundation (India) で入手した資料にもとづく。「Progress Report of Rugmark Foundation's Activities during the period 1997-98」。

第2部　アジアの公正労働基準

(21) 社会活動訴訟については安田信之『アジアの法と社会』三省堂，1987年11月，373～397頁，稲正樹『インド憲法の研究』信山社，1993年12月，193～242頁。

(22) Surya PS Dhungel, Bipin Adhikari, BP Bhandari & Chris Murgatroyd, Commentary on the Nepalese Constitution, Kathmandu DeLF, 1998.

(23) 6 Supreme Court Cases 756 (1996), Indian Industrial Relations Association ed., Digest-Texts of Select Judgments, vol. 4, no. 2 & 3, July-December, 1998, この事件についてのコメントとして Asha Bajpai, "Child Labour : Fond Hopes for the Future", The Indian Journal of Social Work, vol. 58, no. 4, October 1997.

(24) Child Labour Cell, National Labour Institute ed., Child Labour in the Match Industry of Sivakasi, 1993.

(25) 国際子ども権利センター編『インドの働く子どもたち―ぼくたち，わたしたちの声をきいて』国際子ども権利センター，1998年11月，"Court asks government to decide on children's union", The Times of India, vol. 156, no. 286, December 1, 1993, "Children's Union Seeks Supreme Court Support", Links for Children in South Asia, Kathmandou, December, 1993, "Supreme Court Admits Bal Mazdoor Union's Appeal Application", Butterflies Documents no. 2, これらは国際子ども権利センターの甲斐田万智子氏から資料提供を受けた。記して感謝申しあげる。

(26) 拙著『インドの労使関係と法』成文堂，1986年9月，13～20頁参照。

(27) 初岡昌一郎・前掲論文26頁。

(28) 鎌田普「IMFと企業行動規範」IMFJC257号，1999年10月，80頁。

第7章 アジアにおける労働の人間化と『社会憲章』の役割

1 『社会憲章』と労働の人間化

1994年8月 ICFTU―APRO の第64回執行委員会で採択された『社会憲章』[1]は, 経済発展を遂げつつあるアジア諸国で民主的な社会発展を目指して実施すべき指針をまとめたものである。これは2つのパートから構成されている。1つは, 労働者の基本的権利, その中心である ILO の基本的な条約の批准と実施を要請し, それによって地球規模の市場経済を拡大し保護主義を防止することをめざしている。もう1つは, 先の目的を実現するために, 政労使が検討すべき課題として雇用, 賃金と労働条件, 職業訓練と再訓練, 労使関係, 安全・衛生・環境, 女性労働者, 多国籍企業と輸出加工区, 経済的出稼ぎ労働者, 社会保障, 労働組合の発展の10項目の目標内容を取り上げている。これらを読むと, この『社会憲章』のねらいが, アジア諸国でいかに労働者の労働基本権を実現するか, そのために産業民主制をどのように実現するかに置いていることが分かる。

一方, 労働の人間化という理念は, きわめて多義的な内容を含んでいる[2]。したがって論者によってその内容が少しづつ違っているが, 共通に見られる内容もある。たとえば ILO 事務局長が1975年に報告した『労働をより人間的にするために』の中では次の3点をあげている。

(1) 仕事は労働者の生命と健康を尊重するものであるべきであること。
(2) 仕事は休息と余暇のために自由時間を残したものであるべきこと。
(3) 仕事は社会に奉仕し, 個人の可能性を発展させて自己実現できるものであること。

第2部　アジアの公正労働基準

　第1点は職場における安全と健康，第2点は労働時間の短縮による余暇の実現，第3点は職務再設計や自立的作業集団の形成によって自己実現できる作業組織を作り上げることを，労働の人間化と考えていることが分かる。これは労働生活そのものの質を改善し，ゆとりと豊かさを職場と家庭で実現することをめざしていると理解することができる。これは労働の人間化をもっとも広くとらえた考え方である。これに対して，もっと狭くとらえて第三番目の内容だけを労働の人間化とみる論者もいる。ここでは労働の人間化を広くとらえる立場にたつ必要がある。なぜか。

　これまでこの理念は主として先進工業国で関心を集めてきた。発展途上国ではあまり議論されたことがなかった。発展途上国では，これまでいかに労働（雇用）の場を確保するかが大きな問題であり，そこで人間性に適した労働の在り方を検討する余裕はなかった。しかし，アジア諸国の経済発展が進み，食べていくのがやっという段階を脱すれば，いかに働くかという問題に関心が高まってくる。その際，作業組織だけでなく，安全や健康，労働時間の短縮も視野にいれた労働の在り方を検討する必要があるからである。

　しかし，この『社会憲章』には，明確に労働の人間性の確保という文言は見られない。だが労働の人間化を図ろうという視点を読み込むことができる。先に述べたように，『社会憲章』は労働者の労働基本権をいかに確保するかという視点でまとめられている。労働の人間化を進める前提として，労働基本権が順守されていることが必要である。つまり労働基本権が順守されていないところでは，労働の人間化の実現はむずかしい。労働基本権の確保のためには，労働組合が団体交渉や労使協議を通して，企業の意思決定に参加して，産業民主制を実現することが必要であるという発想を，この『社会憲章』から読み取ることができる。

　そこで，具体的に課題とされている10項目を労働の人間化という視点から整理しなおし，それに対して日本側からいかなる協力・貢献が可能なのか，次に検討してみよう。

2 具体的検討課題と日本の役割

『社会憲章』には，10項目の検討課題が提示されている。それぞれの項目には，課題目標として4ないし5点が個条書きされている。一般的条項が多くて，具体的にどのような内容なのか，明確ではないところもある。APROに加盟している組合の事情がさまざまであり，所属する国の経済社会状況も異なる中で，合意を取りつけるために，一般的条項の形で書かざるをえなかったこともあろう。また課題目標をどのように具体化していくか，どのように実施にもっていくかについても明らかにしていない。これも各国の事情が異なるので，そこまで明示することはむずかしかったと思われる。これは加盟組合で検討すべき問題でもある。

以上の問題があるが，『社会憲章』の文言を手がかりに，労働の人間化の視点から検討課題を整理し，日本の役割を検討してみよう。

(1) 雇用保障

労働の人間化をめざすためには，まずどこかで働く場を確保しなければならない。雇用創出は貧困を解決するための基盤である。日本の企業が海外に進出すれば，進出先での雇用を創出することができる。円高が進めば海外進出が多くなり，その結果，日本での産業の空洞化が心配されるが，進出先では雇用面のメリットを享受することができる。

発展途上国では街頭での物売りや物ごい等のインフォーマル・セクターに従事し，きわめて不安定な収入しかえられない者が大勢いる。これらの者が安定したフォーマル・セクターに雇用の場を得ることは，きわめて重要である。日本の海外進出企業がこれらの人々を雇用できればいいが，これには大きな問題がある。それは労働力の質の問題であり，教育問題と絡んでいる。義務教育も十分に受けられなかったために，企業で仕事をするだけの能力に欠ける人々がいるからである。

日本政府はODAとして教育に援助する場合，これまで高等教育や専門技術教育を中心に実施してきた。それは義務教育である初等教育の内容には関わら

ないという原則を持っている。つまり義務教育の内容はそれぞれの国の内政問題であるという考えがあるためである。そこでODAでは義務教育では機材の提供や校舎の建設が中心になっている。しかし基本的な土台となる教育を成功されるためには義務教育がしっかりなされることが必要である。基礎教育の充実，そのための教員養成のための援助に力を入れる必要がある。プロジェクト方式の技術協力や青年海外協力隊による教育協力の充実が望まれる。さらにODAだけでなく，NGOや労働組合が義務教育に援助することもありうる。現地の状況に即した教育施設や教育機材，奨学金援助というハード面での教育基盤整備援助が中心になっているが，ソフト面での協力も工夫すべきであろう。その際，教育協力には社会的・文化的背景への配慮が不可欠である。

一度就職しても経済状況によって失業する場合もありうるが，それを避けるために再訓練と配置転換の保障を求めている。これは雇用されればいいという段階から，雇用を維持するために雇用の質を改善していこうとするあらわれと理解することができる。雇用維持のためには，1つの職務に限定せず，いろいろな職務をおこなう能力を身につけ，多能工化することを前提としている。そのためにOJTやOffJTによる訓練によって熟練を高める必要がある。

このうちOffJTのために日本政府は職業訓練の援助をおこなっているが，OJTは個別企業で仕事をしながらの訓練なので，政府はタッチできない。日本企業が進出先の職場あるいは日本の職場で訓練することになる。それによって職業訓練施設では会得が難しい熟練を身につけることができる。その熟練を高めていけば多能工化が可能になるが，そのためには労働者の企業での定着が必要になる。離職率が高いと訓練費用が高くつくために，十分な訓練の機会が設けられないおそれがある。以上のことからこの『社会憲章』では，雇用の安定によって長期雇用を目指していることがわかる。これが労働の人間化の前提要件である。

(2) 労働条件の向上
① 安全・衛生

企業の生産性を上げるために，職場の安全・衛生を無視した生産がなされる場合がある。安全・衛生は人の命に関わる問題であり，それを放置することは

第7章　アジアにおける労働の人間化と『社会憲章』の役割

できない。この問題は労働の人間化にとって重要な課題である。日本ではこれまで安全・衛生に関する情報の蓄積がある。日本の海外進出企業が日本の生産設備や生産技術を用いて生産する場合には，その安全・衛生上の問題点は熟知しているはずである。進出先での安全・衛生基準がゆるやかなことを見越して，安全・衛生上問題のある操業をおこなうことは避けるべきである。当座は安上がりの操業となり利益をあげるかもしれないが，いつかはしっぺがえしを受けるものと思われる。組合はその点の監視をおこなうべきであろう。

安全・衛生はより広く環境問題とも関連している。持続可能な発展を実現するためには，環境を考慮した生産につとめなければならない。日本から公害を輸出することは避けなければならない。

② 賃　金

賃金額決定の基本原則が『社会憲章』で述べられている。経済発展により拡大する富を公平に分配するために賃金額の上昇をはかる必要があると同時に，賃金額の上昇によって経済の活性化をはかることが述べられている。そのためにどのような賃金制度をつくるかの具体的提案はない。わずかに弾力的賃金制度にふれているだけである。

弾力的賃金制度はシンガポール，マレーシアで実施されつつあるが，これまである職務につけば賃金が決まってしまう仕事給制度であったが，これでは労働者の労働意欲を刺激しないので，労働者の労働意欲を刺激する賃金制度に切り替え，労働生産性を高めるというねらいをもった制度である。昇給部分やボーナスに従業員の業績が反映する制度を導入している。日本の場合，資格制度，定期昇給，範囲給，査定制度をセットにして，長期雇用のもとでの労働意欲や技能形成を刺激する賃金制度を作りあげている。日本ほど労働者の能力・業績が賃金に反映されている国は存在しない。これをアジア諸国に普及されることが，経済発展にプラスになるのであれば，賃金制度面で日本が貢献することができよう。日本の労働組合がセミナーでアジア諸国の組合役員に団体交渉のやり方を教える際に，賃金交渉の中で賃金制度の改定の仕方を伝えることができよう。ただそれを強制することは控えなければならない。どのような賃金制度をつくるかは，アジア諸国の労使が自主的に決定することだからである。たとえば，シンガポールやマレーシアでは厳然と仕事別賃金制度が存続しており，

その中で査定制度によって能力主義管理ができるか(3),大きな実験であり,意外と保守的で現制度維持になりがちな労働組合と使用者側がせめぎあいを行っているところである。これが両国の労使関係上のキーポイントになるであろう。

次に最低賃金の順守が述べられている。現段階では,社会条項の中に最低賃金を含めることはないと思われるが,各国で定められる最低賃金を使用者が順守することは当然である。しかし,それが守られない場合がある。そもそも最低賃金の存在さえを知らない労働者がいるし,知っていてもそれ以下でも働きたいという労働者もいる。特に未熟練労働者は失業率が高いために,そのような事態が生じやすい。使用者はそのことを利用して,最低賃金以下で雇用する。それを監督する行政機関が人手不足のために十分効果を上げていないし,場合には腐敗が生じる場合もある。たとえばれても罰金額が高額でないので,違反を覚悟で雇用した方が得をする場合さえある。これではなんのための最低賃金か分からない。違反にはしかるべき制裁をおこない,厳しく施行する必要がある。これには日本の労働省が労働行政面で貢献すべきところである。

③ 労働時間・休暇

ゆとりの実現は労働の人間化にとって欠かせない要素である。『社会憲章』では,ILOの基準による労働時間と休暇制度の実現をめざしている。アジア発展途上国は日本以上に長時間労働と言われている。経済発展をめざして生産を優先するために長時間労働となっている(4)。日本もその傾向がやっと是正されつつある。貿易摩擦や国際世論,労働者自身の意識の変化があって徐々に時間短縮を実現しつつある。そのためのノウハウを日本の労使は蓄積している。それをアジア諸国に伝えることは有効であろう。労働時間短縮をやりながら生産を維持拡大するノウハウは有効であろう。

④ 社 会 保 障

失業給付,医療給付,年金は労働生活の質を高めるには必修の要素である。しかしその普及はきわめて遅れている。失業給付は失業率の高いところでは保険制度が維持できないために,制度自体が設けられない。そのために失業保険制度の有無が経済発展のメルクマールの一つとされるほどである。1993年末韓国で雇用保険法が成立したのは,経済発展を遂げて失業率が低下したためである。アジアの中でも経済発展を遂げ失業率が低くなる国では,今後失業保険制

度の導入が現実化してこよう⁽⁵⁾。日本はこの制度運営のノウハウの蓄積を持っており，十分貢献することができよう。

　医療給付と年金は，アジアでは大企業の従業員や公務員にしか存在しない。これをすべての労働者と家族に適用するのは将来の検討課題である⁽⁶⁾。国の制度として対応することが必要であるが，企業の福利厚生の中で対応することもできる部分もある。そのノウハウを日本側がもっており，アジアの企業内で福利厚生の充実を図るための参考になろう。

(3) 特別に配慮すべき労働者への対応

　女子労働者および外国人労働者の雇用差別をめぐる問題が焦点になっている。これは社会条項に含めるべき論点とされている。この問題は日本でも解決していない。性差別の問題は経済発展によって解決のつく問題でもない。また法制度の改革だけで解決のつく問題でもない。この問題では日本は外国から教えをうける段階であり，アジア諸国の女性問題への関心を高めていき，差別意識をどう改めるかが課せられた課題である。

　外国人労働者の問題も，国間の経済格差が存在するかぎり消えない。日本にはアジア諸国から外国人労働者が働きにきており，その処遇をどうするか解決を突きつけられている。この問題でも日本人のアジアへの差別意識が問われており，「内なる国際化」のために日本は努力する義務がある。

(4) 労使関係と労働組合

　この『社会憲章』は労働の人間化実現のために産業民主制をめざしている。労働組合が労使関係にかかわる情報を得て，使用者と団交や労使協議によって企業内での民主制の実現をめざしている。そのために自由で民主的な組合が結成されなければならない。

　ところが経済発展のために権威主義的な行政（開発独裁）によるコントロールを組合は受けている。つまり経済発展に協力する組合の存在だけしか認めないという政策がとられている。それが可能になるのは労働組合の強制登録制度があるからである。組合の登録が認められないかぎり違法な団体となるために，登録要件をみたす組合にならざるをえない。組合の結成時だけでなく，毎年活

動報告の提出が義務づけられて,それをチェックされる。日本のような組合の自由設立主義は採用されていない。この点に日本が介入することは内政干渉である。日本はアドバイスはできても,それぞれの国でどのような政策を採用するか決めるべきである。それを前提とした上でいかに産業民主制を実現するかに協力すべきである。

　日本企業や組合と直接かかわる問題が生じるのは,外国から直接投資を引きつけるために労働組合の結成を認めないこと,つまり組合が結成されても登録を認めないという政策が採用される場合である。これは団結権を否定するものであるので,この『社会憲章』は当然反対の立場を取っている。進出先の法律を順守するのは当然であるが,労働基本権を否定する法律にどう対応すべきか。現実にマレーシアでこの問題が発生した[7]。日本企業側が法律順守を優先するのはやむをえないが,組合はどうであろうか。組合としては企業とは異なり,側面からでも労働基本権が尊重されるよう援助すべきではあろう。そうでなければ日本の企業内組合は使用者のコントロールを受けた組合ではないかと疑っているアジアの労働組合の認識を改めさせることはできない。

　産業民主制を確立するために組合の組織拡大や組織率向上に努力することが述べられ,女性,青年,農業労働者,出稼ぎ労働者やインフォーマル・セクターの労働者等の社会的弱者に組織を広げることが特にふれられている。アジア諸国では組合の組織率はまだまだ低い。平均で10％前後と予測されている。タイでは6％に達していない。そのアップをはかることが必須である。いかに組合を組織するかのノウハウは日本の組合は蓄積しており,セミナーや個別相談を通して組織化や組合の運営方法を援助することができよう。

　さらに『社会憲章』に,組合が意思決定に参加すべき分野がひろく書かれている。雇用調整や新技術導入,一時解雇や人員削減の問題について企業内で意思決定にかかわる。また政府段階での政策決定にかかわる事項として環境保護や出稼ぎ労働者の処遇があげられている。これは団交や協議による労使の話し合い,政労使三者による話し合いの促進が産業民主制を定着させる基本であるという認識にたっている。そのために相互に情報を公開していかなければならないことを強調している。これまでさまざまなレベルで労働組合の参画が無視されてきた現状への不満から出てきた提案である。権威主義的な開発体制のた

第7章 アジアにおける労働の人間化と『社会憲章』の役割

めに組合の意思が無視されたり，政策決定に参加できなかったが，これからはそれではだめであることを明確にしている。権威主義的開発体制のもとである程度の経済発展を遂げたが，これからは産業民主制のもとでの社会経済発展を宣言したのが，この『社会憲章』である。つまり経済発展だけでなく社会開発を重視して，富の拡大だけでなく，公平な富の分配を目指している。

日本の労働組合は国際協力の一環として，また企業の海外進出に伴っていやでもアジア諸国との繋がりを強めてきた。国間の相互依存関係がますます強まってきている現在，アジアの動向は日本にただちに影響を与える。産業民主制によって労働の人間化をはかるという方向は，今後の日本とアジアの相互依存関係をより健全なものとするであろう。

(1) 社会憲章の翻訳は日本労働組合総連合会・総合国際局『資料「社会条項」と労働組合』(国際労働インフォメーション12号)，1995年1月，37—43頁。
(2) 嶺学『労働の人間化と労使関係』日本労働協会(現在は日本労働研究機構)，1983年3月，5頁。
(3) シンガポールでは1985年政府の主導で柔軟な賃金制度(flexible wage system)が導入されている。日本労働協会(現在は日本労働研究機構)編(原田輝男執筆)『新版シンガポールの労働事情』1989年，121頁以下参照。その後，マレーシアでも使用者連盟が1988年11月弾力的賃金制度の導入を唱えている。日本労働研究機構編(原田輝男執筆)『マレーシアの工業化と労働問題』1991年，90頁。
(4) 国際金属労連の調査によると1995—96年の生産労働者の年間労働時間は次のようになっている。多い順からいくとタイが2833時間，韓国が2685.30時間，インドと中国が2496時間，フィリピンが2304時間，シンガポールが2283時間，マレーシアが2160.50時間，香港が2023時間，日本が1971時間となっている。非常に労働時間が長いことが分かる。International Metalworkers Federation ed., Metalworkers and Working Time in the World, IMF, 1997, p. 28.
(5) 失業保険制度の導入はアジアの経済危機に際し必要なセーフティネットとされているが，マレーシアでの失業保険制度の導入は働く意欲を失わせるとしてマハティール首相は反対意見を持っている。小島正剛「雇用保険制度は不要—経済危機下のマレーシア方式—」IMFJC257号，1999年10月，86頁。
(6) マレーシアでは1952年設立された従業員退職準備基金(Employees Provident Fund)と1969年に設けられた従業員社会保障制度(Employees Social

143

第2部 アジアの公正労働基準

　　Security），シンガポールでは1955年に導入した従業員退職準備基金が社会保障制度の基本になっている。インドネシアでは国家公務員および軍人には恩給制度があるが，民間労働者には任意の社会保険制度が1978年からもうけられているが，加入者が少ない。フィリッピンでは公務員と民間労働者を区別して，それぞれに社会保険制度が設けられており，強制加入方式をとっているので加入者は多い。退職・死亡・障害・傷病に対しては公務員の場合には公務員保険法，民間労働者の場合には社会保障法がカバーしている。業務外の治療には医療法がカバーしている。タイでは1990年に社会保障法が成立し，1984年に任意のProvident Fundが設けられている。今後アジア諸国で社会保障制度の整備が重要な問題になっていくと思われる。
（7）　拙著『マレーシア労使関係法論』信山社，1995年3月，161頁および，本書60頁以下参照。

第 3 部

アジアと日本の労働組合

第8章 戦前期日本の労働組合とアジア

1 はじめに

　本章は，第二次世界大戦前の日本の労働組合がアジアとどのように関わったかを検討することを目的としている。なぜこの問題を取り扱うか，その動機は次のとおりである。
　これまでアジア諸国の労働法を勉強するうち，日本とアジアとの関わりを追求していく必要があることに気がついた。そこで日本の労働組合を訪問して，アジアとの関わりでどのような活動をしているかを聞いてまわった。その結果は社団法人関西国際産業関係研究所が発行している雑誌である「国際産研」に掲載してきた[1]。この聞き取りは現在の活動内容にかぎられている。これを歴史的にフォローする必要性を感じて，日本の労働運動史の概説書にあたってみた。ところが，この問題にふれた概説書はないことが分かった。雑誌論文も普段目にすることのない雑誌に若干見いだすことができるにすぎない[2]。英語文献の中に若干ふれているのは存在していた[3]。日本語文献では，わずかに日本労働総同盟，内務省社会局が出版した資料の中に散見されるだけであった。戦前の組合役員でアジアとかかわっていた人達はほとんどが故人となっており，聞き取り調査も不可能である。そこで，わずかに残っている資料をつき合わせて事実関係を確認し，その背景にある政治や社会状況，さらに労働運動の状況を踏まえながら，これまで検討されないままになっている亜細亜労働会議と太平洋労働組合会議を中心にして，この問題をまとめることにした。
　アジアとの関わりだけでなく，国際的活動そのものでも，日本の労働組合の運動方針の対立が反映されている。大正から昭和にかけて日本の労働組合運動

第8章　戦前期日本の労働組合とアジア

はイデオロギーの対立から分裂し，3つのグループに分かれた。鈴木文治が明治天皇が死亡した翌日である1912年（大正元年）8月1日友愛会を設立した。これが，それ以後の労働運動のはじまりとなった。もちろん明治期にも労働組合が結成され活動していたが，友愛会ほど，それ以後の労働運動に影響を与えた組織はなかった。

　友愛会は，その名のとおり「親睦・相愛扶助」を目指した。1899年の治安警察法が幸徳秋水らの大逆事件以来，より厳しく執行され，労働運動は政府によって規制を受けた。そこで友愛会という名称を採用し，労働という名称を避けた。友愛会を存続させるために，共済組合的性格を強く出し，労使協調主義を標榜して活動したが，大正デモクラシーの影響を受けて，組合員の労働条件向上獲得運動を展開するようになった。このことは1919年大日本労働総同盟友愛会という名称変更に示された。1921年には日本労働総同盟に名称変更し，友愛会という名称を削除した。

　このころから社会主義思想を持つ労働組合の活動家の動きが活発化した。第一次世界大戦後の恐慌が原因となった米騒動や1917年のロシア革命がその契機になっていた。日清戦争後，労働運動への社会主義の影響が見られたが，この1920年当時アナルコ・サンジカリズム（無政府主義）とボルシェヴィズム（共産主義）の対立が，労働組合の対立分裂をもたらした。

　日本労働総同盟内に3つのグループがあった。第1は大杉栄の無政府主義や社会主義の影響を受けた者（山本縣蔵，河田賢治，中村義明，鍋山貞親等），第2は吉野作造の民本主義の影響を受けたインテリ層（麻生久，棚橋小虎，山名義鶴等），第3は現場に熟練工として働きながら組合の活動家になった者（西尾末廣，松岡駒吉等）である。これら三者の対立が，日本労働総同盟の分裂につながった。1925年の第一次の分裂で，第1のグループが中心となって日本労働組合評議会が結成され，1926年の第二次分裂で，第2のグループが中心になって日本労働組合同盟が結成された。これには政治運動ともかかわっており，評議会には労働農民党，総同盟は社会大衆党，組合同盟は日本労農党とつながっていた。評議会は左派，総同盟は右派，組合同盟は中間派という色分けがされていた。

　評議会は，1919年3月設立されたコミンテルン（第三インターナショナル）や1921年設立されたプロフィンテルン（赤色労働組合主義）の影響が強くみられた。

第3部　アジアと日本の労働組合

これは資本主義の打倒，階級の廃絶，プロレタリア独裁の実現を目指していた。そして国際労働機関（ILO）の活動に断固反対の立場に立っていた。これに対して総同盟は1919年アムステルダムで設立された国際労働組合連盟（一般にアムステルダム・インターナショナルと呼ばれている）と親和的であった。1929年末頃，総同盟の同連盟への加盟がうわさされたが，加盟にはいたらなかった（ただし日本海員組合だけが1929年正式に加盟した）。これは社会改良主義的な方針を持ち，1919年に第1回の会議を開いた国際労働機関（ILO）の活動に協力する立場を取っていた。この両者の違いがアジアとのかかわりで活動する際の違いとなって表れている。以上の前提のもとで，組合の活動をみてみよう。

2　亜細亜労働会議の結成と結末

(1)　亜細亜労働会議の提案

先に総同盟はILOの活動に協力する立場に立っていたと述べたが，最初からこの立場に立っていたわけではない。ILO労働者側代表の選出をめぐって政府と対立して1922年の大会ではILOを否定する決議をおこなった。しかし，1924年の第6回のILO総会からは，選出方法を変更して，組合員1000名以上の組合に代表委員候補1名，顧問候補2名を推薦させ，推薦団体の所属員1000人につき1票の割合で投票し，上位得票者が委員に選任されることになったので，総同盟から労働者代表を送ることになった。代表委員に鈴木文治，顧問に米窪満亮（日本海員組合），川村保太郎（官業労働総同盟），随員として西尾末廣（総同盟大阪連合会）が選ばれた[4]。このことがきっかけとなって，総同盟はILOの対する考えを転換し，「国際労働会議についても，これが対策を慎重に考慮し，以て我国労働組合運動発展のために計るべきである」と決議した。

ILO第六回総会では，鈴木文治が日本で労働組合を結成する権利が保障されていないことを述べ，政府および使用者代表とやりあった[5]。この時，国際労働事務局に勤務していた鮎沢巌の世話で，日本とインド側が会食して，友好を深めた。

さらに鈴木文治は西尾末廣とともに，ILO第六回総会に出席するために，神戸港から出発したが，途中上海に立ち寄り，メーデーに参加している。そこで

第8章　戦前期日本の労働組合とアジア

国民党左派の汪精衛と会っている。どのようなきっかけで上海メーデーに参加したのか分からない。「西尾末廣伝」によれば，「5月1日朝，船はまず上海に入港した。あたかもメーデーの日なので，その模様を見るために末廣らは上陸して会場の天徳宮広場に行ってみたが，集まった労働者はわずか2，3百名で，いかにも寂しい。だが，国民党の汪兆銘の演説を聴いたことと，最後に鈴木代表と末廣が拍手に迎えられて演壇に立ち，日華労働者の連帯をアピールしたことなど，印象深いものであった。」(6)これで中国との接触のきっかけを掴んだことは確かである。

ILO創設時から加盟していたアジアの国は，日本，中国，インド，タイの4カ国であった。国際労働理事会は当時，12名の政府代表，8名の使用者代表，8名の労働者代表から構成されていたが，12名の政府代表の内，8名は常任理事国として8大主要産業国の政府代表とされていた。第1回ワシントン会議では，ベルギー，スイス，フランス，ドイツ，イギリス，アメリカ，イタリー，日本であった。これに対してインドが異議を申し立てので，1922年にインドが入り，アメリカの代わりにカナダが入り，スイスが落ちた(7)。その結果，アジアから常任理事国としてインドと日本が加わったので，両者がつながりを深めるのも自然であったと思われる。当時政府側，使用者側，労働者側の三者の代表をILOに送り込んでいたのはインドと日本だけであった。ただしインドも日本も労働側代表をめぐって，紛争があった。これに対して中国とタイは政府代表だけが出席していた。中国が三者の代表を出席させたのは1929年の12回総会からであった(8)。

翌年1925年にも代表として鈴木文治が選ばれ，第7回ILO総会に出席した。顧問として久能寅次（日本海軍労働組合連盟）と中田末三郎（官業労働総同盟）が選ばれた。総会では，インドの労働者代表であったM. N. ジョーシ（M. N. Joshi）が，日本がILO条約の批准や勧告を受け入れないことが，インドの労働者の労働条件に悪影響を与えていると述べた。さらに使用者代表であるトマス・スミスも，インドは労働時間にかんする条約を批准しているのに，日本は批准していないと批判した。

この背景には，木綿工業をめぐって日本とインドが経済上の対立をしていたという事情があった(9)。インドは第一次世界大戦後，イギリス側の政策転換に

第3部 アジアと日本の労働組合

よって工業化のために木綿工業を奨励されていた。それまではイギリスによって工業化が阻まれていた。イギリスはインドを原料供給地であり，イギリス製品の販売市場として位置づけていたからである。ところが，第一次世界大戦で工業製品のイギリスからの輸入が途絶えたために，インド国内での工業化が必要とされた。ところが大戦中イギリスからの輸入が途絶えたことから，インドでは日本やアメリカからの輸入が増えていた。これがインドの工業化を妨げていると解された。それだけでなく日本の商品は中国でインドの商品を駆逐していた。その問題が大きく取り上げられたのは1925年から1930年にかけてである。インドは木綿工業を保護するために，1930年には綿製品が保護関税適用品になり，1933年には日印通商条約を破棄した。

　第7回 ILO 総会が開かれた1925年当時は，すでに日本からインドに綿製品が輸入されており，これに対してジョーシは，日本が安い労働力で安い製品を作り，輸出しているというソーシャル・ダンピング論を根拠に，日本が ILO 条約を批准していないことを批判した。

　ジョーシは「インド労働運動の父」[10]と呼ばれ，思想的には組合活動家の中では穏健派に属していた[11]。鈴木と親交を結んだのも思想的に近かったからであろう。またアジアからの労働代表はインドと日本だけだったことも，両者を接近させることになったと思われる。さらに後に述べるように，ILO の労働側代表の選出をめぐって紛争があったことも，両者を結びつける要因になったかもしれない。当時ジョーシは全インド労働組合会議（All India Trade Union Congress　通称 AITUC と略す）の書記長であった。このナショナル・センターは1920年10月31日ボンベイで結成された[12]。そのきっかけは ILO の労働者代表としてジョーシ，顧問としてティラク（Balagangadhar Tilak）が政府によって一方的に決定され，労働組合側の意見を聞かないでなされたことであった[13]。前年の1919年の ILO の会議にはワディア（B. P. Wadia　1918年結成されたマドラス労働組合の委員長）が出席していた。当時ジョーシは1919年インド統治法によって作られた中央立法議会のただ1人の労働側の議員として指名されていた。政府は組合側の批判に対して，労働者を代表する組織がないので，一方的に決定したと主張したので，労働組合の指導者が集まって AITUC が結成された。結成大会ではラル・ラージパット・ライ（Lal Lajpat Rai）が議長，ジョセフ

第8章　戦前期日本の労働組合とアジア

・バプティスタ（Joseph Baptista）が副議長で，54組合，14万854名の組合員が加盟した。1921年4月初代書記長としてデーワン・チャマン・ラル（Dewan Chaman Lall）が選ばれた。この時ジョーシは執行委員に選ばれた。AITUC結成後，ILOの労働代表としてAITUC初代議長となったライが選ばれ，ラル，ワディア，ジョーシが顧問に選ばれた。ところが，ライが1921年に健康を理由として辞退したために，ジョーシが労働代表に選ばれた。そして1925年2月の第5回AITUCの総会でジョーシが書記長（1929年まで書記長であったが，その後AITUCを脱退する。また1938年から1948年10月まで書記長）に選出された。以上の経過を経て，ジョーシがAITUCの書記長であって，インドの労働側代表としてILO総会に出席した。

　以上のインド側の事情の中で，ジョーシは日本を批判したが，これがきっかけとなり，鈴木文治とジョーシの親交が生まれた。そこから鈴木がILOのアジア地域会議の開催を提案することになった。その背景として，コミンテルンやプロフィンテルンが主催する太平洋地域の労働組合会議(14)に対抗する意図があった。鈴木は第7回ILOの会議の報告の中で次のように述べている。

　「国際労働会議には東洋からは日本及び印度の両労働代表が出席したのでありますが，印度は英国の属領として又同時に英国資本家の搾取の目的物として二重の苦しみを嘗めつつあるので，対英反感の著しいものがあり，従って東洋諸国中の先覚者としての日本の労働階級と相提携することによって完全な自由を獲得せんとするの情の強烈なものがあるのであります。而して我等は互に単に空漠たる国際主義の理想に進む以外，一層深き共通利害の上に立つ東洋労働者の自由を獲得するがため，東亜全体の労働階級の覚醒と友誼的提携の必要なるを覚知した結果として，互に相接近し総会開会中も屡々会談した結果，両者の意思感情の疎通を見るに至り，遂に両国労働団体相提携して来年中に適当な時期を選んで上海に東亜労働会議を開催すべき事に関する仮約束を結ぶに至ったのであります。同時に日本の鈴木労働代表をその総世話役として就任させる事を約束したのであります。」(15)

　第7回のILO会議の際に，東亜労働会議の開催をインドと日本側が同意しているが，この会議をILOのアジア地域を対象とした地域会議と想定していた。それがILO加盟国に限定しないで，アジア地域の労働組合の会議を開催

する方向に展開していった。しかし，それの具体化には相当の時間が必要であった。

(2) 亜細亜労働会議の結成にむけての動き

1926年の総同盟臨時大会で，「東洋に於ける労働団体と親善を計る件」について次のように決議した。

　「全世界の労働者が一致団結するの道程として，先ず亜細亜に於ける労働階級の一致団結を計ることが急務である。このために亜細亜に於ける各労働団体間の親善を計り，友愛，提携の途を講ずることが必要である。本年の第7回国際労働会議に於いて，日本の労働代表一行とがジュネーブに於いて相協議し，「亜細亜の労働階級の親善，団結を図る第一歩として，次年度即ち1926年内に於いて，支那の適当なる地（例えば上海の如き）に於いて亜細亜諸国の労働団体の代表が集って，東洋労働組合会議を開催すること。而して右会議開催の運びをなすために，ゼネラル・セクレタリーとして日本労働代表鈴木文治を推薦す。」と言ふ非公式の覚書を交換するに至ったのである。それ故我が総同盟は大会の名を以て，亜細亜労働組合会議開催を決議し，その実現のために努力せんとするものである。」[16]

さらに「支那問題に関する件」の決議をおこなった。

　「支那の労働状態，労働運動の如何は，我が国労働状態並に労働運動に至大な関係を有している。而して支那の労働組合と我々日本の労働組合が提携，連絡を図ることは，東亜の労働階級開放運動のために，最も緊要のことと信じる。この意味に於いて我が総同盟は支那に於ける労働状態を調査，研究し，進んで支那に於ける労働組合と密接なる友誼，提携を図るべきである。」[17]

以上2つの決議によって，総同盟は東洋に於ける労働団体との親善を図ろうと計画していた。先の決議の中で，中国での労働会議を提唱しているが，インド，中国，日本の3カ国が中心となって，会議を開催するために，中国を会議の場とすることを提案している。

タイはILO創設時から加盟していたが，日本やインドから労働会議の参加を呼びかけたという記録を見つけることはできなかった。多分呼びかけるにしても，ILOに労働代表が出席していなかったのではないかと思われる。当時タ

第8章　戦前期日本の労働組合とアジア

イはバンコク王朝（ラタナコーシン王朝）による絶対王制の時代であり，1898年に結成された最初の労働者団体として電気軌道労働者団体が存在していたにすぎない[18]。呼びかけるにしても相手がいないという状態であったのである。そこで，日本，インド，中国による労働会議が提唱されたものと思われる。

　1926年4月総同盟中央委員会で「東洋労働会議の準備について」協議した。その結果，同年5月，松岡駒吉，宮崎竜介の2名が中国に派遣された。そこで中国の国民党と社会大衆党との提携に道をつけるとともに，中国での東洋労働会議の可能性を探ることが目的であった。

　当時の中国の労働組合の状況はどうであったのか。1911年清朝が辛亥革命によって倒れ，中華民国が成立した。1912年憲法に相当する中華民国臨時約法が制定されて，言論，出版，結社の自由が保障されたことを受け，労働組合が結成され始めた。ところが袁世凱が率いる北京政府は治安立法や刑法によって組合を弾圧した。1916年袁世凱が死亡して北京政府が衰退するのに対抗して，孫文は1919年に結成された中国国民党を基盤に広東政府を樹立した。第一次世界大戦は中国経済に好況をもたらしたこと，及びロシア革命の成功したことを受けて，1919年におこった5・4運動が契機として，労働組合運動が本格化した[19]。

　1921年7月には中国共産党が結成され，労働運動を指導する機関をもうけて，全国総工会を結成し，プロフィンテルンに加盟した。そして1924年の第一次国共合作によって国民党との協力体制の下で，共産党は労働組合への影響力を強化していった。1925年5月1日広東において中華全国総工会を結成し，正式にプロフィンテルンに加盟した。上海，天津，河南等に支部が結成され，労働争議やストライキが頻発した。日本人が上海で経営する企業でおきた1925年の労使紛争をきっかけとして，ゼネ・ストに発展した5・30事件が有名である。これを指導した上海総工会は解散させられた。しかし，北伐の成功もあって各地でストライキやゼネ・ストをくりかえされた。

　1925年3月12日孫文の死亡後，中国国民党右派の蒋介石が次第に勢力を増し，反共主義を打ち出した。共産主義に対抗する労働組合の結成をはかり，上海や南京で工会聯合総会を組織し，1927年4月12日早朝反共クーデターを敢行した。松岡と宮崎の両名が上海と南京を訪問したのは，蒋介石が指導力を増し，共

産党の指導が強かった労働組合に対抗する組合作りに励んでいた時期にあたる。総同盟も反共主義に立っており，蒋介石に接近していったのは当然の動きであったと思われる。

松岡は中国訪問の様子を総同盟の機関紙「労働」の193号に「東洋労働者提携の第一歩」と題した文章を掲載している。5月18日蒋介石と会見し，社会大衆党の代表として，国民党と社会大衆党による共同調査機関や国際組織準備委員会の設置，国民党の有力者の日本派遣について同意をとりつけるとともに，中国と日本の労働組合の提携の実現の可能性を示唆している。というのは，「総工会は，共産党の指導に委され，不健全極まる労働運動方針に左右されたのであるが，長江一帯，上海南京が，三民主義を奉ずる国民党正統派に支配せらるるや，共産一派は或は逃亡し，或は捕へられて，総工会も全く壊滅し去ったのである。」一方，国民党も労働組合運動に対しても熱心に努力しつつあり，工会組織統一委員会を成立させ，「直ちに各工会の実質を調査し，資格あるものを登録せしめ，現在組合数735，組合員数91万人であって，近く工会代表者会議を開催し，役員を選挙し，7月中に其の組織の完成を見る」という状況があったからである。しかし中国で東洋の労働組合が集まって会議を開くことは実現できなかった。その後国民党と共産党との対立から激しく動く中国の政治情勢から，実現は困難であった。

1928年の第11回国際労働会議に労働代表顧問であった米窪満亮が，帰途イギリスでインド側の労働代表であったバツケール (R. R. Bakhale) と会談し，1929年4月頃，カルカッタで第1回の会議を開催する覚え書きをかわした。バツケールはジョーシと親しい間柄にあり，穏健派とされており，1926年ボンベイ繊維労働組合を結成し，ジョーシが委員長，バツケールが書記長についた。この組合は1926年インド労働組合法によって最初に登録されたことで有名である。

締結された覚え書きのポイントは次の点である[20]。

「1　会議は毎年，国際労働総会開会5，6週間前に，印度，日本，支那及びその他の東洋諸国に於いて，かわるがわる，これを開催す。正確なる日時は構成諸国の労働団体間に於ける交渉，協議によって決定す。

2　会議は印度，日本，支那及びその他の東洋諸国の労働者の代表に

よって構成さる。
3　会議に於ける議題は，国際労働総会の議題に対する論議，東洋諸国の労働者に共通せる問題にして，その解決のためには，国際的協力を要するもの等を包含す。
4　各国の代表は，前年度の会議に於いて採択せる決議に関し，その後，その国に於いて実施されたる情況を報告する義務を有する。
5　最初の会議は印度に於いて，若し出来得るならば1929年，鈴木文治氏議長の下に開催することとす。その後の議長は前年度の大会に於いて決定す。
6　印度のエヌ・エム・ジョーシ，日本の米窪満亮，支那の労働代表が最初の会議の書記となるべく，彼等は，その最初の大会に於いて常任書記に任命さるべし。
7　会議開催地までの旅費は，出席代表一行の自弁であるが，会議開催中の費用は労働団体によって負担さるべし。」

　この会議は正式にILOのアジア地域会議ではなく，ILOの承認を得ない任意の会議である。参加国もILO加盟国に限定はしていない。ILOで討議される問題を話し合うことを中心として，東洋諸国の労働者に共通する問題を議論しようとしている。アジアの労働組合自身による会議の開催の動きである点に注目すべきであろう。

　この会議の予定を受けて，日本側では労働立法促進委員会が結成された。これはILO事務局長であるアルベール・トーマが1928年12月に神戸に上陸した際に，第1回の会議を開いた。これは国際労働条約の批准促進，労働組合法をはじめとする労働立法を促進するために，総同盟，官業労働総同盟，海軍労働組合連盟，海員組合，海員協会の5団体によって結成された。この会議で亜細亜労働会議の規約の草案が検討された。その22条からなる草案のポイントは次のとおりである[21]。

「第二条　会議の目的次の如し
　イ　加盟各国に於ける労働団体を一層緊密ならしむることによってアジア諸国の労働階級の国際的結合を招来すること
　ロ　アジア諸国に於ける労働運動の利益及び活動を国内的に発展助長せ

第3部　アジアと日本の労働組合

　　　しむること
　　ハ　アジア諸国の労働団体の為にその一般的利益を招来すべく活動すること
　　ニ　アジアの労働者に課せられた差別的待遇を除去し人種国籍の相違に拘らず労働条件の平等をもたらすこと
　　ホ　外国の主権下にあるアジア諸国の労働者の搾取を絶滅すること
　　ヘ　アジア諸国に現存する不平等を除去し社会立法が既に十分に発達せる国に於ける労働状態にまで其の標準を向上することに依ってアジア人の生活及び労働条件を改善すること
　　ト　社会立法の発達を促進すること
　　チ　戦争を防止し国際的平和を確立し帝国主義及び資本主義と抗争すること」

　以上のように，日本側は亜細亜労働会議の結成に向けて準備を進めていたが，1929年1月になって，印度から国内の事情により正式の会議は翌年の1930年に延期したいこと，1929年の会合は非公式の準備会にしたいということ，会議加盟を南アフリカまで広げるという3点の申し出があった。

　1929年8月12日神戸で開かれた労働立法促進委員会では，会議の延長には同意したが，南アフリカの加盟には時期尚早という意見が大勢を占めた。南アフリカをいれるならばメキシコもいれる必要があり，これでは有色人種の労働運動であると誤解されるおそれがあるというのが，その理由であった。そこで友誼団体として南アフリカを参加させることを決めた。さらに1929年の非公式の会議には米窪を出席させること，その際提案する亜細亜労働会議の規約，議事規則，結成大会議案等を決定した[22]。

　そこで，13回ILO労働会議の代表顧問であった米窪は1929年9月11日と12日，ボンベイで会議を開催した。インド側がこれを非公式としたのは，ジョーシとチャマン・ラルとも用事のために出席できなかったためである。代わって副議長のシバ・ラオら執行委員12ないし13名と会談して，第1回亜細亜労働会議の結成についての覚え書きを取り交わした。インド側は規約や議事規則についての対案を準備していなかったために，日本側が提案した内容でほぼ決まった。

第8章　戦前期日本の労働組合とアジア

　それによれば，1930年4月はじめか終わり頃開催すること，ボンベイで開く予定であるが，それがだめな場合にはジュネーブに赴く日本と支那の代表の乗船の関係でマドラスになるかもしれないこと，期間は1週間とすること，議題は，「明年度の国際労働総会議題を審議する外特に印度，日本，支那に於ける繊維工業労働者に関する問題」とすることに決まった。繊維工業はダンピング問題で日本とインドが対立している問題であったので，取り上げることになったと思われる。

　さらに亜細亜労働会議規約草案について一応の合意がなされた(23)。そこで問題になった第一点は，この会議の目的である。日本側は「赤色労働組合インターナショナルの主義を排する」という文言を入れることを主張したが，インド側はそれではAITUC内の統一が保てないとして，「民主主義及労働組合主義」という文言に変更することを提案した。「民主主義」は共産主義又は労働者の専制と正反対の表現であり，「労働組合主義」は第三インターナショナルの主義に正反対の意味であるという了解のもとに，インドの提案を了承した。第二点は会議を構成する労働団体をどうするかであった。加盟団体を広げるために，恒久性のある協議機関も含めることになり，加盟団体を表す言葉をNational Trade Union Centerとせず，National Trade Union Unitという表現を用いることに合意した。

　この覚え書きを受けて，1930年12月11日開かれた労働立法促進委員会で，その覚え書きを了承した。

　この覚え書き作成の経過に見るように，次の問題が生じていた。そのために会議の開催が危ぶまれていた。インド側の事情であるが，この会議を推進するナショナル・センターであるAITUCの構成組合の中に，プロフィンテルンの影響を受けた組合がいたが，日本側はこの組合を会議から除外することを要求した。これに対して，インド側は日本の要求はAITUC内部の紛争を引き起こすこと，それに乗じてイギリスが組合の弾圧に乗り出してくる懸念を表明した。

　この懸念どおり，1929年11月28日から開かれたAITUC執行委員会で，プロフィンテルンの主催する太平洋労働組合会議に加盟し，勅命労働調査委員会(Royal Commission on Labour)のボイコット，ILOの否認，亜細亜労働会議の支持の決定を取り消した。さらに1919年設立され，共産主義にもとづき活動

第3部　アジアと日本の労働組合

するギルニ・カムガール・サング (Girni Kamgar Sangh) に AITUC への大会代議員派遣資格を承認した。これは AITUC 内で左派が右派を上回ったことを示している[24]。

1920年代の後半は労働争議が頻発し，労働運動の左傾化が見られた。1928年にはストライキ件数203，参加労働者数は50万6851人であった。その中で，ボンベイの綿紡績工場でのストライキは，インド労働運動史上最大のストライキとして記録されている。さらに，ジャムシェドプールのタタ製鉄所でも5カ月におよぶストライキが実行された。この頃独立運動と結びついて社会主義，共産主義がインドに広がっていき，労働運動にもその影響が現れはじめた。

政府は1922年工場法，1923年鉱山法，1926年労働者災害補償法，労働組合法を制定する一方，共産主義活動を抑制するために，1929年インド総督が治安令を発布した。1929年3月，指導的な共産主義者32名を逮捕し，裁判のためにウッター・プラデシ州のメーラットに送られて，裁判が行われた。これが有名なメーラット事件 (Meerut Communist Conspiracy Case) である。このような政府の弾圧にもかかわらず，AITUC では左派が指導権を握った。そこで穏健派は1929年11月，ナグプールで開かれた AITUC 第10回大会の時に，AITUC から別れて，インド労働組合連盟 (India Trade Union Federation) を結成した。42組合中24組合が AITUC を脱退した。ラル，ジョーシ，ギリ (V. V. Giri 独立後インド大統領になる) らが中心となって結成された。1931年には AITUC はさらに分裂して，デシュパンデ (S. V. Deshpande) を中心として全インド赤色労働組合会議 (All India Red Trade Union Congress) が結成された。1929年から31年にかけてインドの労働運動は内部の対立と政府による弾圧をうけて，しだいに停滞期にむかっていった。そのために亜細亜労働会議のインドでの開催が危ぶまれた。

中国の参加問題であるが，1927年5月国民党と共産党の対立抗争から，第一次国共合作が崩壊し，南京に国民政府が樹立された。1928年10月，西尾末廣が衆議院議員支那視察団に加わり，国民党政府を訪問して，日本労働総同盟の1928年大会で中国国民党に対して「中国革命の進行に対して敬意を表したメッセージ」を手交し，同時に亜細亜労働会議の実現のために中国に出席を依頼している[25]。

第8章　戦前期日本の労働組合とアジア

　1929年3月の第3回全国代表会議で，労働組合に対する統制権は国民党が掌握することを決議した。これは労働組合をはじめ，すべての団体を国民党の指導の下におき，共産党と対決することを示したものである。そのために国民党統治地域において登録された組合は，黄色工会とよばれる御用組合であった。そのために，「蒋介石のクーデターで組合が撲滅されたあとの官製団体には参加資格なし」という理由で，これらの組合を亜細亜労働組合会議に加盟させることはできないと判断された(26)。松岡と宮崎が中国を訪問した時とは逆の判断に変化していたのである。

　しかし，一方中国の参加を求める運動も行っている。1929年8月米窪がインドに出発したが，その途中で上海に立ち寄り，上海総工会の幹部に会って参加を要請しているし，またボンベイでの交渉の後ジュネーブで第13回総会に出席し，中国側の労働代表の梁徳公，顧問の求乗哲に会い亜細亜労働会議への参加を要請している。米窪は南京政府労工局に手紙を書いたが，何の返事もなかったという(27)。

　中国側からみれば，日本が中国への侵略政策を強化させていたことに反発していた。1927年6月から7月田中義一内閣の下で開かれた「東方会議」で，「対華政策綱領」を決定して中国への侵略拡張政策を立てた。蒋介石率いる国民軍に敗退した張作霖が1928年6月3日爆死し，1931年9月18日関東軍が柳条湖の南満州鉄道を爆破して，瀋陽（奉天）を襲撃して，いわゆる満州事変を引き起こし，中国への武力侵略を開始した。このような状況の時に，日本がリーダーシップをとって結成しようとしていた亜細亜労働会議に，招待をしても中国側，特に国民党側に立つ労働組合が応じたであろうか。

　1929年のAITUC執行委員会での決議によって，亜細亜労働会議は無期延期になった。鈴木文治は第14回国際労働会議の演説の中で，次のように述べている。「本年印度に開く筈であったアジア労働会議の第一回会合は不幸にも赤色労働組合インターナショナルの陰謀によって印度労働組合運動の統一が破壊せられた為延期せざるを得なくなったが，吾々は力を落すことなくその実現に努力するであらう」(28)。これは，プロフィンテルンとの対抗意識から亜細亜労働会議をぜひとも実現したいという鈴木の強い意思が示されているといえよう。

　その後日本は，国内では1933年9月開かれた日本労働組合会議（労働立法促

159

第3部　アジアと日本の労働組合

進委員会を1932年4月に拡大した組織）第2回大会で，「亜細亜労働会議結成促進に関する件」が決議されている。その際に決議された亜細亜労働会議要綱は次のとうりである(29)。

「一　会議は毎年一回日本，印度，支那其他の加盟国に於て交互にこれを開催す，正確なる時期は構成国の労働団体間に於ける交渉協議により決定す。

二　会議は印度，支那及其他のアジア諸国に於て健全なる労働組合主義を指導精神とする労働団体によって構成さる。

三　会議に於ける議題は国際労働総会の議題に対する論議及アジア諸国の労働者に共通せる問題にしてその解決の為めに国際的協力を要するもの並びに亜細亜労働会議と他国又は他の大陸に於ける国際労働運動との連絡又は協力等に関する方法等の諸問題を包含す。

四　各国の代表は前年度の会議に於て採択されたる決議に関し其後その国に於て実施されたる状況及加盟各国の労働運動社会状勢，経済状況，労働法制等を報告する義務を有す。

五　最初の大会は会議結成直後日本に於て開催するものとす。

六　会議開催地までの往復旅費は出席代表一行所属団体によって支払はるべく，会議の費用及会議開催中の宿泊費等は開催国に於てそれを支弁するものとす。

七　会議の目的，目的達成の方法，組織，機関，会計等に就ては，亜細亜労働会議規約に於て規定すべく，右規約は1929年9月印度孟買に於て開かれたる亜細亜労働会議結成準備会に於て日印両代表者によって採択されたる規約草案を参考とす。」

国外では，国際労働会議の際に，亜細亜労働会議の開催の努力をしてきた。それを一番よく示しているのが，1931年の第15回総会で，アジア地域だけの三者構成の労働会議を召集すべきであるという決議が採択されたし，1936年第20回総会では，インド代表のフレー（Rao Sahib R. W. Fulay）と日本の労働代表である河野密（全労働組合総同盟副会長）の共同提案で，1931年の決議を実施するための措置を取るべきであるという決議が採択された(30)。しかし，インド側の組合の内部事情が，それを難しくしていた。

第 8 章　戦前期日本の労働組合とアジア

　それが，1934年になって，インドから「本年2月，印度に於いては，労働戦線の統一が実現せられると同時に，本年に亜細亜労働会議結成準備に関する件も非公式ながら決定され，印度側は右準備会議を第18回国際労働総会前に印度ボンベイ又はマドラスに於いて開きたい」という申し入れが日本に届いた。このインド側の代表は AITUC ではなく，ITUF に所属していた。

　この当時 AITUC，RTUC，ITUF の3つの組合が対立する状態であったが，それを統一する動きが出てきた。1931年，1932年に労働戦線を統一するための会議が開かれたが，成功しなかった。その過程で穏健派に属する組合が，ITUF を発展的に解消して新しい組織を結成した。それが1933年4月カルカッタで結成された全国労働組合連合（National Trade Union Federation）であった。その結果 AITUC，RTUC，NTUF の3組合が併存することになったが，RTUC は1934年 AITUC に合流することを決議した。後は AITUC と NTUF の合併が残り，それをめぐって話し合いがおこなわれ，1938年に正式に合同が実現した。ここで再びジョーシが書記長に就任した。インド側からの申し入れがなされた時期は，労働戦線統一の機運が高まっていた時である。

　これを受けて，1933年9月日本労働組合会議の執行委員会で協議し，「一　菊川労働代表一行を以って，この問題につき支那，印度二国側と折衝する代表者とし，鮎沢氏の協力を依頼すること。二　会議地としては，セイロン島コロンボを希望し，印度側の都合によってジュネーブに於いてなすこと。三　規約，宣言等は確定的なものとしないこと」を決定した[31]。インド側の全国労働組合連合は1933年4月の第1回大会で，亜細亜労働会議結成の件が満場一致で採択しており，その後の日本労働組合会議の提案も了承した。

　開催地としてセイロン（現在のスリランカ）のコロンボを希望したのは日本側である。なぜなのか。その理由を示す資料は見つからなかった。多分当時はジュネーブに行くために船を利用していたが，セイロンはその通り道であったためではなかろうか。ただセイロンは当時まだ ILO に加盟していなかったので，どこでセイロンと接触する場があったのであろうか。インド側がセイロンの組合を代表する者と接触することを期待して提案したのであろうか。セイロンもインドの植民地であったので，イギリス側がこの会議に反対して，セイロンへの上陸の許可がおりない場合には，乗船する予定であった伏見丸の船内で

161

開催することを日本側は覚悟していた。

たしかにインドで開催するのが困難な状況になっていたことは確かである。それはインド独立運動が盛り上がりをむかえていたからである。労働組合の活動家は独立運動の重要な担い手であり，指導者でもあったために，独立運動が重要な局面をむかえていたこの時期に，亜細亜労働会議の準備に時間が割けなかったと思われる。1927年マドラスでのインド国民会議派の大会で，インドの完全独立を目標とすることが決定され，ガンディーの指導のもとに抵抗運動（サッチャーグラハ）が繰り広げられた。1930年1月から第二次非暴力的抵抗運動が実施された。3月にはアフマダーバードからダーンディーまでの塩の行進を行い，製塩運動を呼びかけ，製塩を禁止しているイギリスの植民地政策に反対し，反英運動を巻き起こした。それを受けて各地で武装蜂起が起きた。イギリスが集会やデモを禁止するとともに，ガンディーらを投獄した。31年3月ガンディー・アーウィン協定で運動を休止したが，1932年1月から再び抵抗運動を開始した。またガンディーやネルーらが逮捕され運動の後退をよぎなくされた(32)。そこで独立運動を支える母体の強化の必要性から，3つに分裂していた労働組合の統一の機運が高まったのである。以上の政治上の動きから，インドで亜細亜労働会議を準備することが難しいと判断されたのではないかと思われる。

(3) 亜細亜労働会議（第1回会議）の結成

1934年5月菊川忠雄代表がコロンボに立ち寄り，10日に日本，インド，セイロンの代表が集まり，結成のための会議が開かれた。議長にはセイロン労働党の党首であって，全セイロン労働組合会議（All-Ceylon Trade Union Congress）の議長であるグーネシンハ（A. E. Goonesinha）が選ばれた。彼はセイロンでの最初の労働運動指導者とされ，1922年にセイロン労働組合を結成したが，1928年8月にセイロン国民会議派の穏健派と別れて，セイロン労働党と全セイロン労働組合会議を結成した(33)。イギリス労働組合会議の活動をモデルとして，使用者団体と労働協約をはじめて1929年6月に締結した。ところが，セイロンでは1930年代から共産主義者が力を持ち始め，グーネシンハの指導を批判しはじめていた。しかし，亜細亜労働会議が結成された時は，グーネシンハはまだ

労働運動の中で力を保っていた。イギリスは共産主義が労働組合に広がることを恐れ，強制登録制度を取り入れた労働組合令を施行することを考慮していた時期であった。この労働組合令は翌年の1935年に施行された(34)。

参加国は日本，インド，セイロンの3カ国であった。日本から4名，インドから3名，セイロンから6名，オブザーバー2名が参加した。中国には招待状を送ったが，国際労働会議出席の為にジュネーブに赴く途上であったために出席できなかったとされているが，参加を拒否するのを避けるための措置だった可能性があると思われる。これに対して日本労働組合会議書記局はこの会議に中国のILO労働代表が出席するよう奔走したが，実現しなかった。

亜細亜労働会議では，20条からなる規約を決め，次の決議をおこなった(35)。

「一　総会会議に締盟国の植民地及従属国が直接代表者の選出権を確保すべきことを国際労働事務局に要求する。

二　締盟国は其の批准せる条約を其の植民地及従属国にも適用すべき義務あるが如き措置を採ることを国際労働機関に対し要求する決議。

三　国際労働機関主催のもと三部制の亜細亜労働会議を召集する件に関し，1931年通過せる決議に対し国際労働機関の注意を喚起する決議。

四　国際労働機関理事会の少なくとも2の席を亜細亜労働階級に割当てることを要求する決議。

五　会議は労働組合国際連合に対し共通の利害関係ある一切の事柄に対し充分なる協力を確保する決議。」

これらの決議はアジアの労働者の権利の拡大のために，ILOへの要求という形でおこなっている。亜細亜労働会議がILOの正式の地域会議となることを求めている。

役員は次のように決められた。

「議長　　　日本（労働組合会議に依り指名される筈）
副議長　　印度，支那，セイロン
　　　　　（関係諸国の労働組合の中心組織体によりて指名さる筈）
書記　　　1名は日本労働組合会議に依り指名せらるる筈，1名はバックハールで直ちにその職務を行うべく会議に依り任命されたり。」

第3部　アジアと日本の労働組合

次の会議を1936年インドで開催することが合意された。

この亜細亜労働会議の結成について，詳細な報告として日本海員組合と日本労働組合会議編『亜細亜労働会議結成経過』があるらしい。このことは中村菊男『松岡駒吉伝』[36]に記述されているが，現物を見ることはできなかった。会議に出席した菊川忠雄は，帰朝のあいさつの中で，「我々の関係した仕事の一つ，アジア労働会議は，十年来の懸案でありましたが，先輩，同志の努力の後をうけて，今回結成に至りました。将来，アジアのおくれた労働条件を向上するため，アジアの労働階級の政治的自由のため，更に全世界労働階級の解放のための礎石が生まれたものであります。」「アジアの労働会議と言ひ，また今回の国際労働会議と言ひ，いずれも永続的な仕事であって，一回の会期だけで目に見えた効果を期待することは無理であります。」[37]と述べている。

(4)　第2回会議の開催の準備

インドで第2回の会議を開催する予定であった。そのために1935年の第19回国際労働会議に出席した日本，インドの労働代表が会合を開いた。第1回目の会合は6月13日開かれたが，日本からは労働代表である八木信一（日本交通労働総連盟），顧問の原虎一（全日本労働総同盟副主事），加藤，井出，国際労働事務局から鮎沢巌，上井，萩島の3名，インド側からムダリアー労働代表，ILOインド支局長ピライの2名が出席した。この時は日本側の主催であったために，中国側は呼ばれなかった。ちょうど北支事件が起こり，対日感情が悪化していた時なので，招待しなかった。6月24日の2回目の会合には，インド側の招待として中国の労働代表顧問である商工省の役人が出席した。

この時日本側が日本での開催を提案した。インド側が旅費を日本が考慮してくれることを条件として，賛成した。これを受けて日本労働組合会議は8月25日の執行委員会で，1936年4月頃に亜細亜労働会議を開催することを前提に検討することを決めた。ILOの第73回労働理事会がジュネーブで開かれた際に，10月26日ジョーシと米窪が会談して，1936年春に日本で開催することに合意した。労働組合会議は1936年4月8日から3日間，東京で開催することを決定し，準備にとりかかった。

中国側の参加問題について，松岡は社会大衆党の麻生久，亀井貫一郎ととも

に，ちょうど日本に来ていた王正廷と11月4日会見し，中国の参加を要請した。中国側は満州国代表が出席しないという条件ならば出席するという回答をおこなったが，亜細亜労働会議は政治的立場を越えて亜細亜の全労働階級の提携融和を目的とするので，そのような条件は撤廃して出席され，日支の労働階級の国際的協力を計るよう十分考慮することを日本側が要請した。これに対して，「王は主旨は十分諒承したる由回答したるものの如し」とされていた[38]。しかし最終的には中国側は参加しなかった。日本の中国侵略が中国側が参加しなかった原因であった。

日本側は1936年4月の開催にむけて準備をすすめたが，再びインド側の事情によって延期され，1937年5月17日から3日間の開催となった。インド側の事情というのは，1935年インド統治法が成立したが，それが1937年4月1日より実施されることになり，それへの対応に追われたことと，AITUCとNTUFとの合併問題の交渉が大詰めを迎えていたこと，さらに経済危機から1937年から38年にかけて，労働運動が盛り上がって大きなストライキが頻発し，それへの対応に忙しくなったことである。

(5) 第2回亜細亜労働会議の内容

1937年5月17日から3日間，東京芝区三田四国町の日本労働会館[39]で第2回亜細亜労働会議が開催された。参加したのは日本とインドだけであった。セイロン，フィリッピン，パレスティナも参加を予定していたが，参加しなかった。セイロンは選挙のために出席できなかった。結局日本から12名，インドから5名，その他東京市社会局長ら約70名が来賓及び傍聴者として参加した。

この当時日本においてはしだいに労働組合運動がやりにくくなっていた。1933年3月27日日本は正式に国際連盟を脱退していたし，1936年2月には2・26事件がおきている。そのために戒厳令がしかれ，1936年のメーデーは禁止されている。この亜細亜労働会議が終了した後，1937年7月蘆溝橋事件がおきている。しだいに軍事色が強まる時期に亜細亜労働会議が開かれたことになる。この時期は先の国際連盟脱退を受けてILOからの脱退が議論されていたころでもあった。

日本からの参加者は次の者である。

第3部　アジアと日本の労働組合

鈴木文治（日本労働組合会議顧問），松岡駒吉[(40)]（日本労働組合会議議長），堀内長栄（日本海員組合長），米窪満亮（日本海員組合副組合長），西尾末廣（全日本労働組合総同盟副会長），川村保太郎（官業労働総同盟主事），八木信一（日本労働総連盟会長），鈴木倉吉（海員協会主事），岩永栄一（東電従業員組合長），岡崎憲（日本港湾従業員組合長），平野安蔵（東京瓦斯工組合長），伊藤栄次郎（日本製陶労働組合同盟会長）。

インドからの出席者は次の者である。

バツカレー（R. R. Bakhale　全労働組合連合会主事），カルカレー（G. D. Kalkahle　インド鉄工組合主事），チェッテイ（G. Chelvapathi Chettiar　マドラス労働組合主事），イチャポリー（P. D. Ichapori　タタ製鉄労働組合幹部），チョーナ（P. N. Chouna　タタ製鉄労働組合幹部）。

会議は，まず堀内長栄が開会を宣言し，議長に鈴木文治，副議長にバツカレーと米窪満亮，書記に菊川忠雄，カルカレーが決まった。ついで松岡駒吉が歓迎の辞を次のように述べた[(41)]。

「茲に歴史的な第2回大会を開催することの出来たことを深く喜ぶもので，各国共今や国家社会の情勢は猜疑の眼を以て其推移を見られる折柄，労働者の団結に依り平和と経済的打開を念願する我等同志の会合は意義深きものである。勿論我等は無用な猜疑と危惧を抱く基となる国家主義，国民主義，ファッショには反対するもので諸君も亦同様であると思ふ。反資本主義，反共産主義は言う迄もなく亜細亜労働会議を持つに至った事は印度諸氏の熱烈なる支持ありしに依ることは勿論であるが，又我日本に於て日本労働組合会議参加団体10組合28万といふ我組織労働者の8割に近いものが礎石となった事を思ひ，之亦深甚なる敬意と感謝を払ふものである。亜細亜と言ふ限り支那を無視することは出来ないのであるが，当時支那は容共政策を採らざるを得ない状態にあった際で遂に参加し得ず，今日其の時期に到達しない事を遺憾に思ふのである。

而して仏教渡来当時より今日迄日本は印度より得る處が少ないと思ふ。経済的には今日日本は印度より綿花を得なければ立ち行かない実情にある。先般日印商会の際に我等の主張を入れて会商に参加せしめたならば円滑に而も両国民の為に幸福となったことと思はれるも，遂に其の効果

第 8 章　戦前期日本の労働組合とアジア

を得るに至らなかったことは遺憾である。
　今日日印の二国に止る此会議も今後亜細亜より世界労働階級の正義の聲を発する根拠となす会議たらしむる為，支那，フィリッピン，蘭領印度等を加ふることが望ましいことである。」
　バツケールはこれに対して謝辞を次のように述べた。
「私共は此度日本に上陸以来国賓の如き歓迎を受け實に感謝に堪えない。
　私達の前途には幾多の困難が控へて居りますが，日本の諸君と協力して一日も速かに資本主義的弾圧や白人の支配を克服して行かなければならない。」
　次に祝辞や祝電の披露がなされた。東京市長（社会局長澤逸興代読），印度からジョーシ（バツケール代読），国際労働事務局長ハロード・パトラー（東京支局長鮎澤巌代読），国際労働局東京支局長鮎澤巌[42]，社会大衆党委員長安部磯雄（亀井貫一郎代読），セイロンからグーネシンハ，上海総工会からの電報が読み上げられた後，鈴木文治が次のように挨拶した。
「（前略）
　労働階級の国際的提携の必要は我がアジアに於ても多年力説せられて居りますが，実際問題となると金力や権力なき労働階級がアジアの同一場所に代表者を送り相会すると云う事は至難の事であります。此の困難を三年前にはコロンボに於て，今回は東京に於て関係した次第であります。
（中略）
　我等亜細亜の労働階級既に二世紀の久しきに亙り，人種並に民族更に又資本主義的並に帝国主義的に見て実に二重の不平等を以て取扱はれて居ります。亜細亜大陸は世界の三分の一の土地と二分の一の人口と無限の生産的物資を持って居ますが，欧州及びアメリカを中心として先進した世界資本主義から遅れること約一世紀，今日漸く後進の新興産業国として世界の一環を為しつつあります。其の故に此の後進産業大陸はかっては世界資本主義に採っては豊富なる資源，低廉なる労働及広大なる市場として取り扱はれ政治的経済的社会的に世界の水準から取り残されて居りました。此不平等の待遇に対して屢々民族的人種的合理化が試みられて参りました。

第3部　アジアと日本の労働組合

　　　然し今日ではアジア大陸諸国も新興産業国としての整備を見るに至って
　　居りますが，其一国の産業の方針政治経済社会の諸施設は何れも先進資
　　本主義諸国の方針と手段を移植しつつあります。先進資本主義諸国と競
　　うために後進資本主義を以てすればアジアの労働階級は新興産業国の発
　　展の為めの犠牲を新にするものです。従来屡々亜細亜の特殊事情なるも
　　のが此犠牲を合理化しようとして居ります。
　　　我々はアジア諸国にはアジア的な諸種の特殊性が厳として存在する事実
　　を否定せんとするものではありません。のみならず資本主義に依る均等
　　化の作用に於て遅れているアジア諸国民にとって，又夫れが極めて広い
　　地域に渉り相互の関連が円満でない交通事情の下に於て更に又夫々の国
　　民に歴史的伝統と民族的根拠の比較的多い事情の下に於てアジア諸国に
　　は各国民相互の関係の中にも又夫々の国民生活自体の中にも相当の重要
　　性を以て評価すべき何物かが存して居る。（中略）此の亜細亜に生を受
　　けた日本，印度，支那，比律賓，蘭領印度，ジャバ等亜細亜の労働者が
　　人種を超越し相提携して進んで行きたいと思ひます。生まれて間もない
　　亜細亜労働会議は余り期待出来ないかも知れない。然し益々提携して今
　　後根強き努力を為し本大会の目的たる帝国主義資本主義と抗争し進んで
　　国際平和を期したいと思ひます。」

　つづいてバッカレーおよび米窪による会務報告がおこなわれて，満場一致で
承認した後，資格審査委員会の報告および起草委員として鈴木，米窪，バッカ
レーを選んで午後1時半に，第1日の行事が終了した。夜は鈴木文治議長主催
のパーティがあった。
　第2日目に11の決議案の審議がおこなわれ，日本側代議員と印度側代議員が
提案理由の説明と賛成演説をおこない，いずれも満場一致で可決した。11の決
議案についての事前の打ち合わせによって合意を取りつけていたので，審議は
形式的におこなわれたようである。決議された内容は次のとおりである。
　①　国際経済会議開催要望に関する決議
　これは世界的な経済不況によって多数の労働者が失業に追い込まれている事
から，この問題解決のために第20回国際労働会議で国際経済会議の開催が決議
されているにもかかわらず，まだ実現していないので，この開催を要望した。

168

この会議で労働者の利益が擁護されることを要望している。
　② 基本的労働問題解決に関する決議
　アジア諸国の政府に対して次の問題の解決を要請することとした。失業防止のために週40時間制と時間外労働の厳重なる規制，物価騰貴その他インフレーションの影響に対応する賃金の引き上げ，為替の操縦防止のための通貨の国際的統制，公債の募集と公共事業の実施，15歳以下の児童労働の禁止，最低賃金法制，社会保険制度の制定，義務教育制度の樹立がとりあげられている。
　③ 国際労働条約に於ける「除外例」条項撤廃に関する決議
　除外例が国際的な労働条件の標準を樹立する妨げになっていること，さらにこの除外例のためにアジア諸国が国際会議で批判を受けていることから，この除外例を撤廃して世界各国を通じて一律に適用されることを要請している。
　この問題は現在も続いている問題である[43]。経済発展に国々の間で格差があるために，経済発展の遅れている国では使用者側が除外例条項を求める傾向にある。一律の労働条件が適用されれば，経済発展にブレーキがかかるという見解を持っているからである。これに対して組合側が除外例の撤廃を要求しており，国際レベルの労働条件をアジアにも適用することを求めていることになる。
　④ 亜細亜三部制会議に関する決議
　亜細亜に於ける大衆の経済的社会的条件を改善するために国際労働機関の支持のもとに，政労使の三者によるアジア労働会議の組織を提唱している。1931年15回総会と1936年の20回総会でアジア委員会の設置が決議されており，その早期の実施を要望したものである。松岡駒吉は1937年6月から実施するよう国際労働局に要求することと，「紀元2600年」（1940年）には日本で開催することを提唱した。
　この決議が効を奏したしたどうかは分からないが，1937年6月のILO理事会で国際労働総会の会期中にアジア諸国の代表および関係国の代表が非公式に会合することが決定された。これを受けて1937年6月7日と14日にこの非公式会合が開かれた。参加したのは次の13カ国の政労使の代表であった。アフガニスタン，アメリカ合衆国，イギリス，中国，フランス，インド，イラク，イラン，日本，オランダ，ポルトガル，シャム，ソビエト連邦の13カ国であった。

169

第3部　アジアと日本の労働組合

この会合ではアジア労働総会を開催することは当分見込みがないという意見が大勢を占めていた(44)。

⑤　労働者団結権に関する決議

団結権の自由及び労働協約の権利が公認されていない国が多数あること，およびファシストの運動が労働者の団結権を蹂躙しつつあり，アジアの労働者の上にせまりつつあることから，労働組合法を制定して，団結権と協約締結権の法認を要望している。インドでは，イギリスの植民地であったが1926年労働組合法が制定されていた(45)。ところが日本では労働組合法案が何度も議会に提案されながら，いまだに成立していないことから，この決議が政府への圧力となることを期待したものである。労働組合側は結社の自由や団結権の保障のために労働組合の法認をもとめて日本国内で運動を進めていたが，ILO労働側代表によってILOの場でもとりあげられていた(46)。

⑥　民族的差別待遇撤廃に関する決議

近接諸国では同一産業内の労働条件が均一化されることが必要であること，さらに労働の移動の自由が国際的要求となりつつあることから一切の産業内に於ける労働条件の民族的差別の撤廃を要望している。

これは日本にとって重要問題である。在日朝鮮人や朝鮮・中国に進出した日本の紡績工場等に雇用される朝鮮人・中国人労働者に対する差別的待遇問題に労働組合としてどう取り組むかという現実的な問題に直面しており，この決議はそれへの取り組みの1つであった。たとえば1925年5月30日上海でおきた「5・30事件」は，内外綿紡績工場での中国人労働者の悲惨な労働条件から生じたストライキが引き金であった。昼夜二交替の12時間労働で，夜勤でも割り増し賃金を払わず，貯蓄金の名目で天引きしていた。日本の紡績工場と同じことを中国でおこなっていた。このストライキに対して会社が工場を閉鎖したために，労働者と警備員や警察官との間で衝突がおき，労働者が死亡する事件がおきた。これに抗議した学生が逮捕され，イギリス警察官の発砲によって死者15名，重傷者15名をだした。これがきっかけで上海総工会が結成され，中国全土でストライキがおこった。鈴木文治は第7回国際労働会議労働代表としてジュネーブにいく途中上海に立ち寄り，紡績工場をみており，問題解決の必要性を痛感していた(47)。

第8章　戦前期日本の労働組合とアジア

⑦　植民地並びに半植民地に対して国際労働条約案を適用すべき決議

　植民地および属領の代表が国際労働総会に出席できるような方策を講ずること，さらに宗主国は国際労働機関で採択された条件を植民地および属領にも適用すべき義務をおうような措置をとることを要望している。

　インドはイギリスの植民地であったが，ILOに加盟することが認められていたし，1928年にはニューデリーにILOの支局が設置されていた。さらにILO条約を批准して適用することが認められていた。

　問題は宗主国としての日本である。この決議から言えることは，すでに日本は朝鮮，台湾，満州を植民地としており，そこの代表を国際労働会議に送ることや，さらに国際労働条約を適用することを求めていることになる。これは日本労働組合総同盟が植民地の労働問題についてILOを利用して解決しようとしていることを示している。この問題をめぐっては日本の労働組合間で対立があり，総同盟がその1つの立場を代表している(48)。

⑧　治外法権地域に於ける労働条件の向上に関する決議

　治外法権地域における労働者の公正な労働条件を確保するために，この地域で企業を営む雇用主は自己の属する国の労働および社会立法の適用に服すべきことを定める条約案を採択することを要望している。

　たとえば中国においてイギリス，フランス，ドイツ，日本等が租界を持ち，その地域内で治外法権を行使して，自国民と中国人との差別的取扱がなされている。それを労働の面にかぎっているがなくしていこうという要求である。

⑨　国際労働条約案の批准促進に関する決議

　アジア諸国の批准する国際労働条約は極めて少ないことから，批准を促進することを要望している。この決議がなされた1937年当時成立していた国際労働条約は1号から58号までであったが，日本が批准をしていたのは2号（失業に関する条約），5号（工業に使用しうる児童の最低年齢に関する条約），7号（海上に使用しうる児童の最低年齢に関する条約），9号（海員に対する職業紹介所設置に関する条約），10号（農業に使用しうる児童の年齢に関する条約），15号（石炭夫又は火夫として使用しうる年少者の最低年齢に関する条約），16号（海上に使用せらるる児童及年少者の強制体格検査に関する条約），18号（労働者職業病補償に関する条約），19号（労働者災害補償に付いての内外人労働者の均等待遇に関する条約），21号（船中に於

171

ける移民監督の単純化に関する条約), 27号(船舶に依り運送せらるる重包装貨物の重量標示に関する条約), 29号(強制労働に関する条約), 42号(労働者職業病補償に関する条約)の13の条約であった。批准率は22%であった。この後1938年に50号(特殊の労働者募集制度に関する規律に関する条約)が批准されたが,戦前の批准は14の条約だけであった。批准率をみれば現在より高い数字であるが,当時では低い数字とされていた。インドをみれば,1937年当時までに批准されていたのは1号(工業的企業に於ける労働時間を1日8時間1週48時間に制限する条約), 4号(夜間に於ける婦人使用に関する条約), 5号, 6号(工業に於いて使用せらるる年少者の夜業に関する条約), 11号(農業労働者の結社及組合の権利に関する条約), 14号(工業的企業に於ける週休の適用に関する条約), 15号, 16号, 18号, 19号, 21号, 22号(海員の雇入契約に関する条約), 27号, 41号(夜間に於ける婦人使用に関する条約)の14の条約であった。数の点では日本とほぼ同じであった。ただし批准をした条約の半分は異なっている。1937年当時アジアの中でILOに加盟している国として,1919年加盟のタイ,中国と,アフガニスタン(1934年),トルコ(1932年)だけである。タイはまったく批准をしていなかったし,中国は13の条約(7号, 11号, 14号, 15号, 16号, 19号, 22号, 23号, 26号, 27号, 32号, 45号, 59号)を批准していた。

⑩ 亜細亜労働会議加盟勧誘に関する決議

アジアにおける植民地や半植民地はILOに代表を送ることができない実情にあるので,本会議に加盟することを促進するために各国に議長および主事を出張させることを決議した。

⑪ 労働者団結権其の他調査に関する決議

団結権,協約,罷業の実施,労働法規や行政等についての調査報告を速やかに作成発表することを決議した。

この決議を見るとILOに対する要望が中心を占めていることが分かる。もともとILOのアジア地域会議となることを前提に開かれた会議であるので,当然であろうが,この段階ではまだ正式のアジア地域会議にはなっていない。しかし国際労働局から東京支局長の鮎沢巌が出席しており,ILOとのかかわりがはっきりと読み取ることができる。鮎沢はこれらの決議の内,第1と第7の決議については努力する旨の意見を述べ,第8の決議については実際上の取扱

第8章　戦前期日本の労働組合とアジア

に困るという意見を表明している。

決議案の討議が終わった後，インド側代議員一行が日本側を夕食に招待した。

第3日には，午前10時半に開会し，最初に米窪より，インド国民会議議長ネールからの電報とパレンスタイン労働総同盟からの電報は披露された。次に次期大会を1939年ボンベイで開催したい旨の提案がインド側からなされ，承認された。

次に役員改選の議題がはかられた。インド側から鈴木文治を議長を続けてほしいという提案がなされ，日本側からは副議長としてジョーシとグーネシンハ，およびパレンスタイン労働総同盟が推薦する人を推したいという提案があり，さらに主事として米窪とバッカレーの2名を推薦した。これらは満場一致で可決された。

インド側，日本側がともに感謝の挨拶があった後，鈴木議長が閉会の辞を述べて，3日間の大会が終了した。

この会議にたいして，ILO はどのような役割を果たしたのであろうか。ILO 事務局長は参加していないが，その代理で ILO 東京支局長の鮎沢巌が出席している。討議の場での発言は ILO の考えを述べており，この亜細亜労働会議をバックアップしていることがわかる。この会議の結成段階から，ILO に勤務する日本人職員は通訳として日本とインド側との橋渡しをおこなっており，側面から援助していたと思われる。

プロフィンテルン執行委員であった近藤栄蔵はプロフィンテルン機関紙1926年3月号で，鈴木文治の提案は ILO 事務局長であるトーマからでたものであり，中国の反帝闘争の原動力である労働組合に対する影響力確保を狙ったものであるという批判をおこなっている[49]。アルベール・トーマは日本，中国，インドを訪問しており，その時に労働組合の代表と話し合っていたであろうと思われる。さらに鈴木文治自身もトーマが来日した時や ILO の場で当然会う機会は多かったであろうし，亜細亜労働会議について話し合う機会もあったであろう。しかし，トーマは「東洋のみの会議を開くよりも，まず総同盟としてアムステルダム・インターナショナルに加盟した後，おもむろにその1分派としてこれを開催しては如何」[50]という意見であったので，トーマが積極的であったとは思えない。結成のために指導力を発揮したのは鈴木文治の方である。

ILOが前面にたって結成に努力したという解釈は難しいと思われる。

この第2回亜細亜労働会議が終わったあと，河野密が反省文を書いているが，それでは，「出席したのは印度の労働代表五名と日本側の代表とだけで，日印会議の観があったが，日本の労働組合の力で，こうした国際会議が開かれるに至ったかと思うと，何とも言えず嬉しかった。アジア労働会議の成立までの苦心もさることながら，日本において最初とも言うべきこの種の会合の開かれるに至った労を多とせねばなるまい。」(51)と述べている。後で述べる太平洋労働組合会議がプロフィンテルンという国際組織が指導して開かれ，それに日本側の組合が招待されるという形とは異なって，亜細亜労働会議は日本側のリーダーシップで開催されたことに意味があったといえよう。左翼グループが日本で国際会議を開けるほどの力はこの当時はまだなかったし，なによりも官憲からの干渉が強くて不可能であったであろう。それに引き替え日本労働総同盟側への官憲の干渉が少なかったことも，日本で国際会議を開くことができた1つの条件であったといえよう。この当時はまだ労働組合は法認されておらず，治安維持法，暴力行為等処罰法等によって反体制運動を弾圧していたからである。

(6) 亜細亜労働会議の結末

第2回亜細亜労働会議は日本とインドの2カ国しか参加できなかったが，その結成が提唱されてから約10年後に実質的な会議が開かれた。日本，インド，セイロン，パレンスタイン，フィリッピンの中心的な労働組合がこの会議に加盟するまでになった。この組織はまだ十分なものではなかったが，残念ながら3回目の会議は開かれず，自然消滅の形になってしまった。したがって戦前にはこれ以上の活動はないままに終わった。

というのは日本は1934年3月国際連盟を脱退した。それに伴ってILOに加盟を継続するかどうかが問題となった。しばらくは代表派遣をおこなっていたが，1938年11月2日には，日本はILOをはじめ一切の国際機関との協力を終止する旨の通告を国際連盟事務総長におこなった。さらに同じ日に国際労働局長に対して日本のILOからの脱退を通告した。亜細亜労働会議第2回大会を東京で開催した翌年である。亜細亜労働会議を開催した時期には，国内でILO脱退をめぐって労働組合側に対立が生じていたのである。しだいに日本は戦時

第8章　戦前期日本の労働組合とアジア

体制を強め,労働運動は後退と崩壊を余儀なくされていった。戦争遂行のための産業報国会がほとんどの企業・事業所に組織されてから,労働組合は後退し,ILO脱退に反対していた日本労働組合総同盟は1940年7月8日解散を決議した。1912年8月1日友愛会が結成されてから28年後に,ついに解散を余儀なくさせられた。

　亜細亜労働会議はILOアジア地域会議の開催を要望していたが,それが実現したのは第二次世界大戦が終了してからである。つまり1947年ニュー・デリーでアジア地域予備会議が開催されたのが,アジア地域を対象とする最初の会議となった。これは26回総会でILOの事業活動の分権化という方針を打ち出し,その1つとして地域会議の開催を決議した。特にアジアと中近東ですみやかに地域会議を開催することが決議された。これを受けてニュー・デリーの会議が第1回のアジア地域会議となった[52]。

　日本は第2回のセイロンで開催されたアジア地域会議 (1950年) にオブザーバーを派遣した。1951年日本はILOに復帰し,第3回のアジア地域会議 (1953年) は東京で開催された。鈴木文治が提唱した亜細亜労働会議がILOアジア地域会議という形で定着したということになる。

　亜細亜労働会議はアジア地域の労働組合だけの会議であるのに対し,ILOアジア地域会議は政府,使用者,労働組合の三者の代表による会議である。アジア地域を対象とする会議である点では同じであるが,構成メンバーが異なっていることは会議の性質が変化していることを示している。さらにILOアジア地域会議が誕生した時期には亜細亜労働会議は自然消滅しており,組織的には直接の繋がりは存在しない。しかしILOとのかかわりで,アジア地域を対象とする会議を最初に実現したという役割を果たしたという事実は消えないであろう。

(7)　小　括

　日本労働組合総同盟を中心とする亜細亜労働会議についてできるかぎり事実に基づき考察を進めてきた。そこで亜細亜労働会議についてのまとめをしておこう。

　①　労働組合だけで組織された亜細亜労働会議は政労使の三者からなるILO

175

第3部　アジアと日本の労働組合

のアジア地域会議の結成という成果を生み出すきっかけをつくるという役割を果たした。なぜなら亜細亜労働会議は ILO の活動の範囲の中からうまれたからである。ILO の場で鈴木文治がインドのジョーシと話し合って亜細亜労働会議の結成のきっかけを作った。アジア諸国の中で日本とインドは ILO 常任理事国となっており，指導力を発揮するとすれば日本とインドになるのは当然であろう。この当時労働組合が結成されて活動しているのは，アジアの中で日本とインドがもっとも代表的な国であったからでもある。さらに ILO 事務局のバックアップも亜細亜労働会議の結成に大いに貢献している。

②　日本の労働組合が一致して亜細亜労働組合会議に参加しているわけではない。ILO の活動に対して批判的なグループが存在していた。戦前の労働組合は3つのグループに分けられており，左派とされている日本労働組合評議会グループと中間派とされている日本労働組合同盟グループは ILO の活動を批判していた。コミンテルン，プロフィンテルンの影響を受けて，ILO を国際資本家，改良主義幹部，社会ファシストの同盟組織であって，国際労働者の搾取，労働条件引き下げ相談所という批判をおこなっていた。ILO に対する態度が労働組合の違いを区分けするメルクマールとなっていたほどである。

またこの当時右派とされていた日本労働総同盟は「改良主義的組合」というレッテルが左翼グループからつけられていた。これは現在の「労働組合主義」と同じ内容を持っている。これに対して左翼グループは「革命主義的組合」と呼ばれていた。前者が ILO の枠内で亜細亜労働会議に組織され，後者が太平洋労働組合会議に参加していった。この両者は無関係に併存していたわけではなく，④で述べるようにかかわりをもっていた。この点は次章でもふれることにする。

③　亜細亜労働会議の日本での開催を官憲が妨害をしなかったことが，この会議の開催可能にしたこと。官憲は当然労働組合の動きに目を光らしていた時期であったが，亜細亜労働会議の開催に干渉しなかったことは，主催側の日本労働総同盟の活動を黙認していたことを示している。しかし，これ以後日本は国家総動員体制に突入し，総同盟の活動も規制を受け，ついに解散においこまれており，1937年に開かれたのは最後のチャンスではなかったかと思われる。

④　亜細亜労働会議の結成は後で述べる太平洋労働組合会議の結成と無縁で

第8章　戦前期日本の労働組合とアジア

はないということ。プロフィンテルンの大会に西尾末廣が参加したり，書記長のロゾフスキーと会談しており，プロフィンテルンはILO総会に出席した日本側代表と接触している。これは日本労働組合総同盟が分裂する前のことである。分裂以後は当然評議会とプロフィンテルンとの接触が多くなり，亜細亜労働会議に対抗して太平洋労働組合会議が開催されている。

⑤　亜細亜労働会議の活動内容はどうであったか。2回の会議しか開かれていないので，その成果は乏しくならざるをえなかった。1925年10月開かれた総同盟臨時全国大会の大会宣言にあるように「東洋における労働者階級の友誼と協力とを促進せんとする」第一歩としての役割は果たしたといえよう。それまでアジアの労働組合が集まって会議を開くことはなかった時代であり，ともかくそれを実現したことは意味のあることであった。

第2回の会議の決議に示されるようにアジアの労働組合をめぐって多くの問題が未解決のまま残っている。決議をみると直接ILOの活動にかかわる問題と，アジア地域の労働者の労働条件や団結権にかかわる問題に分けられる。後者も間接的にILOの活動とかかわるのは当然である。この中で実現されたのは④と⑪ぐらいではないかと思われる。非常に実現の難しい決議が多く，現在でも問題を引きずっている決議がある。それなのに決議がなされたことの背後には，団結権や労働条件の獲得のためにILOの場を利用するという発想の存在を読み取ることができる。日本ではこの時期にはまだ労働組合法案が成立していないので，なんとかILOの場を利用して法案の成立の気運を高めようという戦術を読み取ることができる。

3　太平洋労働組合会議の結成と結末

(1)　太平洋労働組合会議の提案

太平洋労働組合会議 (The Trade Union Conference of the Countries of the Pacific Ocean) の第1回会議は1927年5月20日から27日まで中国の漢口で開かれた。この会議にいたるまでの経過をみてみよう[53]。

1919年3月モスクワで結成されたコミンテルンの第4回大会（1922年11月—12月）で，オーストラリア共産党代議員イアーズマンがオーストラリア労働組

第3部 アジアと日本の労働組合

合大会に日本，中国，インド，インドネシア，アメリカ，カナダ，ニュージーランドの労働者を招待して，太平洋労働組合会議を開催することを提唱した。コミンテルンは植民地や従属諸国の反帝国主義闘争において反帝国主義統一戦線を結成する必要性を認めていたので，「東方問題にかんする一般テーゼ」(54)を採択して，その中で太平洋労働組合会議の開催を呼びかけた。

　第一次世界大戦後の帝国主義の危機と植民地内での産業の発展による土着ブルジョアジーの発展と同時に，労働者階級の闘争が激化しており，民族開放運動の指導権が封建分子や民族ブルジョアジーに委ねるだけでなく，共産主義的労働者階級の革命的指導権の確立が必要であるという考えに立っていた。そのために帝国主義諸国（アメリカ，イギリス，カナダ，オーストラリアとともに日本も含まれる）の共産党は，植民地内の労働運動が破壊されて民族的対立や人種的対立が資本家に利用されるのを助長するような要因を除去する努力が必要である。その努力の1つとして太平洋会議の開催を提唱した。つまり第4回大会からはっきりとアジア各地の革命運動にも重点をおくようになった。その現れが太平洋労働会議の提唱と思われる。

　このコミンテルン第4回大会には川内唯彦，高瀬清（暁民会），山本懸蔵（関東鉄工組合）が日本から派遣され，モスクワにいた片山潜とともに日本代表として出席した。インドからロイ(55)，インドネシアからタン・マカラ(56)，中国から陳独秀(57)が参加していた。この大会で1922年7月15日結成された日本共産党がコミンテルンの支部として承認された。しかし1923年6月共産主義者のいっせい検挙で大きな打撃を受けた。

　コミンテルン第4回大会の2日後に開かれたプロフィンテルン第2回大会では，この太平洋労働組合会議を具体化する努力がなされた。ここではオーストラリアのニュー・サウスウェルズ労働評議会が太平洋労働組合会議を提案した。プロフィンテルンは植民地や従属諸国における革命主義的労働組合の形成や発展に努めた点に特徴があるが，この時には次期の大会と同時に太平洋労働組合会議を開催するという決議がなされている。

>「プロフィンテルン第2回大会は，次期大会と同時に極東の革命的労働組合組織の会議を召集することを決定する。これには，できるかぎりあらゆる植民地・半植民地が代表されなければならない。（中略）会議の召集に先立っ

第8章 戦前期日本の労働組合とアジア

て（中略）重要港湾には一連の事務局を設立すべきである。そのような事務局の設立地点，およびこのための方針作成は，特別の運輸労働者会議がプロフィンテルンの指導のもとに決定するものとする。」(58)

さらに，この時の大会決議「植民地・半植民地東方における労働組合運動」では，「とくに大きい役割が日本に属する。日本はその植民地・半植民地（朝鮮・中国など）に隣接しているからである」(59)として，日本の役割にふれている。

この第2回大会には，日本から山本懸蔵（関東鉄工組合），坂口義治（全日本鉱夫総連合会理事）が出席していた。したがって1923年1月以降日本に帰国した彼らを通して，太平洋労働組合会議結成の話は日本にもたらされたと思われる。1923年3月にはプロフィンテルン日本支部が結成されている。

1924年6月～7月に開かれたコミンテルン第5回大会に引き続いてプロフィンテルン第3回大会が開かれたが，太平洋労働組合会議は実現しなかった。これは準備不足が原因であったという。特にアジア諸国の中で共産党がもっとも活動していた中国の労働組合の組織化が進んでいないことがあげられている。上海総工会が結成されたのは1925年の「5・30事件」(60)直後の5月31日であったように，工業の一番発展していた上海でも，1924年当時は労働組合の組織化が進んでいなかったことが，会議実現にいたらなかった理由にあげられている。

太平洋労働組合会議にかわって太平洋運輸労働者会議が1924年6月17～22日広東で開かれた。プロフィンテルン第2回大会の決議にあるように，重要港湾に事務局をもうけるという方針を実施するために運輸労働者の会議を開いた。なぜ重要港湾に事務局をもうけるのだろうか。運輸の中でも船員の組織化を促進するためであろうと思われる。

プロフィンテルン代表のベラ・クン（Bela Kun）(61)によれば，中国，フィリッピン，インドネシア，コミンテルン，プロフィンテルンの代表25名が参加し，日本とインドは参加できなかった。この会議では，インド，インドネシア，中国，日本，フィリッピンの5人からなる運輸労働者太平洋事務局を設立し，インドネシアのタン・マラカがその事務局議長に選ばれた。さらに，太平洋の港湾に海員クラブをもうけることが決議された。具体的には，まず香港，マニラ，バタビア（今のジャカルタ）に国際海員クラブの設置が決定された。これはコミンテルンを支持する労働組合を海員の間で結成することが目的であった。

第3部　アジアと日本の労働組合

　日本では総同盟の分裂がおこり，1925年5月24日日本労働組合評議会は結成されるが，その前の内部対立が強まる時期に，この太平洋運輸労働者会議が開かれている。先のプロフィテルンの会議で日本の役割の重要性が強調されていたので，当然この太平洋運輸労働者会議に日本の参加を促していたと思われるが，官憲の規制によって日本は参加できなかった。しかしこの太平洋運輸労働者会議の決議が日本でも実行されている。総同盟内で「レフト」の構成メンバーであった間庭末吉は1924年12月神戸に海員クラブを組織した(62)。当時船員の労働組合として日本海員組合が組織されており，プロフィンテルンが日本海員組合に影響力を行使することは困難であったが，それとは別に組織された海員クラブは重要港湾に国際海員クラブを結成するという決議に添ったものと理解できる。

　1924年から1925年にかけて総同盟の内部対立が激化していた時期であるが，コミンテルンは総同盟との接触を試みている。西尾末廣が第7回国際労働会議の終了後，モスクワに立ち寄ってロゾフスキー(63)と会っている。この時，西尾はアムステルダム・インターナショナルとプロフィンテルンとの統一インターナショナルを結成するという構想を話している(64)。プロフィンテルンはできるかぎり日本での影響力を拡大するという方針を持っていたが，そのために総同盟との接触をはかってきていたが，1925年5月評議会の結成によって総同盟とのかかわりを切って，評議会との接触を強めていった。

　1925年5月の第8回国際労働会議で，オーストラリア労働代表は鈴木文治とジョーシの提唱する亜細亜労働会議に反対し，太平洋労働組合会議を組織することを再度提案している。これは太平洋労働組合会議が亜細亜労働会議に対抗する会議として位置づけられようになったことを示している。1926年2月オーストラリア労働組合会議の大会でニューサウスウェルズ労働者評議会が提案し可決された。その提案では1926年8月シドニーで開催し，招待国として当初は日本，カナダ，フィリッピン，ハワイ，シンガポール，インド，アメリカ，南アフリカ，中国が予定されていた。実際にはニューサウスウェルズ労働者評議会はシドニーで1926年7月1日の開催することを決定し，同年2月に先に述べた国の他に，ソ連，イギリス，インドネシア，南洋諸島を追加して，招待状を発送した。

第8章　戦前期日本の労働組合とアジア

　ところが，この招待状は日本の左翼の労働組合には届かなかった。官憲によって電報が送り返されたという(65)。しかし1926年2月末ソ連から帰った大道武敏が会議開催の案内状を持ち帰ったので，会議について左翼労働組合幹部の一部は知っていたはずである(66)。オーストラリアからの招待状は総同盟には届いた。これはアジアにおける労働運動の統一を図ろうという意図からオーストラリアから発送されたのではないかと思われるが，当然鈴木文治は参加を拒否している。その理由としてオーストラリアの有色人種排斥運動を上げていた。亜細亜労働会議を推進している鈴木としてはプロフィンテルンが介在している太平洋労働組合会議に参加することはできなかったであろう。

　1926年2月～3月開かれたコミンテルン第6回拡大執行委員会総会で太平洋労働組合会議を支持することを決めたし，それに続いて開かれたプロフィンテルンも第4回中央評議会で太平洋労働組合会議への積極的な参加を呼びかけている。ヘラーは交通の不便さやオーストラリアが有色人種の入国を制限していることから，シドニーでの開催を危ぶんでいた。それに代わって上海または広東での開催を希望していた。開催場所の問題はあるにしても，コミンテルンはこの時期から統一インターナショナル構想を放棄し，革命主義的労働組合のアジア地域での統一をめざしはじめたといえよう(67)。

　ところが，1926年4月開かれた日本労働組合評議会第2回大会では，太平洋労働会議について何もふれられていない(68)。むしろ統一インター結成の見地から鈴木文治の提唱する亜細亜労働会議を歓迎するという態度がとられていた。情報の伝達が今ほど早くない時期であったので，コミンテルンの第6回拡大執行委員会の決議が伝わっていなかったために，統一インターナショナル構想がまだ日本では模索されていたのであろう。

　シドニーでの会議では参加申し込みがなされたのは中国だけであった。インドではAITUC内でしだいに左翼グループが勢力を持ち始めた時期であったので，この会議に賛成する立場をとったが，国内でのストライキから欠席した。参加国が少ないので会議を延期することにし，到着していたイギリスの少数派組合，プロフィンテルン，ソ連労働組合評議会，ニュージーランドとオーストラリアの代表で予備会議に切り替えた。そこで次回は1927年5月1日中華全国総工会の全国大会の後，広東で開催することを決めた。さらに会議で取り扱う

181

第3部　アジアと日本の労働組合

協議事項として次のことを決定した[69]。
- イ　組織委員会の報告
- ロ　諸国代表の報告
- ハ　太平洋問題並びに国際労働運動
- ニ　極東における労働組合の状勢並びに闘争の問題（労働組合の合法化，社会立法案）
- ホ　移民問題，有色人種労働問題等
- ヘ　組織問題，連絡の自由等
- ト　太平洋諸国労働組合事務局選挙

(2)　太平洋労働組合会議参加のための日本側の準備

　太平洋労働組合会議の招待状は評議会に1927年1月上旬には到着していたようである。陳文榮「太平洋労働組合会議の召集」が『労働者』2巻1号に掲載されているが，これが1927年1月に発行されているので，1926年末には，この会議のことについての情報が評議会につたわっていたのではないかと思われる。

　評議会がこの会議にどう対応するかが問題になった。評議会グループが組織した全国統一運動同盟本部の1927年1月26日付けのビラをみると，「資本階級の欺瞞機関にして階級的裏切者の牙城」である国際労働機関を否認し，代表選出権を放棄し，太平洋労働会議の支持を表明している。1月30日には全国統一運動同盟本部は全無産団体代表会議を開いて太平洋労働会議支持を決議している[70]。そして3月15日同本部は全国の労働団体に招待状を発送し，3月24日協調会館での太平洋労働組合会議代表派遣全国協議会を呼びかけた。

　これに出席したのは，統一運動同盟，評議会，東京市電自治会，全日本鉄道従業員組合，日本俸給生活者組合連盟，関東木工組合，自由労働同盟，東京一般労働組合，大阪煙草労働組合，大阪鞄工組合，日本農民組合の11団体の代表48名であった。さらに10団体から委任状が提出されていた。午後1時司会者として大道憲三が壇上に立つと，すぐに安寧秩序を紊すおそれがあるとして解散を命ぜられ，首脳者が検束された。そこで，その夜参加者が緊急会議を開いて，日農代表1名を含む13名の派遣代表を決めることを選考委員会に委任すること，参加組合が代表候補を4月5日まで推薦すること，代表は産業間のバランスを

第8章　戦前期日本の労働組合とアジア

考慮して決めること，講演会・演説会や宣伝活動を東京，大阪で開くこと，資金カンパとして組合員1人1口5銭をつのることを決めた(71)。

4月7日選考委員会は代表13名を決定した。大道憲三（東京市従業員組合），原沢武之助（関東木工組合），難波英夫（日本俸給生活者組合），品川英次（全日本鉄道従業員組合），吉田廉（東京市電自治会），本沢兼次（評議会），鈴木源重（評議会），野田律太（評議会），兼島景毅（関西電気従業員組合），加藤勘十（日本鉱夫組合），亀井司（海員刷新会），小林主雄（日毛誠和会），前川正一（日農）であった。当局側は「予め本人の了解を得たるにもあらず又必ずしも之等を派遣するの意思あるにもあらず，協議会としては代表の渡支は必ずや当局より阻止さるべきを慮り其の対策として一先づかかる代表者を公表し置き隙に乗じて他の有力者を渡支せしめんと図れるものなり。」(72)とみていた。たとえば加藤勘十は評議会には属していなかったからである。

当局の判断どおり，共産党組合部は3月3日ごろ非公然代表団を作り，その団長に山本懸蔵（評議会），副団長に日下部千代一（評議会），団員に白土五郎（海員刷新会），西村祭喜（関東電気労働組合），藪本正義（全日本鉄道従業員組合）を選んでいた(73)。

この選出について評議会側は「戦闘的なる共同戦線意識の下になされた最初の国際的進出」(74)と位置づけていた。亜細亜労働会議はまだこの時期には正式に組織されておらず，一歩太平洋労働組合会議の方が先にすすんでいた。

無政府主義に立つ全国労働組合自由連合会にも3月にニューサウスウェルズ労働者評議会から招待状が届いていた。自由連合会は日本を代表する組合は統一運動同盟だけではないことを示す必要があり，さらに出席団体の行動を監視する必要があるという考えから，4月10日芝浦演芸場で関東大会を開いて，大塚貞三郎（東京印刷工組合理事）と水沼熊（同組合員），松本親敏（東京一般労働組合），歌川伸（江東自由労働組合）を派遣することに決定した。

労働運動の中で中間派とされている日本労働組合同盟は1926年12月総同盟から脱退した麻生久，菊川忠雄，棚橋小虎らによって結成された。第1回の大会が1927年4月10日〜11日に開かれたが，論点の1つとして太平洋労働組合会議にどのような対策を立てるかが議論になった。組合同盟関西地方連合会は共産党員である国領己三郎，浅井富次郎らが中心になって，ILOの否認，太平洋労

183

第3部　アジアと日本の労働組合

働組合会議支持の議案を提案した。ILO 否認の点では問題がなかったが，太平洋労働組合会議には麻生久，菊川忠雄，棚橋小虎が反対したことから，大会では統一運動同盟からの勧誘の性質が分からないことと，これに対する準備がないことを理由として参加を拒否した[75]。これに対して幹部が警察の圧迫を恐れて太平洋労働組合会議への参加を拒否したという批判があったが，結局日本労働組合同盟としては参加しないことになった。

統一運動同盟で選出された公認の代表団は4月13日にメンバーの一部が変更になり，吉田廉，加藤勘十の代わりに西村清一，高木敬四郎に変わった。この日，本郷の仏教青年会館で派遣代表を送る演説会が開かれた。そこで代表の名前が公表され，4月19日東京駅を出発し，21日神戸で長崎丸に乗船して中国に渡ることが明らかにされた[76]。しかし19日未明派遣代表および組合幹部の全国いっせい検束がおこなわれた。公認の代表団の内，原沢武之助だけは会議に参加した。ということは検束を逃れたのであろうか。しかし検束されたという記録もありどちらかわからない[77]。

非公然の代表団は警察の検束を予想して，先に上海に渡っていた。白土五郎と藪本正義が先発隊として4月12日に上海に到着していた。後から山本懸蔵，日下部千代一，西村祭喜と中国人通訳2名（内1名は楊春松という）が神戸，長崎を経由して4月14日上海に到着した[78]。しかし，広東での情勢変化のために漢口に行くようにとの指示で，4月21日漢口行きの貨物船に乗り，4月18日漢口に到着した。

全国労働組合自由連合会の大塚貞三郎と水沼熊は4月19日東京を出発して台湾に渡り，台湾で松本親敏，歌川伸と一緒になり広東に到着した。ところが，広東は蒋介石の共産党弾圧のために戒厳令がしかれ，4名の身辺が危うくなったので4月24日香港に渡った。そこから大塚だけは会議に参加しないで5月16日門司に帰ってきた[79]。他の3人は香港で待機して会議の連絡を待っていた。

会議の開かれるすこし前，1927年4月12日蒋介石が上海でクーデターをおこし，共産党員や労働者約300名が殺害され，上海総工会は解散させられた。これによって第一次国共合作が終わった。このクーデターは4月15日には広州にひろがり，広東の軍閥李済深が共産党員や労働者を殺害したり逮捕して，太平洋労働組合会議が開けるような状況ではなくなった。蒋介石は南京に新政府を

第 8 章　戦前期日本の労働組合とアジア

樹立したのに対して，国民党左派は武漢を拠点にして蒋介石と対立していた。そこで当時中国共産党が勢力をもっていた漢口に会議場を移すことになった。4月25日には蒋介石のクーデターに対抗するために漢口で中国共産党第5回全国大会が開かれている。

(3)　第1回太平洋労働組合会議の内容

　第1回太平洋労働組合会議は1927年5月20日から27日まで漢口で開かれた。参加者が何人いたかはっきりしないが，40人前後ではないかとされている。参加を呼びかけた国はオーストラリア，中国，カナダ，チリ，コロンビア，インドネシア，インド，メキシコ，ペルー，フィリッピン，アメリカ，ソ連，日本の13カ国であった。いずれも太平洋とかかわる地域であったが，参加したのは中国，インドネシア，アメリカ，ソ連，日本，イギリス，フランス，朝鮮の8カ国であった[80]。イギリス，フランス，朝鮮は参加を呼びかけていなかったが参加した。イギリス，フランスが参加しているのは中国や東南アジアに租界や植民地を持っており，太平洋地域と利害がかかわっていたためである。

　インドの代表は1926年10月の全インド労働組合会議の大会で参加を決定したが，旅券の発給を拒否されて出国できず，会議終了後に到着した。しかしN.M.ロイは中華総工会の会合に出席のために中国に滞在していたので，この会議に参加した。この会議の開催を最初に呼びかけたオーストラリアの代表も旅券の発給を拒否されて出席できなかった。フィリッピンはこの時期に組合大会を開催したために参加できなかった[81]。メキシコ代表であるメキシコ労働総同盟運輸部長エミリオバラランはこの会議が共産主義者の集まりであることがメキシコを出発してから分かり，参加を取りやめた。そこで日本に立ち寄り，日本労働総同盟，日本海員組合，総同盟大阪連合会等を訪問している[82]。

　日本代表団としては，統一運動連盟の山本懸蔵，日下部千代一，白土五郎，西村祭喜，藪本正義の5人が正式の代表と認められ，さらにオブザーバーとして原沢武之助が認められた。自由連合の歌川伸と松本親敏は会議の3日目にオブザーバーとしての参加資格が認められた。これで統一運動連盟の代表5人に対して決議権5票とオブザーバーに決議権1票が認められた。なお傍聴者として松田十九二が参加していた[83]。さらに当時北京にいた鈴江言一が王子言と

185

第3部　アジアと日本の労働組合

いう中国名で参加していた(84)。

　会議の議長団は、ロゾフスキー（Solomon Abramovich Lozovski ソ連、全ソ労働組合中央評議会書記）、トム・マン(85)（Tom Mann イギリス、労働組合会議の少数派）、ガストン・モンムッソー(86)（Gaston Monmousseau フランス、統一派労働総同盟）、ブラウダー(87)（Earl Browder アメリカ、合衆国労働組合教育連盟）、蘇兆徴(88)（中国、中華全国総工会主席）、李立三(89)（中国）、山本懸蔵（日本）によって構成された。日本からも議長団に人を出して活躍する場が与えられた。会議は午前8時から正午までと、午後4時から8時までおこなわれたが、各国の代表の発言を二重、三重に翻訳しなければならず、時間のかかる会議であったようである。

　この会議に参加した中で、会議についての報告書を残しているのは白土五郎であるが、彼は椿五郎の名で「太平洋労働組合会議の任務」（『労働者』2巻8号46～60頁）という文書を書いている。それによれば次の日程で会議が開かれている。

　第1日は午前10時から漢口の中央人民倶楽部で開会式が開かれた。蘇兆徴の開会の辞に続き、中国国民党の陳公博(90)、中国共産党の劉少奇(91)、ロゾフスキー、トム・マン、日下部、ブラウダーの挨拶があった。この後、ロゾフスキーによって『抑圧と搾取に反抗して立ちし支那民衆へ』という決議文が提案され、トム・マンによって『インド労働階級及び労働組合へ』という決議文が提案され、次に日下部が『英支駐在露国大公使館の侵入に対する決議文』を提案し、ブラウダーが『豪州の労働階級及び労働組合に与ふ』という決議文を提案し、いずれも可決されて、閉会となった。

　第2日以降は会場を総工会事務所に移した。一般の傍聴を禁止して、各国代表の報告と討議が行われた。第2日は、ロゾフスキーが『支那革命と国際労働運動』という報告をし、その補足説明が中華総工会によってなされた。第3日はロゾフスキーの報告についての討議がなされた。第4日は、『新帝国主義戦争反対』、『中国から帝国主義奪掠者駆逐』、『国際労働組合運動統一』、『ラテンアメリカ・太平洋諸国問題』、『ジュネーブ国際労働会議排撃』、『フィリッピン民衆へ』という決議が採択された。第5日は中国、イギリス、ソ連、フランス、アメリカ、日本、朝鮮、インドネシアにおける労働運動の情勢報告がなされた。

日本については日下部千代一が報告した[92]。第6日は各国の報告に対する討議を経て，これらを下に「経済綱領」が決定された。最終日に「汎太平洋労働組合書記局」の設置と規約を決め，役員を選挙し，最後の総括をおこなう「宣言書」が公表された。ロゾフスキーの閉会の辞の後，インターナショナルの合唱を歌って幕を閉じた。

　この会議のねらいは「経済綱領」[93]や「宣言書」[94]を見れば分かる。「宣言書」の中で次の七つの目的が書かれている。

　1　太平洋岸の諸列強相互の戦争の危機に対して共同の闘争を遂行すること
　2　支那革命を脅かす帝国主義的侵略と抗争すること
　3　太平洋の被圧迫民衆を帝国主義の支配より解放するために彼等を支援すること
　4　搾取者と圧迫者の利益のために被搾取階級と被圧迫民衆をなほ分離せしむる一切の人種的，国民的境界と偏見とに闘争し，これを打破すること
　5　太平洋岸諸国における搾取階級の真実の友愛的統一戦線を結成し保持すること
　6　抑圧勢力に対抗するために被搾取階級及被圧迫民衆の間に，共同行動を組織し遂行すること
　7　世界労働組合の統一と一大統一労働組合インターナショナルの設立のために戦ふこと

　これらを見ると大きく3つの目的に分けられる。第1は帝国主義列強諸国の対立からおこる可能性のある戦争に反対すること，第2は中国を中心とした太平洋諸国での列強諸国の植民地支配に抵抗する運動をおこし，植民地の独立を目指すこと，第3は労働組合を国際的に統一した組織を結成し，太平洋地域の労働者の経済的地位を向上させることである。第1，第2は政治的課題であるのに対して，第3はコミンテルンとアムステルダム・インターナショナルの対立という国際的労働組合組織間の問題を，コミンテルンで一本化することをねらったものである。

　労働者の経済的地位については，「経済綱領」が次のように述べている。植民地や半植民地での労働者は経済的に飢餓的生活を余儀なくされていると同時に，人種的な抑圧を受けている。そこで有色人労働者に対する制限方法を除去

し，労働者階級の生活水準向上のために10項目の実現を決議した。8時間労働制の実現，1週42時間制の獲得，疾病・事故・廃疾・失業の場合における社会保険制の獲得，婦人の夜間労働の禁止・産前8週産後8週の休暇，小児売買の禁止・14歳以下の少年労働の禁止，同一労働に対する同一賃金の支給，結社・集会・言論の自由・ストライキの組織実行の自由獲得，労働組合選出の労働監督制の獲得，体刑・罰金制の禁止・現物賃金制の廃止・請負制度の撤廃，ファシズム及び職業的ストライキ破りに対する闘争・労働ピケットの組織がそれである。最低労働条件の確保と団結権の確保が中心にあげられている。

　これらの課題に取り組むために汎太平洋労働会議書記局が上海に設けられた。これは太平洋地域での運動を指導するために組織された。書記局のメンバーは中国2名，ソ連2名，日本，アメリカ，イギリス，フランス，インドネシア，朝鮮から各1名が選ばれた[95]。日本からは日下部千代一が選ばれた。機関紙として『太平洋労働者』が発行された。

　以上をまとめると，この会議は，(1)政治上，経済上，組織上の闘争によって太平洋岸の諸国の左翼労働組合が合法性を獲得すること，(2)帝国主義の搾取に対する闘争をおこない，それによって帝国主義列強による世界大戦の勃発を阻止していくこと，(3)人種の差別や人種間の対立による闘争をなくしていこうとすることを目指しているといえよう。

　これらの動きの中で日本はどのような役割を担ったのであろうか。議長団の一員として日下部が代表演説をし，さらに決議案を提案したり，日本の労働運動の現状を報告した。山本は第五日の討議で意見を述べている。プロフィンテルンの指導の下に開かれた会議であるので，その指導によって議事が進められていた。そこで，内務省社会局労働部の『復刻版・昭和2年労働運動年報』（明治文献　昭和46年10月）では，日本代表の活動を，「日本代表の発意に依ると云ふよりは準備会に於て決定せる割当に依りて動きたる程度なりしが如し」というコメントを付けている。当局として日本代表の活動を低く評価していることが示されている。これに対して谷口善太郎『日本労働組合評議会史・下巻』によれば，「侵略行為のトップをきってゐるところのわが日本の帝国主義を直接の敵とする日本プロレタリアートの国際的階級的責任は重大といはねばならない。この重大なる地位と責任を有する日本プロレタリアートが，国際的

第8章　戦前期日本の労働組合とアジア

労働組合戦線の中で一構成分子として名実共に自己を確立したのは，實にこの汎太平洋労働組合会議に於てはじめてであった。——会議に代表を送り得たことは，わがプロレタリアートとして實に歴史的な功績であったと云わなければならない。」[96]と評価している。評議会を支持する立場に立つ谷口としては当然の評価であったであろう。太平洋労働組合会議は，亜細亜労働会議より先に開かれた会議であり，日本の労働組合の中で左翼の代表がアジア諸国や欧米の労働組合役員と初めて中国で開かれた国際会議の場で接触したことは，当時の政府や使用者側にとっては脅威であったであろうし，総同盟側にとっても衝撃であり，対抗上ぜひとも亜細亜労働会議を実現しなければならない状況に追いやったといえよう。この会議でもとりあげられた中国侵略への批判が強まることは政府，軍部及び使用者にとって脅威であったであろう。この当時しだいに中国への軍事的侵略が強まっていたからである。評議会側は対華非干渉同盟を結成が試みられた。しかし，その活動は官憲によって阻止され非合法組織として活動せざるをえなかった。その後評議会は1928年4月10日解散させられたが，1928年12月25日再建されて日本労働組合全国協議会（全協）に組織が変わったが，非合法な組織として，その活動は弾圧を受け十分な活動ができないままに終わった。

(4)　汎太平洋労働会議事務局の活動

太平洋労働会議は2年毎に開催される予定になったが，その間の活動をおこなう組織として汎太平洋労働会議事務局が設けられた。その事業は次のように決められていた[97]。

「1，上記諸国の労働組合中央団体と不断の連絡を設定維持し，同時に，太平洋諸国に働きかけつつある帝国主義列強に対抗して，それ等の行動を統一整備すること

2，帝国主義的陰謀を注意深く監視し，国民相互の闘争を煽動激発する一切の帝国主義的計画と画策に戦ふこと

3，労働者の生活及び労働状態に関する一切の記録，統計，その他の資料を組織的に蒐集し，併せて，各国の労働組合中央団体に対して情報として役立つところの一切の必要資料を集めること

4，会議で決定された新聞又は雑誌類の刊行と宣伝及び××に必要な一切のパンフレッドの編纂」

事務局の会議は6カ月毎に開かれることになっていたが，第2回の会合は1928年2月3日から6日上海で，第3回は1928年10月27・28日上海で開かれた。1929年8月ウラジオストックで開かれた第2回太平洋労働会議までに，合計3回の事務局会議が開かれた。

これに対する日本側の対応であるが，第1回太平洋労働会議に参加したメンバーは6月から7月にかけて日本に帰国した。全員最低29日の拘留処分を受けたが，不起訴処分になっている(98)。7月には統一運動同盟および自由連合とも会議の参加の事実を公表した(99)。共産党は代表団の報告を受けて汎太平洋労働会議事務局との連絡についての方針を決め，その会議に書記局メンバーである日下部千代一が参加することになっていた。日下部千代一は第1回と第2回の事務局会議に出席したと思われる。しかし日下部は7月下旬検挙され拘留されたが，釈放後自殺しているので，第3回の事務局の会合には渡辺政之輔と鍋山貞親が参加することになった。1928年の3・15事件や左翼三団体の解散命令によって打撃を受けた左翼の再建運動に奔走していた渡辺と鍋山は，コミンテツン極東部長ヤンソン(100)に3・15事件について報告するために1928年9月上海に密航した。ところが渡辺は第3回の事務局会議が開かれる前の10月はじめに上海をたち，台湾の基隆港に寄港した時刑事に逮捕され，ビストルで自殺した(101)。鍋山は上海に残り，第3回の事務局会議に出席した(102)。

第2回の事務局会議は1928年2月上海で開かれたが，これにはオーストラリアとフィリッピンが新たに参加した。1928年2月には中国の政治状況が変化し，会議の開かれた上海では労働運動がやりにくい状況にあった。上海は国民党が支配していたためである。そのために過去1年間に「汎太平洋労働者」という機関紙を発行するだけの活動であったが，事務局の活動の拡大と組織の強化と，フィリッピン・オーストラリアでの活動についての具体的対策が決議された(103)。

第3回の事務局会議は1928年10月27日と28日に開かれたが，それには新たにニュージーランドが参加した。さらにラテン・アメリカ側の太平洋会議が開かれ，それに参加したペルー，エクアドル，コロンビア，メキシコがこの会議に

第8章　戦前期日本の労働組合とアジア

参加した(104)。この会議では「日本に於ける労働組合運動」(105)が決議されたことが注目される。そこでは，当時左翼の労働運動が弾圧されていることに対する対策がテーマになっていた。反動的な田中義一内閣の左翼労働組合の弾圧政策と，鈴木文治らが指導する改良主義的組合が進めている「アジア労働会議」を批判した後，左翼的労働組合（評議会）を再組織し，大衆的運動にひろげて組合員を拡大し，労働組合統一は戦闘的指導によってなされるべきことを明示すること，階級協調策に激しく反対していくことを提唱している。これは，この第2回と第3回事務局会議が開かれる間の1928年6月に，「亜細亜労働会議」の結成にむけての覚え書きを締結していることに反発したためと思われる。そこでこの会議では「アジア労働会議」を「国際改良主義の東洋侵略」であるとして，激しく非難していることに特徴がある。この時にはすでにプロフィンテルン第4回大会（1928年3〜4月），コミンテルン第6回大会（1928年7〜8月）が開催されており，そこで国際改良主義的労働組合が東洋に侵略することに反対する闘争を決議しており(106)，それに即して「アジア労働会議」を非難している。

さらにこの事務局の活動で日本とかかわるのは，日本の中国への侵略に抗議する声明をたびたび出していることである。たとえば『無産者新聞』156号（1928年6月2日発行）では，「支那から手を引け！」という表題で，1928年5月8日付けの事務局の抗議内容の訳を公表している。同じく『無産者新聞』号外（1928年6月10日発行）では，中華全国総工会との連名で，「日本の武力干渉に反対し，革命の裏切者国民党を倒せ」という檄を翻訳して掲載している。日本は1927年5月以来，3回にわたって山東省に出兵し，1928年6月には張作霖爆破事件をおこしており，しだいに中国への侵攻を強めていた。これに対して，無産政党と左翼労働組合は対華非干渉同盟を結成して反対運動をおこなっていた。この運動に呼応する形で汎太平洋労働会議事務局の抗議がなされている。

(5)　第2回太平洋労働組合会議の内容

第3回汎太平洋労働組合事務局会議で，1929年8月1日ウラジオストックで第2回太平洋労働組合会議を開催することが決定された。1928年10月28日付けで事務局より日本の左翼労働組合に招待状が送られた。この当時左翼の労働組

191

第3部　アジアと日本の労働組合

合として1925年5月24日結成された日本労働組合評議会は1928年4月10日解散命令を受けていた。労働農民党，全日本無産青年同盟会とともに左翼三団体が治安警察法8条2項によって解散させられた。その翌日の4月11日に日本共産党員の検挙事件（いわゆる3・15事件）が報道された。これは3・15事件にからんで日本労働組合評議会が解散させられたことを示している。その後1928年5月ごろから左翼労働組合の再建がこころみられ，日本労働組合全国協議会結成準備会が結成され，1928年12月25日日本労働組合全国協議会（全協）の全国代表会議が開かれる予定であった。しかし，この会議は開くことができなかったが，12月25日を全協の創立日とされた[107]。全協の結成自体は12月23日地方協議会の代表23名が，京都の奥村甚之助の議長のもとで決定していた。招待状はこの全協の結成準備会の関係者のもとに送られたものと思われる。

その招待状には，第2回の会議での議題として次の事項が書かれていた[108]。

1　書記局の報告
2　戦争の危険と帝国主義に対する闘争
3　植民地独立運動と労働組合および農民組織の役割
4　国際赤色労働組合の統一
5　太平洋における移入民および移出民
6　行動綱領（7時間労働，最低賃金制，婦人少年労働，失業，社会立法および支那，日本，フィリッピン諸島，インドネシア，朝鮮に於ける当面の任務）
7　組織問題
8　書記局の選挙

さらに，この招待状では日本から10名の派遣が要請されていた。

全協は1929年1月24日付けの「汎太平洋労働組合大会に提出すべき日本労働組合運動報告資料調査について」，1月31日付けの「汎太平洋労働組合大会日本労働組合代表派遣全国労働組合会議並びにそのための闘争について」，2月1日付けの「汎太平洋労働組合開催に際して日本労働組合代表派遣全国労働組合会議開催を提唱す」という指令を発した。

全協はこの会議の宣伝のために『労働農民新聞』や『無産者新聞』を利用した。たとえば『労働農民新聞』78号（1929年2月16日発行）では，「如何なる迫害にも屈せず我等の代表を送れ」というタイトルで，派遣代表を決めるための全

第8章　戦前期日本の労働組合とアジア

国会議を2月17日に開催することを予告している。『無産者新聞』206号（1929年2月10日発行）でも，汎太平洋労働組合会議の支持を訴え，代表派遣会議への参加を求めている。

　1929年4月16日には「4・16事件」と呼ばれる共産党員およびその同調者約800名あまりの者が検挙された。これにより全協の活動が停止させられたために，代表派遣のための会議が開かれたのかどうかははっきりしない。しかし『無産者新聞』237号（1929年8月14日発行）によれば，全協執行委員会で委員長の奥村甚之助を派遣することを決定したと報道している。また同新聞236号（1929年8月8日発行）によれば，電気産業労働組合全国協議会は奥村甚之助と山本懸蔵の2名を推薦し，旅費のカンパを求めている。内務省警保局編『復刻版・社会運動の状況1巻（昭和2～4年）』（三一書房　1971年11月）542頁によれば，「奥村甚之助ノ如キハ全然之ヲ関知セズ，山本懸蔵ノミハ逃走中ノ事トテ其ノ間ノ消息不明ナリ」としている。そしてこの運動が一部の極左分子の間でのみ宣伝されたにすぎず，大衆的に何らの協議も運動もなかったという評価をおこなっている。これは派遣代表の選出にあたって警察の取締が厳重であったことをうかがわせる。

　第2回の太平洋労働組合会議は8月15日よりウラジオストックの海員倶楽部で開催されたが，日本からは，山本懸蔵（山形賢三），佐々木，濱口，高崎の4名が参加した。第2回太平洋労働会議の報告書である『日本の労働者同志諸君に訴ふ』（1929年9月20日発行）の中で4名の名前が明記されている[109]。山本懸蔵はソ連に逃げていたので，そこから参加したものと思われる。あとの3名は海員刷新会の関係者ではないかという推測が先にあげた内務省の資料ではなされている。つまり会議当時たまたまウラジオストックに入船していたか，同地に潜在中であったので参加したのではないかと推測されている。この3名の正式の名前は分からないので確認できなかった。4名出席して，決議権を有したのは3名で，1名は協議に参加する権利が認められた。

　海員刷新会は日本共産党の海外連絡責任者として神戸に来た間庭末吉が白土五郎，田中松次郎らと1924年12月神戸で組織した海員クラブが1925年1月12日名称を変更してできた組合である。間庭末吉（白井明）はプロフィンテルンと関係を持ち，1921年5月7日発足した日本海員組合との接触を図っていたが，

193

うまくいかなかったので別組織を作ったものである。海員刷新会のメンバーは全日本無産青年同盟神戸支部の結成の中心であったので，日本労働組合評議会が結成されてからはその海上班として位置づけられた。海員刷新会に加盟した組合員の中には日本海員組合の組合員がいたが，1925年7月と10月に除名処分を受けた(110)。その後海員刷新会は度重なる弾圧で大きな打撃を受け，地下活動をおこない，海上共産党としての運動をおこなった。プロフィンテルンは，ウラジオストックに国際海員クラブを設置して，寄港した船員を通じて国際共産主義運動を展開していた。そこで海員刷新会のメンバーがウラジオストックに寄港し，海外までは日本の官憲の規制が及ばないので，会議に参加したものと考えられる。

　会議に出席したのは41名で，うち決議権を有したのは25名，協議に参加する権利を有したのは16名であった(111)。参加したのは中国，ソ連，モンゴル，フィリピン（フィリピン労働会議），朝鮮（朝鮮労働連合），日本，インドネシア，イギリス（少数派運動グループ），フランス（労働統一連盟），アメリカ（北米労働組合教育連合）の10カ国であった。インド，オーストラリア，インドシナ，南アメリカの諸国は出席できなかった。ただオーストラリアは会議終了後ウラジオストックに到着した。『無産者新聞』235号（1929年8月1日発行）によれば，会議に出席する予定のオーストラリアの代表3名が加賀丸で神戸港に7月26日到着したが，日本政府は彼らの上陸を禁止している。そのために上海に行かざるをえず，会議に遅れたようである。インドの代表は植民地政府によって全員拘留されて出席できなかった。

　この会議は8月1日に開催する予定であったが，集まりが遅れたので8月15日から開始し，21日に閉会した(112)。会議は書記局のプローデルの2年間の活動報告から始まり，プロフィンテルン総書記ロゾフスキーの総括的報告，中国代表が近い将来に起こり得る汎太平洋戦争における中国の役割を論じた。それを受けて翌17日に討論が行われた。18日それらの討論を経てロゾフスキーが植民地や半植民地の解放のために帝国主義に対する組織闘争を目指して労働運動の結合の必要性を強調した。その後多くの決議案についての討議が行われた。たとえば「戦争と帝国主義とに反対する闘争に於ける太平洋沿岸諸国の労働組合の任務についての決議」「帝国主義の国際御用人についての決議」「太平洋沿

岸諸国に於ける革命的労働組合の組織的任務についての決議」「太平洋沿岸諸国に於ける婦人労働についての決議」「太平洋沿岸諸国に於ける青年，少年労働者の犠牲と労働運動に青年を引き入れる任務に関する問題の決議」「太平洋沿岸諸国に於ける農業及び林業労働者の組織についての決議」「太平洋沿岸に於ける帝国主義者及び軍国主義者共のテロの犠牲者救援に関する決議」「白色テロ反対の決議」「太平洋沿岸諸国労働組合の出版物及び労働通信網に就いての決議」等が決議されている[113]。この中で山本が戦争問題と日本における組合の組織問題について討論している。さらに佐々木も組織問題について討論している。

　これらの決議をみると，いくつかの分類ができる。第1は日・英・米の帝国主義列強による戦争に反対する決議である。第2は改良主義的組合運動，特にアジア労働会議を非難する決議である。第3は各国の革命的組合の組織強化をいかに進めるか，組織化の妨害にいかに対応するかについての決議である。第4はこの会議をいかに維持していくかについての決議である。第5は，婦人，青年，少年，農業・林業労働者という特殊な労働者の諸権利獲得を目指した決議である。したがって第5はこれまでにはなかった新しい決議といえよう。

(6)　第2回太平洋労働組合会議のその後

　1929年の第2回の会議以降，書記局はどのような活動をおこなったのであろうか。まず気がつくのは1930年4月「日本問題報告」[114]を出していることである。これは日本労働組合評議会の解散命令に危機感を持ち，日本における労働運動の組織上の問題点を分析し，左翼組合員や共産党の強化を訴えたものである。さらに日本軍の中国侵略に反対するための抗議文「満州事件について—太平洋沿岸諸国の労働階級へ」[115]を1931年10月20日付けで発表している。第2回の会議の決議に基づき，具体的に情宣活動を実施していることが分かる。これに呼応して，日本では太平洋労働組合会議とかかわっていた日本労働組合全国協議会が，路線を変更して大衆的革命政党を目指した共産党の指導の下に1931年1月ごろから組織活動を活発化させた。満州事変がおきたので，日本帝国主義の中国侵略を批判して反戦闘争を呼びかけた。1932年には組合員数1万人ぐらいにまで回復したという[116]。しかし官憲によって全協の幹部が逮捕さ

れたり，弾圧に耐え切れず「転向」する者が出始めたために，その組織は弱体化し，1934年12月ごろには消滅させられた。したがって日本国内では十分な運動を展開することなく，全協の組織自体が消滅してしまった。

汎太平洋労働組合会議書記局は，日本以外にも朝鮮，フィリピン，インド，中国での活動を支援するための情活動をおこなった。雑誌「Profintern」の21・22合併号（1931年）でおこなったみずからの評価では「太平洋労働組合書記局の煽動＝宣伝事業とその出版事業は極東労働者の革命的自覚を鼓舞する上に少からざる役割を演じた」と述べている。たとえば1931年10月「朝鮮における汎太平洋労働組合秘書部支持者に対する同秘書部の飛檄」が書記局から出されている。さらにフランス帝国主義のテロに反対して闘争するインドシナ労働者への檄，フィリピンから中国労働者を追放することに反対する檄，フィリピンの革命的運動の指導者逮捕に反対する檄，カルカッタ紡績労働者のストを支援する檄等々が出された。しかし，みずからも書記局の活動を，「革命的労働組合はプロレタリアートの多数を引き入れ得る之等の可能性を充分に利用していないと認めざるをえない」(117)と指摘している。革命的労働組合に対する官憲による弾圧が大きな要因であるが，それだけでなく革命的労働組合が大衆的基盤を持ち得なかったことへの反省がなされている。

太平洋労働組合会議の最後はどうなったのであろうか。書記局のおかれていた上海に租界地を持っていたイギリス，フランス，アメリカ，日本が軍事力を上海に確保していた。日本は1931年9月に満州事変，1932年1月上海事変，3月には満州国を作り上げており，しだいに中国への侵略を強めていた。さらに1927年4月12日の蒋介石による反共クーデター以来，国民党が上海では勢力を持っていた。そのために事務局が占領されたり，数名の書記局の要員が検挙されたり，その一部は死刑を執行されたりしている。事務局はその活動が維持することが困難になってきた。そこで小林英夫氏は1931～2年頃には事実上活動が不可能になっていたのではないかと推測されている(118)。ところが一方事務局は「太平洋労働者」を，1930年2月に最初の1巻1・2号を発行し，1936年12月に6巻12号を発行していることまでは確認できた(119)。これはオーストラリアで刊行されており，そのために1936年まで出版することができた。上海の書記局がオーストラリアでの出版のために組織としては存続していたとみるこ

第8章　戦前期日本の労働組合とアジア

とができよう。しかしそれ以上の活動は不可能であったのであろう。第3回目の太平洋労働組合会議も開かれなかった。どのような形で書記局が活動を停止したのか，また解散したのか確認はとれなかった。コミンテルンの指導の下に結成されたプロフィンテルン自体は1921年7月から1937年12月まで存続していたが，プロフィンテルンとかかわりの深かった太平洋労働組合会議はプロフィンテルンより早く活動停止せざるをえなかったようである。

(7) 小　括

太平洋労働組合会議はわずかに6～7年間の活動で終わったが，その活動と日本とのかかわりをまとめておこう。

①　太平洋労働組合会議の提唱はオーストラリア労働組合会議やコミンテルン，プロフィンテルンによっておこなわれたものであり，日本の主導でなされたものではない。日本の左翼の組織や活動が規制されていたために，それを提唱できるほどの力は存在しなかったと思われる。日本の左翼労働組合がその会議の構成メンバーに加入を認められ，海外の活動に参加できたことに意義があったと思われる。左翼政党が結成されるのと時期を同じにして左翼労働組合も結成されはじめるころに開かれた会議であり，左翼組合側はそれを機に組織を拡大する手段に利用しようとしていた。

②　したがって官憲がその動きに目を光らせていた。官憲は太平洋労働組合会議への参加を妨害する動きにでたが，それを掻い潜って左翼労働組合の指導者は参加している。しかし帰国した時に拘禁を受けたり，太平洋労働組合会議の内容を報道する自由を規制され，組織拡大のために利用できなかった。この当時日本では労働組合を法で認める段階にいたっておらず，労働組合を社会秩序や治安を破壊する対象ととらえられていたためである。総同盟がすすめていた亜細亜労働会議は治安を破壊する程度がゆるやかであるという判断から官憲の監視の程度がゆるやかであったが，左翼労働組合のすすめる太平洋労働組合会議は治安破壊の程度が高いという判断から強い監視の下におかれた。

③　太平洋労働組合会議の目的は太平洋地域の国々での革命主義的労働組合の合法性を獲得することであるが，それを妨害しようとしている帝国主義国の世界戦争や植民地政策による搾取や人種間の対立をなくすことである。しかし

197

日本では中国への侵略を開始しはじめており，それに反対する左翼労働組合はその活動を広げることができない状態に追い込まれた。したがって太平洋労働組合会議に書記局が常設されたが，せいぜい声明文を発表するぐらいしかできなかった。

④ 太平洋労働組合会議は亜細亜労働会議に対抗する会議として開かれたことが注目される。これは国際労働運動路線の対立を反映している。はじめはアムステルダム・インターナショナルとの共同戦線も試みられたが，路線の対立から実を結ばなかった。プロフィンテルン側はアムステルダム・インターナショナルを改良主義的労働運動や黄色労働組合運動であるという言葉を用いて，自らの革命的労働運動・赤色労働組合運動との違いを強調した。「大衆が独立獲得に戦っている極東の諸国に於ては黄色労働組合官僚は公然とこの闘争を裏切り，帝国主義者及其他ブルジョアジーの代理人となっている。彼等は反労働者的法規を支持し，闘争している大衆の諸陳列の中にあって死刑執行人の警察間諜の役割を演じ，極東の勤労大衆の闘争弾圧に其全勢力を傾注している」(120)という位置づけをおこなっている。きわめて排他的かつ独善的な評価をおこなっており，これではアムステルダム・インターナショナルとの共同戦線は絶対に不可能であった。

4　今後の検討すべき問題

これまでアジアや太平洋諸国の労働組合との会議を通じてのかかわりについて述べてきたが，これだけでは戦前期のアジアとのかかわりの分析としては不十分である。

① 日本の労働組合が日本の植民地である朝鮮・台湾で直接労働運動にどのようにかかわっていたかの分析を欠くことができない。朝鮮・台湾において労働者が組織化した場合に，日本の労働組合がかかわっていたのかどうかという基本的な情報さえ日本では不明である。

② 朝鮮や台湾から，日本に任意にあるいは強制的に働きにやってきた労働者と，日本の労働組合がどのようにかかわってきたかという問題がある。左翼労働組合だけでなく，総同盟でもこれと同じ問題に直面していたはずである。

③ その後，日本は「大東亜共栄圏」を主張して，中国や東南アジアに侵略し始めたが，この「大東亜共栄圏」に対して日本の労働組合はどのような対応をしたのであろうかという疑問が存在する。これも第二次世界大戦前の日本の労働組合とアジアのかかわりを知る上で欠くことのできない論点であると同時に，これらの問題は亜細亜労働会議や太平洋労働組合会議の決議は日本の中でどのように実施されたかという問題を検証することになるであろう。

（1） 「日本の労働組合とアジア(1)～(18)」国際産研 5 号（1992年 6 月），6 号（1992年 7 月），7 号（1993年 5 月），8・9 合併号（1994年 5 月），10・11合併号（1995号 6 月），12号（1996年 6 月），14号（1997年12月），15・16合併号（1998年 3 月），17号（1999年 5 月）。聞き取り調査をおこなった組合は連合，連合大阪，電機連合，海員組合，自動車総連，ゼンセン同盟，自治労，日教組，全電通，IMF-JC，本田技研労組，松下電産労組，松下電工労組，三洋電機労組と国際労働財団，滝田実氏である。なお，国際産研18号には，トヨタ労連，シャープ労組，三菱電機労組の事例を掲載予定となっている。
（2） 米窪満亮「亜細亜に於ける国際労働運動に就いて」社会政策時報152号，1933年，西本喬「亜細亜労働会議結成の運動」東亜，昭和 9 年 6 月号。
（3） Ehud Harari, The Politics of Labour Legislation in Japan, University of California Press, 1973, pp. 32-33, John Price, The International Labour Movement, Oxford University Press, 1947, p. 136, R. A. Scalapino, "Labour and Politics in Postwar Japan", in W. W. Lookwood ed., The State and Economic Enterprise in Japan, Princeton University Press, 1965, pp. 677-78.
（4） 大河内一男・松尾洋『日本労働組合物語―大正編』筑摩書房，昭和40年，312頁。
（5） 花見忠『ILOと日本の団結権』，ダイアモンド社，昭和38年，69―73頁。
（6） 江上照彦『西尾末廣伝』西尾末廣伝刊行委員会伝』，昭和59年，180頁，西尾末廣『大衆と共に―私の半生の記録』，日本労働協会，昭和46年，176頁。
（7） 飼手真吾・戸田義男『ILO国際労働機関―改定版―』，日本労働協会，昭和37年，190頁。
（8） 中村三登志『中国労働運動の歴史』，亜紀書房，1978年，99頁。
（9） 日本綿業倶楽部編『日本綿業倶楽部五十年誌』，昭和57年，23―33頁。

第3部　アジアと日本の労働組合

(10) V. V. Giri, Labour Problems in Indian Industry, Asia Publishing House, 1957, p. 7.

(11) N. M. Joshi の伝記として V. B. Karnik, N. M. Joshi-Servant of India, United Asia Publications, 1972 がある。はじめてデリー大学留学のためにインドに行った時，最初に読んだ本がこれであった。Joshi が1926年インド労働組合法を制定する運動を展開したので，どういう人物か興味を持ったからである。

(12) AITUC には1885年創立されたインド国民会議派の有力メンバーのほとんどが関わっていたが，マガトマ・ガンディーは時期尚早であるとして創立大会にも出席していない。しかし，ガンディー主義を実践する目的で設立されたガンディー奉仕団の労働小委員会が1938年ヒンドスタン労働者奉仕団（Hindustan Mazdoor Sevak Sangh）を結成した。これはガンディーが指導していたアーメダバードの繊維労働組合（Textile Labour Association）をモデルとして活動することを目指していた。これが AITUC とは別に1947年創設されたインド労働組合会議（Indian National Trade Union Congress）の母体となった。これは国民会議派と結びつき，AITUC はインド共産党と結びついた。

　　ガンディーの労働組合運動との関わりについては，拙稿「マハトマ・ガンディーと労働運動(1)」評論社会科学31号，昭和61年参照。

(13) この経過については，どのインド労働運動史にもふれられている。Shiba Chandra Jha, The Indian Trade Union Movement, Firma K. L. Mukhopadhyay, 1970, p. 115, G. K. Sharma, Labour Movement in India, University Publishers, 1963, p. 80, Sukomal Sen, Working Classof India-History of Emergence and Movement 1830-1970, K. K. P. Bacchi & Company, 1977, p. 162.

(14) 1921年1月モスクワでコミンテルン主催の極東民族大会，1927年5月中国の漢口で太平洋労働会議がプロフィンテルンの主催で開かれている。

(15) 今津菊松『続労働運動一夕話』全繊維兵庫支部，昭和30年，324頁。

(16) 日本労働総同盟『総同盟五十年史』，134頁。

(17) 拙稿「タイ」21世紀の労使関係研究会編拙稿『21世紀の労使関係』，労務行政研究所，平成4年，116頁。

(18) 日本労働総同盟・前掲書，135頁。

(19) この時期の中国労働運動史については，向山寛夫『中国労働法の研究』，中央経済研究所，昭和43年，19—35頁，手島博『中国労働運動史』東陽書房，昭和60年，中村三登志・前掲書，65—118頁を参照。

第 8 章　戦前期日本の労働組合とアジア

(20)　日本労働総同盟・前掲書，502―3 頁。
(21)　西本喬・前掲論文，78―80頁。
(22)　日本労働総同盟・前掲書，503頁。
(23)　亜細亜労働会議規約草案。
　第 1 条　本会議を亜細亜労働会議と称す。
　目的
　第 2 条　会議の目的は次の如し。
　　　(イ)　加盟各国に於ける労働団体の関係を一層緊密に発達せしむることによって，亜細亜諸国の労働階級の国際的結合を招来する事
　　　(ロ)　亜細亜諸国に於ける労働運動の利益及び活動を国内的又は国際的に発展助長せしむる事
　　　(ハ)　亜細亜諸国の労働団体の為にその一般的利益を招来すべく行動する事
　　　(ニ)　亜細亜の労働者に課せられたる差別的待遇を除去し人種国籍の相違に拘らず労働条件の平等を齎す事
　　　(ホ)　外国の主権下にある亜細亜諸国の労働者の搾取を絶滅する事
　　　(ヘ)　亜細亜諸国に現存せる不平等を除去し，社会立法が既に充分に発達せる国に於ける労働状態にまで標準を向上することによって亜細亜人の生活及び労働条件を改善する事
　　　(ト)　社会立法の発達を促進する事
　　　(チ)　戦争を防止し国際的平和を確立し帝国主義及び資本主義と抗争する事
　第 3 条　本会議の目的は民主主義及び労働組合主義的方法によって左記事業を行う事によって達成させるべし。
　　　(イ)　それと協力する事が亜細亜運動の為に利益なりと思慮さるる他団体との協力
　　　(ロ)　加盟各国に於ける労働団体の全国的中心より希望されたる時其国の労働団体に対する援助
　　　(ハ)　本会議に未加盟の亜細亜諸国に於ける労働運動への援助
　　　(ニ)　亜細亜諸国に於ける労働階級の生活及び労働状態並びに労働運動に関する報告の蒐集及びその統計の作成
　　　(ホ)　定期刊行物，労働条件に関する報告其他本会議の目的を実現するに有効なりと信ぜらるる書類の発行組織
　第 4 条　本会議は会議の目的及び方法を承認する亜細亜諸国に於ける労働団体の全国的中心（National Trade Union Center）を以て組織さるべし

第3部　アジアと日本の労働組合

(注)　全国的中心とは亜細亜諸国に於ける「会議」(Congress)「同盟」(Federation)「代表的労働団体の恒久的協議機関」(Joint Council of the representative trade unions) を指す。

第5条　亜細亜の或る一国又は数ケ国に於て労働団体の全国的中心の存在せざるとき又は二つ以上の全国的中心の存在する時は会議の年次大会に於てその決定を為す。関係当事国は此決定に基き次年度大会に出席することを得。

第6条　加盟各国の労働運動はその自由権を保証さる。

執行機関

第7条　大会会期外に於ける本会議の事業は執行委員によって執行される。執行委員は本会議の主義及び大会の決議を尊重しこれに違反する事を許されず。

第8条　執行委員は議長一名，副議長三名，主事一名を以て構成さる。

第9条　(イ)　執行委員会は少なくとも年二回会議を開くべし。主事は会議の議事録を作成し之を加盟各国に送付すべし。
　　　　(ロ)　執行委員会の開催は満三ケ月前に通知さるべし。
　　　　(ハ)　執行委員出席し能わざる時は議題に対する委員の意見は回状により送付さるべし。

第10条　緊急の場合に於ては議長及び主事は必要なる行動をとり執行委員会の事後承認を求む事を得。

大会

第11条　大会は前年度大会に於ける決議に基づき大体に於て四月又は五月の始め，印度，日本，支那又は亜細亜に於ける其他の諸国に於て開かるべし，若しそれが前年度大会に於て決定されざりし時は執行委員会は加盟各国に於ける労働団体の全国的中心と協議の上之を決定す。

第12条　(イ)　大会は執行委員及び左の比例を以て加盟各国より選出さるる代議員より成る。

　　　　総計一万人の組織労働者に対して一名の代議員
　　　　五万人に対して　　　　　　二名
　　　　十万人に対して　　　　　　三名
　　　　十万人以上は各五万人毎に一名を増加す。一国の全国的中心より選出し得る代議員の最大数は十名とす。

　　　　(ロ)　大会に出席する代議員は自己が代表する国に住しその国の労働組合の幹部又は組合員たる事を要す。

　　　　(ハ)　代議員を選出する為に要する各加盟国の全国的中心の有する組合員数

は，前年度に於て前本会議に収められたるその国の加盟費額に基準するものとす。

（第17条参照）

第13条　大会議題は左の如し。
　　(イ)　執行委員会の年次報告の討議
　　(ロ)　国際労働総会の議題の討議
　　(ハ)　加盟各国の全国的中心より提出されたる決議の討議
　　(ニ)　執行委員の選挙
　　(ホ)　全国的中心の本会議への加盟，脱退及び除名の決定
　　(ヘ)　規約及び議事規則の改正
　　(ト)　次年度大会の日時及び場所の決定

第14条　大会議題は大会開催前少なくとも三ケ月に加盟各国の全国的中心に配布さるべく，執行委員会の報告は大会開催前少なくとも一ケ月前に送付さるべし。

第15条　加盟各国の全国的中心は大会に於て代議員選出比例数だけの決定票を有す。

第16条　大会の議事は別定議事の規定則による。

加盟費

第17条　加盟各国の全国的中心は次の比例により本会議への加盟費を納むべし。
　　　　最低加盟費は五十留比（ルビーのこと）とす。
　　　　一万人以下の組織労働者を有する全国的中心は五十留比とす。
　　　　一万人より五万人迄は百留比とす。
　　　　五万人より十万人迄は百五十留比とす。
　　　　十万人以上は二百留比とす。

費用

第18条　(イ)　大会に出席する代議員並びに執行委員会に出席する執行委員の旅費，宿泊費及び其他の雑費は代議員及び執行委員の自弁とす。
　　　　(ロ)　大会に要する費用は可及的本会議の積立金に於て支弁す。而して不足を生じる時加盟国に於て之を追加支弁するものとす。

脱退及除名

第19条　加盟各国の自発的脱退は時に六ケ月前に予告を為したる後その年度に於て有効とす。

第20条　左の条項に該当する時は如何なる加盟国の全国的中心と雖も除名さるも

第3部 アジアと日本の労働組合

　　　　のとす。
　　　(イ) 数次の警告にも拘らず又特に与えられたる猶予期間の経過したる加盟
　　　　費を納めざる時
　　　(ロ) 著しき規約の違反又は本会議の主義及び決議に背きたる時
　総則
　第21条　(イ) 本会議の本部は之を印度ボンベイに置く。
　　　　(ロ) 印度以外の加盟国に於ける全国的中心又は単位の本部は其の国に於け
　　　　る本会議の支部となるべし。
　第22条　本規約は大会に於てのみ其の出席代議員三分の二の多数にて修正さるべ
　　　　し。
(24)　Shiva Chandra Jha, op. cit., pp. 127-61.
(25)　協調会編『最近の社会労働（創立10周年記念）』、昭和4年、316頁。
(26)　中村三登志・前掲書、159頁、日本労働総同盟・前掲書、504頁。
(27)　米窪満亮・前掲論文、85頁。
(28)　今津菊松・前掲書、333頁。
(29)　西本喬・前掲論文、83頁。
(30)　飼手真吾・戸田義男・前掲書、273頁。
(31)　日本労働総同盟・前掲書、505頁。
(32)　この時期の独立運動を知る便利な文献は中村平治『南アジア現代史Ⅰ』、山川出版社、昭和52年、100—106頁。
(33)　Robert N. Kearney, Trade Unions and Politics in Ceylon, University of California Press, 1971, pp. 14-16.
(34)　拙著『マレーシア労使関係法論』、信山社、平成7年、58頁。
(35)　内務省社会局『昭和10年労働運動年報』、177頁。
(36)　中村菊男『松岡駒吉伝』、松岡駒吉伝記刊行会、昭和38年、355頁、亜細亜労働会議の結成を報じる文献として、国際労働局東京支局「アジア労働会議の結成」海員協会雑誌439号、昭和9年8月、14頁。
(37)　日本労働総同盟、前掲書、507頁。
(38)　内務省社会局・前掲書、175〜176頁。
(39)　日本労働会館は昭和5年建設された。ここはユニテリアン派が持っていた教会（唯一館）であったが、クリスチャンであった鈴木文治がここに間借りをして友愛会の事務所としていた。この土地・建物は東京土地建物会社の所有になったが、昭和3年そこから買収して日本労働会館を建設した。東京・芝あたりに多く

第8章　戦前期日本の労働組合とアジア

の労働組合の事務所が設けられたのは，そこに友愛会の事務所があったためである。この地区が労働運動の中心地になったのは当然である。中労委会館や中退金ビル等の労働省関係の建物ができたのもそのためである。

(40)　松岡駒吉は鈴木文治のあとを継いで総同盟の二代目会長になった。彼も鈴木文治と同様にクリスチャンであった。彼について講演した記録として拙稿「松岡駒吉とキリスト教」同志社大学月刊チャペル・アワー187号，平成4年10月，29〜36頁。

(41)　この会議については厚生省労働局編『昭和12年労働運動年報』291頁—304頁。

(42)　鮎沢巌は明治27年茨城県太田町（現在の常陸太田市）に生まれ，大正9年コロンビア大学を卒業した。労働問題および社会立法を専攻していたので大正9年から昭和8年までジュネーブの国際労働局に勤務した。昭和9年から14年までは国際労働局東京支局長，戦後は昭和22年から24年まで中央労働委員会事務局長になった後，国際キリスト教大学の教授となった。

(43)　貿易協定の中に社会条項を入れない場合には，貿易上の恩典を与えないという圧力を先進国から発展途上国におこなっており，その社会条項の中に基本的なILO条約を含めるという問題がおきている。これに対して発展途上国がどのような態度をとるべきかという問題が生じている。これについては拙稿「日本からみたアジア諸国の労働法の最近の動向」季刊労働法174号，平成7年5月，6〜18頁。

(44)　「アジア委員会の問題」世界の労働14巻10号，815頁。

(45)　拙著『インドの労使関係と法』成文堂，昭和61年9月，13頁以下参照。

(46)　戦前のILOと日本の団結権との関係については，花見忠『ILOと日本の団結権』ダイヤモンド社，昭和38年3月，61頁〜89頁参照。

(47)　中国での民族運動や在日朝鮮人労働者の運動に対する方針が，総同盟と評議会では異なってきていた。労使協調的な運動方針をとる総同盟と革命主義的な路線をとる評議会は，当然に闘争方針に食い違いが生じてきていた。たとえば中国での1925年の5・30運動支援において，総同盟内の組合は官憲の弾圧があって中止しているが，評議会グループは官憲の目をかいくぐって中国共産党や中国総工会と接触している。在日朝鮮人労働者についても同様である。1925年2月在日本朝鮮労働総同盟が創立されたが，1929年12月解体されて日本労働組合全国協議会に吸収された。これは合法的な闘争ではその要求が実現できない在日朝鮮人労働者の状況があったからである。総同盟は在日本朝鮮労働総同盟に影響力を行使しようとしたができなかった。岩村登志夫『在日朝鮮人と日本労働者階級』校倉書

第3部　アジアと日本の労働組合

房，1972年7月刊，113頁〜120頁。
(48)　大河内一男・松尾洋・前掲書―昭和編―，19頁。
(49)　岩村登志夫「コミンテルンと太平洋労働組合会議」渡部徹・飛鳥井雅通編『日本社会主義運動史論』三一書房，1973年8月刊，171頁。近藤栄蔵（1883年2月5日〜1965年7月3日）は，1917年ニューヨークで片山潜と知り合い社会主義運動に加わった。日本に帰国後1921年4月コミンテルンの密使と会い，堺利彦を委員長とするコミンテルン日本支部準備会を結成し，5月に上海で開かれたコミンテルン極東支部委員会に出席した。1923年6月ソ連に亡命し，プロフィンテルン常任委員となり，1924年6月のコミンテルン第五回大会に日本代表として出席した。しかしその後共産党との関係を断って転向した。
(50)　内務省社会局労働部編『昭和2年労働運動年報』83頁。
(51)　河野密「アジア労働会議を終えて―当局者へ無言の教訓―」日本労働組合総同盟編・労働311号，4頁。
(52)　飼手真吾・戸田義男著『前掲書―国際労働機関（改定版）』272頁および今津菊松・前掲書，322頁以下参照。
(53)　この節を書くために主に参照させてもらった文献は野田律太『評議会闘争史』中央公論社，1931年10月，谷口善太郎（磯村秀次）『日本労働組合評議会史上・下』青木文庫，1953年・54年，小林英喜「汎太平洋労働組合会議について」労働運動史研究55・56号，（1973年9月），267〜275頁，西村祭喜「汎太平洋労働組合第一回会議の回顧」労働運動史55・56号，1973年9月，276〜293頁，岩村登志夫「コミンテルンと太平洋労働組合会議」渡部徹・飛鳥井雅道編『日本社会主義運動史論』三一書房，1973年8月，157〜202頁。
(54)　いいだもも編訳『民族・植民地問題と共産主義―コミンテルン全資料・解題』社会評論社，1980年，67頁〜74頁。
(55)　ローイ（Manabendra Nath Roy　1887年〜1954年）は，アメリカで社会主義を知り，メキシコ共産党の創設に参加した。コミンテルン第2回大会ではローイは労働者や農民の組織化による下からの革命を強調して，レーニンと対立した。1921年タシケントにおけるインド共産党の創設に参加した。コミンテルン第6回大会で除名され，インドに帰ってきて，インド国民会議に参加した。インドに共産主義思想を広げた人物として知られている。
(56)　タン・マラカ（Tan Malaka　1897年〜1949年）は，オランダ留学中に社会主義思想にふれ，帰国後インドネシア共産党に入党した。1921年その議長になり，反植民地闘争を指導したが，翌年追放され，1942年日本軍が侵攻してからひそか

第8章　戦前期日本の労働組合とアジア

にインドネシアに帰るまでソ連，中国，フィリッピン，タイ，シンガポール等で活動をした。

(57) 陳独秀（1879年～1942年）は，多くの儒学者を排出した一族に属するが，科挙の試験に失敗した。日本に留学して西欧の啓蒙思想を学んで，中国に新文化運動をおこし，1917年北京大学文科学長となった。しかし啓蒙思想の限界を感じてマルクス思想に接近した。1919年の5・4運動では街頭でビラを配布して逮捕され，北京大学を辞任した。上海に逃げたが，全国各地の共産主義者を集めて，1921年7月中国共産党を創設し，初代の総書記となった。しかし国民党とのヘゲモニー争いに敗北したのは，陳の日和見主義のせいであるとして1927年7月総書記を解任された。その後トロッキズム運動を開始した。

(58) 岩村登志夫・前掲論文，158頁～159頁。

(59) 岩村登志夫・前掲論文，158頁。

(60) 兵庫県労働運動史研究会編『兵庫県労働運動史』兵庫県労政課，1961年，207頁～208頁。

(61) 岩村登志夫・前掲論文161頁，ベラ・クン（Bela Kun　1886年～1937年）は，ハンガリー生まれの革命家であるが，第一次大戦中オーストリア軍に入れられ，ロシア軍の捕虜となり，その収容所で共産主義の影響を受け，ボルシュヴィキに入党，1918ハンガリー共産党創設に参加。ハンガリー革命によって政権を取ったとき外務大臣になるが，ルーマニア軍の侵入のためのソ連に亡命した。そこでコミンテルンやプロフィンテルンの創設にかかわる。

(62) 西尾末広「統一インターナショナルへの道」労働者新聞1925年6月5日号。

(63) ロゾフスキー（Solomon Abramovich Lozovski　1878年～1952年）は，1901年社会民主労働党に入り，ボルシェヴィキ派として党活動にするが，逮捕されシベリアに流されたが，脱走してパリに逃げた。1917年ロシアに帰国し，全ソ同盟労働組合中央評議会書記に選ばれたが，意見が合わず除名された。しかし1919年復党し1921年プロフィンテルン書記長になり，1938年2月プロフィンテルンが解散するまで書記長を続けた。最後はスターリンの粛正によって強制収容所で死亡した。彼の伝記はA／ロゾフスキー（野村淳三・水谷驍訳・藤原次郎解説）『プロフィンテルン行動綱領』柘植書房，(1981年2月) 182～188頁。

(64) 労働者新聞1927年1月20日号。

(65) 岩村登志夫・前掲論文，179頁。

(66) 岩村登志夫・前掲論文，177頁。

(67) 岩村登志夫・前掲論文，180頁。

第3部　アジアと日本の労働組合

(68) 川口芳蔵「太平洋労働会議」『労働者』2巻4号，45頁（復刻版では大原社会問題研究所編『労働者』381頁），内務省社会局編『復刻版・昭和2年労働運動年報』明治文献，昭和46年10月，77頁。
(69) 大原社会問題研究所編『日本労働組合評議会資料』第九集，1965年，149頁。
(70) 岩村・前掲論文，185頁。
(71) 『労働農民新聞』6号，1927年4月1日（大原社会問題研究所編『労働農民新聞』第1巻24頁）。太平洋労働会議の宣伝のために大道憲二は小冊子『太平洋労働組合会議の意義，吾々は何故代表を送らねばならぬか？』を発行している。これは大原社会問題研究所編・前掲資料第九集，167頁～174頁に収録されている。この小冊子を1部1銭で販売して資金カンパにあてた。
(72) 内務省社会局編・前掲書，78頁。
(73) 岩村登志夫・前掲論文，186頁。
(74) 佐野学「太平洋労働代表公選の意義」無産者新聞78号（1927年4月16日）1頁。
(75) 岩村登志夫・前掲論文，189頁，内務省社会局編・前掲書，152頁。
(76) 『労働農民新聞』7号，昭和2年4月15日発行（復刻版では大原社会問題研究所編『労働農民新聞』(1)，28頁）。
(77) 「太平洋労働組合会議代表派遣暴圧反対緊急協議会報告」大原社会問題研究所編・前掲資料第九集，175頁。
(78) 渡航の経過については西村祭喜・前掲論文277頁以下に詳しい。
(79) 内務省社会局編・前掲書，79頁。
(80) 西村祭喜「汎太平洋労働組合第一回会議の回顧」労働運動史研究55・56号（1973年9月）276頁。
(81) 小林英夫「汎太平洋労働組合会議について」労働運動史55・56号（1973年9月）270頁。
(82) 内務省社会局労働部『復刻版・昭和2年労働運動年報』明治文献，昭和46年10月，84頁。
(83) 同上書，82頁。
(84) 鈴江言一（1894年12月31日～1945年3月15日）は，島根県出身であるが，1917年明治大学政経専門部特科に入学，翌年除籍，1921年国際通信社に就職した。そこで中国の研究を初め，中国共産党員と親交を結んだ。また中江丑吉とは終生の友となっている。1926年満鉄北京公所の研究生となった。汎太平洋労働組合会議に中華全国総工会順直地区の代表として出席し，日本代表の報告原稿作成に協

第8章　戦前期日本の労働組合とアジア

力した。塩田庄兵衛編『日本社会運動人名事典』青木書店，1979年3月，313頁。
(85)　マン（1856年～1941年）は，バーミンガム出身の機械工であったが，社会民主主義連盟や独立労働党に参加したり，オーストラリアでは左翼労働組合運動にかかわった。イギリスに帰国後全国運輸労連の組織化に努力し，のちの合同機械工組合の書記長になった。しかしサンディカリズムの影響を受けていたために，イギリス労働組合会議（TUC）の中では少数派に属していた。
(86)　ガストン・モンムッソーはフランス労働総同盟（CGT）の社会改良主義者による指導に反対したため除名され，1921年統一労働総同盟（CGTU）を結成した。共産党の影響を強く受けて，戦闘的組合幹部を育成した。CGTUは1936年CGTと合併し，人民戦線の勝利をもたらした。
(87)　ブラウダー（1891年5月20日～1973年6月27日）は，1919年アメリカ共産党に入り，1921年労働者党中央執行委員，1930年同書記長になる。しかし1944年解党を主張して，1945年除名された。労働組合教育連盟（Trade Union Educational League）が1920年共産党員を養成する機関として設立された。そこで訓練された党員を組合に派遣していくことを目指した。
(88)　蘇兆徴（1885年11月11日～1929年2月29日）は，広東省珠海生まれ，1903年香港で船員として働き，1911年辛亥革命では広東で活躍し，孫文から表彰を受ける。1921年3月香港で中華海員工業連合総会を組織し，1922年1月海員のストライキを指導した。1925年3月中国共産党に加入し，1926年5月全国総工会委員長に選出された。これで中国労働運動の最高指導者になった。1928年3月プロフィンテルン第4回大会で執行委員に選出された。
(89)　李立三（1899年11月18日～1967年6月22日）は，湖南省生まれ，父の影響で古典の教養を身につけたが，フランスに渡った。そこでリヨン大学奪回闘争を組織して，中国に強制送還された。1912年上海に到着して，陳独秀にあって共産党への入党が認められた。1925年上海総工会委員長となって5・30運動を指導した。1926年9月中華全国総同盟の執行委員会委員兼組織部長となった。毛沢東路線を批判する李立三路線の誤りのためにコミンテルンに留置され，文化大革命の時には厳しい査問をうけて死亡した。
(90)　陳公博（1892年10月19日～1946年6月3日）は，福建省の生まれで，北京大学卒業後，1921年3月頃陳独秀と共に広州で共産党支部を組織した。しかし1922年党から離脱してアメリカに留学した。1925年3月広東大学教授の職を得て帰国し，国民党に加入し，1926年1月には国民党中央執行委員になった。国民党左派に属し，蒋介石の勢力に対抗し，国民党改革派の中心人物であった。1940年3月

第3部　アジアと日本の労働組合

　　　に成立した南京政府で要職を歴任した。南京政府解消後, 日本に逃げるが中国に帰国して, 死刑判決を受け, 1946年6月刑死した。
(91)　劉小奇（1898年11月24日～1969年11月12日）は, 湖南省の生まれで, 1921年モスクワで中国共産党に入り, 湖南省で労働運動を指導した。1925年5月中華全国総工会の副委員長になる。1926年5月には総工会秘書長になり, 1927年1月武漢労働者たちによる漢口イギリス租界の奪還闘争を指導した。1927年4月の武漢で開かれた中共第5回全国大会で中央委員になった。第1回太平洋労働組合会議当時武漢に滞在していた。戦後中国共産党副主席や中華人民共和国国家主席になった。
(92)　内務省社会局労働部・前掲書, 82頁。
(93)　「経済綱領」は椿五郎「太平洋労働組合会議の任務」労働者2巻8号（昭和2年8月）56～328頁に掲載されている。
(94)　「宣言書」は野田律太『評議会闘争史』中央公論社（昭和6年10月）592～597頁に掲載されている。
(95)　山辺健太郎解説・「汎太平洋労働組合会議宣言・規約」『現代史資料15巻社会主義運動2』みすず書房（昭和40年6月）747頁。
(96)　谷口善太郎『日本労働組合評議会史・下巻』高桐書院昭和23年12月, 409頁。
(97)　山辺健太郎解説・前掲資料, 744～748頁。
(98)　西村祭喜・前掲論文, 290～293頁。
(99)　一般の新聞はそれ以前に漢口での会議についての情報を掴んでいた。たとえば東京朝日新聞昭和2年4月9日と5月23日に掲載されている。したがって官憲側も会議への出席者についての情報を掴んでいたであろう。
(100)　ヤンソン（Karlis Jansons 1882年1月12日～1938年4月8日）は, ラトビア生まれで, 1904年ラトビア社会民主労働党に加入し, 第一次ロシア革命に参加したが, 西欧に亡命した。1925年6月から1927年2月までコミンテルン駐日代表として日本共産党の結成にかかわっていた。その後コミンテルン極東支部の責任者として上海, ウラジオストックで活動した。スターリンの粛清にあって強制収容所で死亡したが, 1956年名誉回復がなされた。
(101)　大河内一男・松尾洋『日本労働組合物語―昭和―』筑摩書房（昭和40年8月）138頁。
(102)　塩田庄兵衛編・前掲書, 421頁。
(103)　山辺健太郎解説「第一回会議以降の汎太平洋労働組合書記局（太平洋工会秘書庁）の事業に関する報告」前掲資料, 760～761頁。

第8章　戦前期日本の労働組合とアジア

(104)　山辺健太郎解説・同上資料，764頁。
(105)　山辺健太郎解説「日本における労働組合運動」前掲資料，749～751頁。
(106)　山辺健太郎解説「第一回会議以降の汎太平洋労働組合書記局（太平洋工会秘書庁）の事業に関する報告」前掲資料，764頁。
(107)　大河内一男・松尾洋・前掲書，136頁。
(108)　「汎太平洋労働組合大会召集状」インターナショナル3巻6号（1929年7月）7頁。
(109)　山辺健太郎解説「日本の労働者同志諸君に訴ふ」前掲資料，770～827頁。
(110)　西巻敏雄『日本海上労働運動史』海文堂（昭和44年8月）82～84頁。
(111)　山辺健太郎解説・「日本の労働者同志諸君に訴ふ」前掲資料，772頁。
(112)　会議の様子については「汎太平洋労働組合会議について」外事警察報86号（昭和4年8月），なおこの資料の復刻版は社会問題資料研究会編『全協資料第一巻（社会問題資料叢書第一輯）』東洋文化社（1973年1月）173～193頁に所収，「第二回汎太平洋労働組合会議」社会思想8巻12号（1929年12月）88～89頁。
(113)　決議の内容については，山辺健太郎解説・「日本の労働者同志諸君に訴ふ」前掲資料，803～825頁参照
(114)　山辺健太郎解説・「1930年4月太平洋労働組合会議書記局の日本問題報告」前掲資料，839～842頁。
(115)　「満州事件に就いて」産業労働時報号外，3号，14～15頁。
(116)　大河内一男・松尾洋・前掲書，229頁。
(117)　社会問題資料研究会編・前掲書，587頁。
(118)　小林英夫・前掲論文，275頁。
(119)　学術情報センター編・『学術情報雑誌総合目録』1991年判4巻によれば『太平洋労働者』は，法政大学大学院に1号（1930）～4号（1933），9号（1934）～10号（1934）がある。
(120)　社会問題資料研究会編・前掲書，578頁。

211

第9章　日本の労働組合とアジアでの 国際協力活動

1　はじめに

　本章は日本の労働組合がこれまで果たしてきた国際協力活動を振り返り，今後どのように展開していくべきかについて考察することを目的とする。労働組合がNGOに含まれるかどうか議論のあるところであろうが，非政府機関であることは間違いない。非営利組織（NPO）かどうかであるが，労働組合が組合員の福利向上にかかわる収益事業をおこなうことがあるが，それは主たる活動ではないので，非営利組織と言えるであろう。したがって労働組合もNGOに入るということができる。

　労働組合の歴史は長い。日本では第二次世界大戦以後労働組合法による保護が認められてからでも，すでに50年以上が経っている。したがって労働組合自体は制度化された組織であり，最近になって組織化されてきたNGOとは異なっている。制度化された組織であることによるメリットがあると同時にデメリットもある。労働組合は資格審査をパスすれば法人格を得ることができるし，組合員から徴収する組合費から活動費用を十分でないかもしれないが賄うことができるし，国際協力活動に必要な知識や技術が十分ではないかもしれないが，活動に適した人材がいる。組織力と財政面では他のNGOより活動には有利であるが，伝統的に労働組合の守備領域とされている領域を越えて活動することに抵抗感が生じるおそれがある。国際協力活動を目的とした組織ではないからである。特に経済状況が厳しい時には，組合員の労働条件確保を優先すべきであって，国際協力活動に力を入れるのは差し控えるべきであるという反論がありうる。そこで労働組合の国際協力活動を活動全体の中で意味づける必要があ

第9章　日本の労働組合とアジアでの国際協力活動

る。

　ここでは国際協力とは，NGOやNPOが目指している発展途上国における人権，環境，平和，貧困，医療・福祉，障害者等や日本国内における在日外国人の問題について労働組合としておこなう活動と，発展途上国の労働組合や労使関係の構築にかかわる活動の両方をさすものとする。後者の活動は労働組合ゆえに取り組まざるをえない領域であり，したがって後者は発展途上国の労働者や労働組合を対象とした活動になる。前者はそれよりも広く発展途上国の人々を対象としている。国際貢献活動という表現が用いられる場合もあるが，貢献という表現が上から下に尽くすという感じがするので，対等の立場でおこなうということがより示される国際協力という表現の方が妥当であろう。

　本章は，次の内容から構成されている。まず，なぜ労働組合が国際協力活動に乗り出したのか。次に労働組合の国際協力活動の法的側面を議論し，さらに国際協力活動の実態を分析する。労働組合は3段階に分けられる。企業レベルの組合，産業レベルの組合，全国レベルの組合である。それぞれのレベルで国際的な活動をおこなっているので，それぞれのレベルでの活動を整理する必要がある。さらに国際産業別組合組織の支部が日本に設けられているが，その活動も無視できないので，それについても述べることとする。その中から最後に，今後の展開の在り方を考察してみたい。

2　なぜ組合が国際協力活動をおこなうのか

　労働組合はあらゆることに活動の手を伸ばしている。労働組合の活動方針を見ると，世界情勢からはじまって，あらゆることに関心を示している。したがって国際的な問題にも早くから取り組んできた。しかし，その国際的活動はナショナル・センターや国際的な労働組合組織に限定されており，単位組合である企業内組合が国際的活動を実施するにはいたっていなかった。

　しかし，日本の労働組合が国際的活動に踏みだすきっかけはいくつかある。1つ目は，日本企業が1960年代から海外に進出することによって，多国籍企業となっていったことである。その結果，労働組合も必然的に進出先の労働者や労働組合とのかかわりが生まれてくる。経済の国際化に対応して，労働組合の

国際活動を拡大せざるをえなくなっている。この国際活動は企業進出を成功させるために，進出先の労使関係をいかに築きあげるかという点に力点がおかれており，そのために海外の関連企業の組合代表を招いて協議会を開催している。これは特に企業別組合が国際活動にかかわるきっかけの1つとなった。

　2つ目は，日本の経済的地位の向上によって，国際的労働組合組織のアジア地域を取りまとめる役割が日本の労働組合に期待されてきた。連合がICFTUに加盟することからアジアの取り纏め組織であるAPROに積極的にかかわることが期待されている。さらに産業別の国際組織（ITS）でも同様である。IMF・JCを初めとして日本に産業別の国際的組織の支部が設けられている。そこでは財政的援助だけでなく，人材の派遣や活動のリーダーシップの発揮が期待されている。

　3つ目は先進国の労働組合としての社会的責任を果たすという意識が高まったことである。その背後には日本が戦争責任を十分に償っていないことの代償として，アジアに対する活動を重視すべきであるという問題意識が存在する。さらに経済発展によって生じるひずみを是正するために，発展途上国での貧困，環境，平和，人権問題への関心の高まりが国際活動への動機づけとなっている。

　4つ目は労働組合自身の活性化という目的である。組合は本来賃金や労働時間短縮という労働条件向上という目的があるが，それだけでは組合員の多様な価値観に対応できない状況が生まれてきた。つまり，経済的に充足するだけでなく，組合員が組合活動によって精神的充足感を感じることも重要な活動になってきている。そのために多様な活動に取り組み始めている。労働時間の短縮に伴う余暇時間の増加，ボランティア休暇制度の創設が国際協力活動やボランティア活動を促進する可能性が出てきた。そこから組合員の活力を引き出し，組合への関心を高めることにつなげようとしている。言い換えれば，組合の組織率が低下しつつあると同時に，若い人の組合離れが指摘されており，それらを食い止めるための手段に利用できる。

　5つ目は労働組合の枠を越えて組合活動家の交流が増えたことがある。アジアの労働組合と交流する場合，どの組合とかかわりを持つかが問題である。アジア諸国では権威主義的体制のもとで強制登録制度が採用され，政府によって登録が認められた組合でなければ，組合として活動ができないという状況があ

る。労働組合としての登録が認められないが，実質的に活動しているグループもいる。その中には結社法によって市民団体として登録される場合があるが，それも認められない場合には違法な団体となる。そこで登録組合とのみ交流するのか，違法ではあるが実質的に組合活動をおこなっている組合とも交流するのかが問題となる。後者と交流するためには労働組合の枠を越えて交流することになる。

3 労働組合の国際協力活動の法的側面

労働組合は制度化された組織であるが，それが組合の国際協力活動を活動全体の中で意味づけるために，その法律問題についてみてみよう。

(1) 労働組合法上の問題点

労働組合は法人格を取得することができる。この点が法人格の取得が困難で任意団体を余儀なくされている NGO とは異なっている。組合が法人格を得るためには労働委員会の公益委員による資格審査を受けなければならない。その審査をパスするためには労働組合法2条と5条2項の規定に適合することを立証しなければならない。証拠として労働組合から提出された書類（組合規約，役員名簿，労働協約，職制の一覧表，会計書類，使用者の経理上の援助をしていないという証明書等）を審査するだけ済ませている場合が多い。問題がある場合でも書面を修正するよう指導している。たとえば組合規約に問題があれば臨時組合大会を開いて修正するよう指導する。多くの組合はそれに従っている。労働委員会はできるかぎり資格審査をパスさせるよう努めている。審査をパスすると労働委員会は証明書を組合に交付する。その証明書を持って所轄の法務局に登記することによって法人となることができる（労組法11条）。

法人格を得ている組合は全体の1割程度にすぎない[1]。法人格は財産法上の権利義務の主体となりうる地位であるので，必ずしも法人格がなければ組合活動ができないというわけではないので，法人格の取得率は高くない。法人格のない組合でも権利能力のない社団として，できるかぎり社団法人に関する規定を準用すべきであるとされている。そのためには法人格のない組合でも団体と

しての特徴を有し，総会による意志決定，執行部による決定の執行，財産の管理等の組織運営の実態が存在する必要がある。以上によって労働組合は制度化された組織としての地位を有していることが分かる。

　労働組合の本来の目的は，労働者の労働条件の維持改善やその経済的地位の向上を図ることである。そのために団体交渉や争議行為をおこなう。その目的は主として組合員に対するサービスである。しかし，労働組合はそれ以外の多くの活動を付随的活動としておこなっている。労働組合法2条では付随的活動として共済事業，福利事業，政治活動，社会活動をあげている。事実組合活動として，組織勧誘活動，情宣活動，社会・政治活動などがあり，その活動対象から見れば，組合員に対するだけでなく，非組合員，使用者やその取引先，地域社会，政府・自治体に対する活動などがある。通常は組合規約にその活動の範囲や目的を定めており，その範囲で活動をおこなうことができる。「労働者の経済的地位の向上を図るにあたって，単に使用者との交渉においてのみこれを求めても，十分にはその目的を達成することができず，労働組合が右の目的をより十分に達成するための手段として，その目的達成に必要な政治活動や社会活動を行うことは妨げられない」（三井美唄労組事件・最高裁大判昭和43・12・4刑集22・13・1425）とされている。

　国際協力活動は外国での活動と国内での活動に分けられるが，内容面から言えば社会活動に分類される。その対象は組合員，地域社会，国際社会にまで広がる。この社会活動が組合活動として認められると，その法的効果はどうなるか。1つは使用者との関係，もう1つは組合内部運営の問題がある。

　使用者との関係では，社会活動は憲法28条で保障される組合活動なのか，憲法21条によって市民団体としての活動として認められることなのかが問題となる。社会活動が使用者との団体交渉事項になる場合には憲法28条の保障が及ぶ。たとえば国際協力活動をしやすくするためにボランティア休暇や休職制度を整備するという問題は団交事項になるので憲法28条によって民刑事免責や不当労働行為制度による保護が及ぶ。これに対して組合が発展途上国で社会貢献活動を実施すること自体は団交事項にはならないので，憲法21条によって保護されるにすぎない。したがって民刑事免責や不当労働行為制度による保護の問題は生じないことになる。

第9章　日本の労働組合とアジアでの国際協力活動

　次に組合の内部運営の問題がある。1点目は一般組合費の中から組合の決議で国際協力の費用を支出できるかである。一般組合費は組合員の納入義務があるが，その支出は総会で承認された予算の費目に従ってなされなければならない。組合の活動方針として国際協力活動をおこなうことが多数決で認められ，そのための費用を一般組合費から支出することが総会で多数決によって承認を受ければ支出ができる。組合の目的の範囲内の活動として認められているので，一般組合費からの支出ができる。ただし政治的目的については組合員個人の自由を尊重すべきなので，支出はできないとされている。

　2点目は労働組合が国際協力のために臨時に寄付を募ることを決議した場合，組合員はそれに拘束されるのか。組合員の多数決による国際協力への資金カンパの決議によって，それに反対する組合員から徴収できるのかどうかが問題となる。この寄付は臨時に徴収する組合費となるが，「組合が正規の手続に従って決定した活動に参加し，また，組合の活動を妨害するような行為を避止する義務を負うとともに，右活動の経済的基礎をなす組合費を納付する義務を負うものである」が，それは無制限ではなく，労働組合の活動が多様化するにつれて「組合員が一個の市民又は人間として有する自由や権利と矛盾衝突する場合が増大し」てくるので，「組合活動の内容・性質，これについて組合員に求められる協力の内容・程度・態様等を比較考量し，多数決原理に基づく組合活動の実効性と組合員個人の基本的利益の調和という観点から，組合の統制力とその反面としての組合員の協力義務の範囲に合理的な限定を加えることが必要である」（国労広島地本事件，最高裁三小判昭和50・11・28民集29巻10号1634頁）。この考えでいくと，政治活動のためのカンパ決議は，組合員の政治的自由と衝突するので，組合員個人の思想の自由を保護するために，カンパ決議に拘束力を認めることはできないが，「水俣病患者救済資金」のカンパ決議については拘束力を認めている（国労四国地本事件・最高裁二小判昭和50・12・1労働判例240号52頁）。このような一般的な支援金の決議に拘束力を認めれば，国際協力活動のための臨時の支援カンパの決議も，組合の目的の範囲にあり，組合員の市民的自由とも抵触しないので拘束力があると考えられる。これに対して任意カンパによっておこなうべきであるという説もあるが，一般的組合費での支出を認めるのであれば，同じ目的に対して臨時組合費での支出がみとめられないという

のは矛盾していることになる。任意カンパであれば賛成する組合員だけが寄付をすればよいので，カンパ決議に拘束力があるかどうかという紛争を生じないので，無難な解決方法であることは確かであろう。

(2) 税制上の問題点

NGOあるいはNPOが活動するにあたってその財政的基盤が弱いので，それを強化するための1つの手段として税制上の保護が主張されている。「特定非営利活動促進法（NPO法）」が成立して，活動の基盤を強化するための法人格取得が容易になったが，税法上の特典を与えることは法案から削除された。そのために，この法律には税制面での優遇制度はない。次の目標として税制上の優遇制度を取り入れた改正の動きが出てこよう[2]。

労働組合は税制上どのように取り扱われているか[3]。法人税では内国法人を5つに分類し，資格審査をパスして法人格を持つ労働組合は「公益法人等」に分類し，法人格を持たない労働組合は「人格のない社団等」に入れている。つまり法人格のない労働組合は「権利能力なき社団」の理論によって民法上の法人の規定が準用されるので，税法上もそれにあわせて「人格のない社団等」に分類されて，法人格を持つ労働組合に準じた取扱になっている。「公益法人等」と「人格のない社団等」は，収益事業（法人税法施行令5条で33事業が列挙されている）から生じる所得に対してだけに法人税，地方税がかかる（その収益を公益事業に使用した場合（みなし寄付），3割まで損金に算入できる）。それ以外では法人税，地方税は免除されている。したがって一般組合費，臨時組合費に対する法人税・地方税は課されない。また法人格のある組合には，その支払いを受ける利子・配当・利益分配・報酬・料金に所得税が課されない。しかし，受託事業として他から収入がある場合どうか。消費税はかかってくる。しかし，受託事業が請負業務とされると，これは収益事業に入れられる。しかし，その事業に要する経費が受託事業によって入ってくるお金より多い場合には，実費弁償により行われたものとして，所轄税務署長の確認を受ければ一定期間に限って収益事業とはならない。その期間は一般的に5年以内とされている。しかし，税務署長の確認を取得するのは難しいとされている。

労働組合が寄付金を受けた場合には，「公益法人等」あるいは「人格のない

社団等」である労働組合には法人税・地方税はかからない。組合員や組合員以外の者、たとえば退職によって組合を脱退した者が、組合に対して寄付をした場合、その寄付をおこなった者に税制上の恩典があるのだろうか。特定公益増進法人に対する寄付金や指定寄付金の場合には、寄付をおこなう個人には課税所得の25％相当額を限度として寄付額から1万円を差し引いた額の所得控除が認められている。しかし、一般の公益法人に寄付しても何の控除もない[4]。

次に、寄付をおこなう法人の場合の法人税の控除はどうであろうか。指定寄付金では全額が法人税上では損金となる。特定公益増進法人や一般の公益法人への寄付の場合には、資本金の0.25％と所得金額の0.25％の合計額（一般損金算入限度額）が法人税上の損金となる。

問題は個人の一般の公益法人への寄付金では税制上の優遇措置はないこと、税制上優遇される指定寄付金や特定公益増進法人の認定が困難なこと、法人と比較して個人の寄付に対する税制上の優遇措置が小さいことである。これだと個人の寄付を促進することにはならない。日本では政府が納められた税金の中から補助金や助成金という形で配分するので、個人が公益法人等に寄付する場合には税金を免除する方法はとっていない。しかし、担当の政府機関の決定によって配布先が決まるので、個人が寄付を希望する団体に補助金や助成金が配布されるとは限らない。個人の選択する団体に寄付しやすくするためには税制上の優遇措置が必要になろう。

以上をまとめると、労働組合の収入については、収益事業による利益に対する課税を除いて、法人税・地方税が免除されているが、労働組合に寄付をする個人には税制上の優遇措置が小さい。これは日本の寄付金に対する税制上の問題点である。

4　国際協力活動の実例

(1) 企業内組合

日本の企業別組合は組合員の労働条件を確保することがその活動の中心である。そのことから企業内組合は国際協力活動に関心は少ないという結論になるが、企業の海外進出に伴って生じる問題に取り組むことから、国際的問題への

関心を強めてきた。したがって海外進出をした大企業の企業別組合から国際協力活動が始まった。

　企業内組合で活動している事例として松下電産労組を取り上げたい[5]。もっとも積極的に国際的な活動をおこなっている組合の1つであろうと思われるからである。企業自体が国際的に事業を展開しており，組合としても国際的な活動を積極的に取り組んでいかざるを得ない。それは3つの領域に分けられる。

　1つ目は，海外で勤務する組合員の労働条件の改善である。これは日本での活動の延長上にあるが，日本では問題にならない身の安全や子女の教育まで配慮している。海外勤務者の意見を聞くために海外拠点を設置して地域連絡会を作り，世話役をもうけている。1980年から「海外勤務者に本を贈る運動」を実施しているのも海外勤務者やその家族の生活条件向上のためである。さらに「海外対策指針」を作って企業が海外進出する場合に組合との協議の在り方を定めている。これは基本的に企業の海外進出を前提として，それに伴って生じる問題を事前に労使で協議することを目指している。

　2つ目は進出先の労働者や労働組合との関連を強化することである。進出先で組合の結成をめぐって紛争が生じたり，ストライキが発生する場合，組合としてかかわらざるをえなくなってきた。さらに松下関連労組世界会議やIMF松下世界協議会が関連強化のために開催された。1996年の第4回IMF松下世界協議会で今後はIMFが主催するIMF松下世界協議会に一本化することになっている。IMFの協議会は，「同一企業グループの世界の労働者が，賃金，労働条件，安全衛生等に関して情報を交換し，その平準化に向けて親企業との交渉手段を得る」ことを目標としている。これによって松下グループ労働者の結びつきが強化され，松下の労使関係の理念の普及に役立っている。しかし労使協調について理解しない組合は参加していない[6]。さらに情報交換や意見交換はなされているが，まだ団体交渉ができるまでにはいたっていない。この活動は部分的に発展途上国の労働者や労働組合との連帯を強める活動としての機能も果たしていると言えよう。部分的というのは連帯する対象が進出先の労働者や労働組合に限定されているからである。

　3つ目が発展途上国の地域社会に貢献するための活動である。これは「ユニオンシチズンシップ」という松下労組の造語のもとで進められている。つまり，

組合員がよりよい市民として社会に貢献することを目指したものである。1982年アジアに井戸を贈る運動開始，1984年青年海外協力隊参加の休職扱い実現，1986年「国際連帯・文化振興基金」を設立（1985年組合結成40周年を記念して，5億円の基金で設立），1991年「MEU 国際ボランティア賞」を設け，アジア・アフリカ地域でボランティア活動をしている団体を支援している。毎年3ないし4団体を選考し，2万ドルを提供している。これは1998年度で中止したが，12カ国24団体が選ばれている。それ以外にも，この基金によって，さまざまな支援活動を実施している。1995年から「アジアに学校を贈る運動」をスタートさせ，1996年9月インドに職業訓練校を完成させた。毎年200人の学生を受け入れる。組合員数が9万人近くもおり，寄付集めをしても多額のお金が集まるメリットを生かして様々な活動している。

　1と2の活動は企業が海外に進出した結果企業別組合がはじめは受け身として対応してきたが，しだいに松下の労使関係安定のために活発化してきた活動分野である。基本的に企業の海外進出を支持し，それを成功に導くための努力がなされている。これに対し3の活動は企業別組合の中では組合みずからの積極的な決断によってなされた活動と言えよう。この分野は多くの場合，日本では産業別組合が中心におこなっている。

(2) 産業別組合

　産業別組合のいくつかで聞き取り調査をおこなったので，それらを整理してみよう。

　① 自動車総連[7]

　1987年組合員が海外勤務する場合の処遇確保のための対策指針を出している。具体的には各労連や単組で団交によって駐在員の労働条件を決めるが，対策指針では赴任前，赴任中，赴任後の問題をまとめている。例えば，海外勤務を命じる場合は3カ月前に本人と組合の同意を必要とし，職務内容や労働条件を明示する。期間は原則として3年とし，家族帯同を原則とする。赴任前，赴任後健康診断を義務づけ，費用は会社負担とする。事前研修，住宅・家財の管理，帰国子女の教育問題，医療，災害補償，安全対策等の指針を出している。

　現地の労働組合との交流として IMF 世界自動車協議会と2国間交流がある。

第3部　アジアと日本の労働組合

前者は情報交換と労使紛争処理，組合の組織化，労働者教育への支援によって進出先の労働者に対する社会責任を果たすことを目指している。1973年以来3ないし4年毎トヨタ，日産，本田，三菱，マツダという企業毎に世界自動車協議会を開催している。後者は台湾，韓国，中国，オーストラリア等と定期的にセミナーを開いて情報交換や討議をおこなっている。現実に労使紛争がおきた場合には，多国籍企業対策労働組合会議 (TCM) が出した指針によって処理することになる。原則は当該単組のイニシアティブでおこなうが，産別組合も実効ある解決に調整役として協力していく。さらに組合幹部の育成支援活動もおこなっている。1994年以来，タイで自動車関連労組セミナーを開催して，組合幹部の教育やタイ自動車労組間の情報交換に役立っている。

福祉カンパ活動によってハンディキャップを負っている人に温かい援助を差しのべる活動の1つとして海外福祉活動への資金援助がある。日本ユニセフ協会を通じて給水衛生事業支援，PHD協会の人材育成活動への援助等がある。援助がどのように使われているかを知るための現地視察や研修参加者からの報告を聞く会を開いて，資金の提供だけで終わらないよう工夫している。

青年海外協力隊への組合員の積極的な参加に取り組んでいる。隊員中の休職扱いと，期間満了後の職場への復帰を保障する労働協約の締結する運動を実施している。さらに2年毎に調査団を派遣して協力隊員と会合を開いている。この活動で国際協力事業団から平成7年度に国際協力功労団体の表彰を受けた。

②　電機連合[8]

海外進出に対する組合の対策として，1981年海外勤務者対策指針，1988年電機産業の海外進出の基本方針，1989年海外勤務者の事前教育・安全対策マニュアル策定がなされたが，それらを総合して1990年海外総合対策を作成している。国内の雇用に影響を与える海外進出は認めない方針であるが，進出にあたっては事前協議を充実させる。産業の空洞化対策として，独創的な技術を開発して高付加価値の製品を作るという国際化にともなう産業政策を提言している。

海外での労使紛争にどう対応するかが問われている。たとえば，マレーシアの電子産業での組合の組織化をめぐって日本側の親会社を説得するよう要請を受けているが，マレーシアの法律違反はできないとする親会社を説得するのは困難で，対応に苦慮している。現地の政府の方針や法律に反することはできな

第9章　日本の労働組合とアジアでの国際協力活動

いが，それが組合の組織化を阻害する場合，親会社との対立を避けつつ組合の組織化を促進することが難しい(9)。発展途上国では経済発展のために組合の組織に否定的な国があり，そこに進出した企業での組織化をめぐる紛争にどう対処すべきかの検討を迫られている。団結権尊重を貫けるかどうか日本の組合の在り方を問われる問題である。企業内組合だけでは対応できないので，産業別組合が中立的立場で調整役を果たしうる分野である。

1992年結成40周年を機に，「美しい地球・幸せな暮らし」を基本理念として国際貢献事業に乗り出した。そのために，組合員のカンパによって10億円で「地球・愛の基金」を創設した。低金利によって財源不足が生じているが，闘争資金や一般会計からの補助によって事業をおこなっている。地球環境保護のために，オイスカの「子供の森計画」を支援し，組合員とその家族がインドネシア，タイ等での植林作業に参加している。財政援助だけでなく，組合員が参加して汗を流し，環境保護の大切さを学ぶ貴重な体験になっている。そこで現地の学校で子供達と交流し，教材や教育備品の支援もおこなっている。それがきっかけとなって子供達との文通をおこなっている。これが組合員とその家族との絆を強めることにも役立っている。

国際的経験を積んだ組合役員を養成するために海外留学制度を設けている。2年近くの間にロンドン大学経済政治学院（LSE）やハーバード大学労働組合講座で勉強している。所属する単組が費用を負担しているために，1期4名，2期3名，3期4名と多くはないが，これからの国際的活動を担う人材となっていくことが期待されている。産別レベルで人材育成に取り組んでいる事例としてはめずらしい。

③　ゼンセン同盟(10)

ゼンセン同盟は日本の労働組合の中ではもっとも古くからアジアでの活動を実践している(11)。国際繊維労組連盟がアジア地域組織を作るために，1960年からゼンセン同盟はアジア諸国で組織活動をおこなった。アジア地域組織（TWARO）の事務局をゼンセン同盟のある建物の中に1961年に設置した。日本で最初に設置された国際的産別労組のアジア地域組織である。

また繊維関係企業は早い時期から海外に進出している。ゼンセン同盟は1974年に「多国籍企業対策指針」を作成しているが，1993年に改正している。その

223

第3部　アジアと日本の労働組合

基本理念は「結社の自由および労働基本権の確立と拡充，国際公正労働基準の確立」においている。現地の労使慣行を大切にし，組合結成や活動を妨害しないことを使用者に求めている。そのために国際機関が定めた行動指針の順守，さまざまなレベルでの労使会議での合意形成や協議を重視している。現地の企業で紛争が生じた場合，日本側の企業内組合に相談すると企業に情報がもれるのを恐れて，現地の組合は中立的立場にいるゼンセン同盟に相談する場合が多い。ストライキがおこなわれる時や法廷で争われる時に支援する場合もある。

TWARO（国際繊維被服皮革労組同盟のアジア太平洋地域組織）を通してアジアの組合に対する資金援助や技術援助をおこなっている。たとえば労働法や団体交渉，安全衛生等についてのセミナーに講師派遣や資金援助をしている。1991年までは日本に呼んでセミナーを実施したが，経費を安くして多くの組合員が参加できるように，現地で実施している。さらに1993年9月以来，2国間交流として2年に1回，韓国，台湾の繊維関係の労働組合と定期的に会合を開いて，意見交換によって相互理解を深めている。

1995年9月の51回定期大会で，結成50周年記念事業として，社会貢献活動（愛称・ボランダス活動）を展開することを決定した。運動活性化のために，加盟組合がどのようなアイデンティティ（これをZI, ゼンセン・アイデンティティ）を形成すればよいかを議論する過程の中から社会貢献活動の実施がまとまった。方針として5つのルールを作った。組合員の理解と共感を得ながら進めること，国内外を対象とすること，社会貢献の姿が見えるように進めること，寄付だけでなく参加型のものとして進めること，継続性を持ち，少なくとも5年は続けることの5つである。具体的には，いくつかのNGOの活動（たとえばオイスカのバングラデシュ・マングローブ植林計画，スリランカ「子供の森」計画，ジャプラニールの児童教育プログラム，サルボダヤの村落開発プロジェクト，アンコールワット国際ハーフマラソン大会）への援助と加盟組合や都道府県支部からの公募によるプロジェクトへの支援をおこなっている。資金援助だけでなく，実際に組合員が植林作業に参加したり，プロジェクトの進行状況を視察する活動をおこなっている。毎年1回「ボランタスチーム」（1チーム10名で3チーム）を派遣している。すでに活動しているNGOを支援するのは，組合がNGOとしての活動には慣れていないので，そのノウハウを持っていないためである。

第9章　日本の労働組合とアジアでの国際協力活動

④　自　治　労(12)

　自治労は地方公務員の組合組織であるために，これまで活動は国内向けであった。国際活動は特定の幹部が欧米での調査や交流をおこなっていたにすぎなった。南アフリカの反アパルトヘイトやピナツボ火山噴火によって被災した人々を救済するカンパ活動を実施した頃から，一般組合員の直接参加する活動を模索し始めた。1991年 MUPAC (Mutual understanding with people in Asian countries) が開始され，組合員を船でフィリピンと極東ロシアへ派遣した。そこで各地を視察して，環境，平和，人権について勉強した。そこでの体験をもとに，自治労40周年の記念事業として，平和，環境，人権をキーワードとしてベトナム，カンボジア，ラオスに「子供の家」を建設することにした。ベトナムでは日本ボランティア・センター，他は曹洞宗国際ボランティア会（現在はシャンティ国際ボランティア会と名称変更）と連携することにした。

　「子供の家」は日本で言えば児童館であるが，ベトナムでは宿泊施設を設け，職業訓練もおこなっている。自活できる能力を身につける必要があるからである。ラオスでは伝統文化を学ぶクラスを設け，カンボジアでは教師不足を考慮して幼稚園教師養成学校の敷地内に「子供の家」を建設した。国の事情が異なるので，それを考慮して「子供の家」の内容に違いがある。年間6チームを日本から派遣して，組合員が直接参加する機会を設けている。現地に滞在して運営の実態を見たり，子供と遊んでいる。さらに「子供の家」のスタッフは研修を日本で受けて，自立のための準備をおこなっている。できるだけ自立した運営ができることを目標にしているからである。援助慣れしてしまうことを避け，自立化のための基礎作りとして1年毎に現地スタッフ，日本のNGO，自治労の三者で評価会を開いて，問題点を整理し，その解決策を議論している。それまで組合員の「コーヒー一杯分」のカンパで集まった資金でまかなっていくが，しだいに減らしていく予定である。

　その他に，日本人男性とフィリピン女性の間に生まれた子供と母親の支援プロジェクト，タイ東北部の女子中学生に奨学金を支給するプロジェクト，インドネシアの民主化支援のためにアムネスティ・インターナショナル等に資金提供等をおこなっている。

　以上の産業別レベルでの国際協力活動を整理すると，やはり3種類に分けら

225

れる。1つ目は企業の海外進出にともなって生じる問題に対処するための指針を策定している。ゼンセンでは「多国籍企業対策指針」，電機連合は「海外総合対策」，自動車総連は「海外勤務者対策指針」，ゼンセン同盟の「多国籍企業対策指針」がそれである。これは海外勤務の組合員の労働・生活条件の保護を目指しており，当然の活動といえよう。海外進出に関しては，国内の雇用問題に影響を与える場合は認めないという基本方針があり，進出決定前に事前協議の対象とすることを求めている。さらに産業別の組合が集まって多国籍企業対策労働組合会議を結成している。これも組合員の保護を目指している。

　2つ目は現地の労働者や組合との関係強化であるが，組合員教育，2国間交流，IMF 世界自動車協議会等がある。問題は現地の企業で紛争がおきた場合，産別組合がどのように解決にかかわるかである。日本側の親会社にある企業内組合は動けない場合があり，中立的立場にいる産別組合が調停役として動くことがある。

　3つ目は市民としておこなう国際貢献活動がある。それぞれの産別組合は基本理念を持って工夫をしている。地球環境対策として子供の森計画の推進に資金カンパによる援助，「子供の家」の建設等がなされている。財政的援助だけに終わらないようにしている。つまり組合員が参加できるプロジェクトにしており，相手が援助なれすることを避け，自立して運営ができるよう配慮したプロジェクトにしていることが特徴点である。

　さらに追加するとすれば，4つ目は組合員の海外留学による人材養成に取り組みはじめたことである。これまでは海外視察やセミナー・ジンポジウムへの参加が人材育成の手段でもあったが，国際的な労働組合組織でも仕事ができる人材養成を目的とした本格的な教育・訓練制度が作られつつある。これは企業内組合だけでは負担が重くてできないので，産別組合あるいはナショナル・センターが実施すべき課題であろう。

（3）　全国レベルの組合——連合の場合[13]

　1989年の連合結成以前から，総評，同盟等が国際活動を実施してきたが，本格的な国際協力に乗り出したのは連合が結成されてからである。連合は1989年5月，国際協力のために財団法人国際労働財団（JILAF）を結成した。その目

的は,「開発途上国の労働組合関係者を日本に招いて研修の機会を提供したり,それらの国の労働団体が現地で行う教育活動や社会開発活動に協力することによって,民主的かつ自主的な労働運動と労使関係の発展に助力し,それによって途上国の健全な経済社会開発に貢献すること」である。

その活動のために連合が16億の基金を出して運営しているが,利息が低下しているために自己資金での活動に限界がある。そこで連合本部や連合構成組織から寄付金を受けたり,労働省,外務省,日本労働研究機構からの業務委託事業,補助金や助成金を受けることで資金を工面している。ということはODAの資金を活用していることを意味する。ODAによるNGOへの支援制度が日本でも採用され,1989年からNGO事業補助金制度を外務省がスタートさせた。労働組合がODAから補助をもらって国際協力活動するケースは先進国では多く見られる。国際労働財団は平成8年度に外務省から2449万円,日本労働研究機構(労働省の外郭団体)から3億884万円,労働省から1226万円を得ている。収入総額の6割強を占めている。発展途上国で自由で民主的な労働組合の発展に寄与することは,その国の経済発展や社会開発にプラスになるので,ODAから支援を受ける価値があると考えられている。連合が欧米でのODAによるNGO支援についての調査報告書[14]では,政府からのNGOプロジェクトへの助成率をプロジェクト総額の75〜80%程度,またプロジェクト総額の10%程度の管理費助成の必要性を提言している。この数字は欧米の平均的な数字である。しかしODAを削減する方向にある中で実現が困難なことが予想されるが,問題は政府からの独立性を持ってNGOプロジェクトを実施できるかどうかである。ODAであるので政府の外交方針に矛盾するプロジェクトを実施することはできないであろうし,そもそもプロジェクトを組む時に外交方針に矛盾しないように自己規制することになろう。そうしないとODAから支援を受けることはできないからである。国の方針の範囲内で活動するという前提でODAから支援を受けることになる。国際労働財団は政府のODAの目的である「開発途上国の経済開発や福祉の向上に寄与する」ことを目指す国際協力活動をおこなうという点では,政府の方針とは異なっていないと考えている。だからこそODAからの支援の拡大を主張している。しかし,すべての活動をそれでまかなうことは無理なので,自主的なプロジェクトを実施するためには,自主財源

を増やして財政基盤をどう確立していくか今後の問題である。職員の数は財政上の問題からしぼっており，特に連合構成組織から出向している職員の給与は出身母体から支払われている。

　国際労働財団は労働省認可の財団法人であり，法人格を有する NGO である。理事会は29名，監事2名で構成されている。その中には元労働省職員が3名，元外務省職員が2名が入っている。日本の公益法人の場合，政府の元職員であった人が役員として入っていることが多いが，国際労働財団も同様である。ODA を配分する監督官庁である労働省と外務省出身者がいることは ODA の予算を獲得する上で有利になるというメリットがある。この点を考えると政府からの独立性が保持されるのかどうかが問題とされている[15]。組合出身者が理事の過半数以上を占めており，多数決原理からいけば組合側の意向によって意志決定ができる体制になっている。しかし副理事長や常務理事という高い地位に監督官庁出身者がおり，監督官庁の意向が監督官庁出身の理事を通して反映されない保障はない。そこで ODA からの援助を受けるかぎり，監督官庁からの指示を無視し得ないのであるから，そこから理事を受け入れた方がスムーズに援助を受けられる。それによって自前の資金だけではできない規模の大きい国際協力活動を実施するというやり方を選択したことになる。ただ連合は ODA の在り方について批判を持っており，改善すべきことを含めて「開発協力基本法」の立法化を主張している。

　活動事業の内容は次のとおりである[16]。

　①　開発途上国および先進国の労働組合関係者を日本に招聘すること。1998年度までに1001名（うち女性152名）が招聘された。10日から2週間ぐらいの研修で日本のことを知ってもらい，相互理解を深めるのが目的である。日本の労働運動や労使関係についての講義，連合本部，地方連合，産別組織，労働省，社会経済生産性本部，日経連等の訪問によって日本の労働組合や労使関係について見聞を広めるとともに，招聘者によるそれぞれの国の労働事情報告をおこない，日本の労働組合関係者の海外の労働事情についての理解を深める機会にもなっている。家庭訪問もおこない日本人の日常生活にもふれる機会もある。労組出身者がコーディネーターとして共に行動をとって世話をしている。日本の労使関係の長所や短所を勉強して，それをどう生かすかは参加者の判断に任

第9章 日本の労働組合とアジアでの国際協力活動

されている。日本の労使関係システムを海外に輸出するという明確な意図は表明されていない。日本の経験が参考になればよいという程度である。

ODA の資金での招聘なので,日本と国交のない国(たとえば台湾)からは呼べないという制約がある。できるかぎり将来その国の指導者になる若い人を招聘したいとしているが,人選は各国のナショナル・センターに委せているので,トップ・クラスの高齢者が論功行賞で日本に来る場合もある。さらに連合がICFTU に加盟している関係で,ICFTU に加盟している組合から招聘者を受け入れている。したがって ICFTU に加盟していない組合からは呼んでいない。ただインドネシアのナショナル・センターである FSPSI は ICFTU に加盟申請しており,まだ正式に加盟が認められていないが,FSPSI をはずすのは適当ではないと判断している。スハルト体制崩壊後は全インドネシア労働組合連盟改革派(Refurmasi FSPSI)とかかわっている。日本とインドネシアとの繋がり,インドネシアが ASEAN のメンバーであること等から判断されたものと思われる。

日本は物価が高いので1人招聘するのに多額の費用が必要になる。そこで現地でやれば安い費用で実施できるが,日本を見てもらうには日本で実施する方が効果的である。

② 現地プロジェクトとしておこなう発展途上国の労働組合の教育活動や社会開発活動への支援。教育活動支援は日本労働研究機構の委託事業であり,労使交渉,組合の組織化,安全衛生,生産性向上,労使紛争解決,女性問題,労災保険制度,市場経済下での労働運動等をテーマとしたセミナーを現地で実施する。そのために講師派遣や機材提供をおこなっている。セミナーは講義方式ではなく受講生が積極的に参加できるセミナーを目指している。参加者がグループ討論によって問題点の整理や解決方法を見いだすよう工夫している。このセミナー参加者が各地でリーダーとなることを期待している。社会開発支援は外務省の援助で実施しているが,家族計画や環境問題についてのセミナーを現地の組合と共催したり,医療活動として診療所(パキスタン)や識字教育のための学校運営(ネパール・インド)に支援をおこなっている。1996年4月の中華全国総工会との合意によって,市場経済化の労使関係の構築に関するセミナーを1997年度から中国で開催している。中国との交流は1989年6月の天安門事件

を契機として生じた人権問題の関係でICFTUは禁止をしていたが，連合は中国との交流を再開した。これを受けて国際労働財団も中国での現地プロジェクトを実施する決断をした。これまでアジア中心で現地プロジェクトを実施してきたが，アフリカや中南米にも活動範囲を広げている。

　③　機材の提供。アジア，アフリカ，中南米の労働組合には活動に必要な機材がない場合がある。そこで機材を提供している。パソコン，コピー機，ビデオデッキ，ファクシミリ，レーザープリンター，テレビ等を供与している。1996年までに37カ国・2地域の48組織と3地域組織，あわせて51組織に103件の機材を提供している。

　④　発展途上国の組合リーダーの育成。ICFTU―APROと協力してシンガポール労働大学に講師派遣や受講する若手リーダーに奨学金を支給している。イスラエル労働総同盟の国際学院にも講師を派遣し，アフリカの組合からの参加者に奨学金を支給している。

　⑤　セミナー，シンポジウムや講演会をICFTU―APRO，連合，日本社会経済生産性本部，国際交流基金等との共催によって国内や海外で開催し，日本人にとっては海外の労働事情を直接聞くことができ，海外の人との情報交換の場となっている。これは「内なる国際化」を目指している。

　⑥　日本で国際活動を担う人材養成。連合と協力してアジアに国際交流チームを派遣し，そこでの情報交換や友好的交わり等を通して，わが国の組合関係者の国際経験を増進することを目指している。さらにICFTU，ILO等の国際会議に派遣して協力活動の調整や情報収集するのも同じ目的からである。1996年10月から「JILAF国際活動家養成コース」を開設して本格的に国際的に活動できる人材養成に乗り出した。英語研修，労働に関する講習，実務研修，シンガポール労働大学での研修など1年間のプログラムが組まれている。

　以上の活動をみると，発展途上国の組合員に対する教育や研修が活動の中心になっている。日本の組合員に対する国際活動のための教育や研修にも力を入れている。教育や研修はすぐには効果が出てこないが，継続的に実施すれば20年，30年とたってきた時に，アジアを初めとする世界各地で組合活動や組合の社会開発活動に貢献できる人材が育っていくことが期待できよう。継続することが重要であり，そのための財源の確保がこれからの問題であろう。

第9章　日本の労働組合とアジアでの国際協力活動

　連合は国際労働財団とは別に連合国際協力センターを設立している(17)。はじめは「連合国際協力隊」を結成して，国際ボランティア活動に参加したい組合員や退職者を登録しておき，要請があった場合に派遣することを計画していた。青年海外協力隊の労働組合版を作ろうとしていた。この構想は1991年11月の連合第2回大会で決定された。それを受けて委員会で具体化に向けての検討がなされた。しかし，現段階では早急に国際協力隊を実現するのが難しいので，「当面は，NGOが行っている実効性のある既存の活動に協力し，活動の中心をアジア太平洋地域とし，活動の領域を社会開発に置く」こととなった。そのために「連合国際協力センター」を設立した。実際に海外で国際活動をおこなう協力隊の名称を「連合FAN」（Fraternal Assistance Networkの略称）とした。この「連合FAN」が2001年10月以降本格的活動に入るために，現在準備活動の期間としてパイロットプロジェクトを実施している。タイで障害者と健常者が一緒に楽しむスポーツフェスティバル，国際協力活動のリーダー養成のための講座を開催している。国際労働財団との相互依存関係をどうするかが1つの問題であろう。

　連合はICFTUに加盟し，特にAPROの強化のために協力している。日本から事務局長を出し，運営費の財政援助をおこなっている。APROが実施している「アジア連帯基金」や「心と心を結ぶ基金」に連合から寄贈している。アジア諸国の労働組合との交流に力を入れており，「北太平洋地域労組会議」（連合，韓国労総，香港・九龍労働組合評議会，中華民国全国総工会で構成）を開催し，「アセアン労働組合評議会」との定期協議を開いている。1993年10月には東京でアセアン労働組合評議会との会合を開いている。そこで情報交換によって相互理解を深め，国際協力のための協議をおこなっている。この時「アジア社会憲章」の作成が大きな議題になっていたが，これは1994年8月 ICFTU―APROの執行委員会で採択された。

　さらに連合は2国間の交流も実施している。ICFTUに加盟している組合との交流は当然であるが，ICFTUに加盟していない組合との関係をどうするかが問題である。これまでアジア諸国では工業化による経済発展政策が採用され，そのために権威主義的体制下で労働組合を厳しく規制していた。たとえば強制登録制度によって登録が認められないと労働組合は違法な存在となる。政府に

批判的な組合は登録要件に合致しない組合として登録が認められないので，自主労組として違法を覚悟で活動する。このような組合はICFTUに加盟していないので，それとの交流を図るかどうかが問題となる。韓国のように民主化が進むにつれて法律が改正されて，違法な組合が合法化されればよいが，違法な組合でも支援するかどうかが問われる。逆に政府よりの組合で登録が認められても，政府の支配が強く自主性や民主性に問題のある組合であっても支援するのかどうかが問われる。自由で民主的な組合の結成を促進する観点から決断することになろう。その決断は政治的問題を引き起こす可能性があるので，困難を伴う場合があろう。

さらに，傘下の産別の協力で「連合愛のカンパ」を作り，人権に対する弾圧や飢餓で苦しんでいる人を支援する基金としている。

(4) 国際産業別組合組織の支部の場合

国際産業別組合組織としてICFTUと協調的関係にある16のITS (International Trade Secretariats) がある。その内8組織が日本に連絡事務所を置いている。これには産別組織が加入しているのが普通である。複数の産別組織が加盟しているので，その間で情報交換や交流する場になっている。これはもともと国際組織なので国際的活動をおこなうのは当然であるが，日本の加盟組織がアジアの中で最大の組織人数を持っており，その経済的地位の高さから，アジア地域での活動の財政負担が重くなっている。そこで連絡事務所は日本だけでなく，アジアの活動の中心的役割を担っている。その典型的事例がIMF―JCである[18]。

1957年IMF東京事務所を開き，日本での組織化を目指した。1964年5月IMF―JCの結成を実現した。JCはアジア各国労働者への支援活動を方針として打ち出した。日本がアジア地域での組織化の拠点とされていたからである。IMF―JCは1967年からアジア地域のIMF加盟組合との交流を開始した。1972年10月のIMFアジア地域会議で，JC事務所内に設置されたIMF東京事務所をIMF東アジア地域事務所に改編することが決まり，アジア地域での組合の組織化に乗り出した。その一環として1975年第3回IMFアジア地域会議で「アジア労働組合権憲章」を採択した。これはアジアにおける労働組合運動の指針と

第9章　日本の労働組合とアジアでの国際協力活動

なり,毎年9月1日をアジアにおける労働組合権利デーとして組合の権利確立のキャンペーンを実施している。さらに教育・訓練に力を入れ,アジアからの技術研修生や組合幹部研修生を受け入れてきた。1976年からIMF東南アジア・リーダーシップ訓練講座を実施してきた。多くのシンポジウムを開き,IMFアジア青年婦人シンポジウム,IMFアジア自動車セミナー,鉄鋼セミナー,造船セミナー,国際労働セミナー等が開かれている。外国の事情を知る機会になると同時に情報交換の場になっている。

多国籍企業問題対策労組連絡会議(TCM)はIMF—JCの提唱によって結成され,各産別組合の多国籍企業対策のまとめ,海外投資状況の把握,日本企業の海外投資先の実態調査,対政府要求の推進等を目的としている。進出先の企業に社会的に問題のない行動をとるよう要請することが重視されている。企業内組合では自分の企業を追求しにくいので,IMF—JCがそれをおこなう役割を持っている。海外からの紛争の情報や支援の連絡がJCに送られてくる。これは全国レベルで産業政策問題に関して調整役を果たしていることを意味している。また同様な活動としてIMFが主催する自動車と電機の世界会議やアジア地域会議があり,JCがその実務を担当している。

JCは国際連帯基金によって財政的援助をおこなっている。たとえば1987年9月,韓国の民主化闘争に支援カンパとして1万ドルを韓国金属労連に送った。

5　今後の活動の在り方

これまでに述べてきたことを整理すると同時に,そこから今後の組合の国際協力活動の問題点を指摘しておこう。

(1)　国際協力の対象分野がしだいに拡大している。組合の国際活動のきっかけは企業の海外進出であるが,それに伴う多国籍企業対策に関連する活動から,さらに進出先の労働組合や労使関係とのかかわりが生まれる。そこでの労働組合の団結権や組合活動の保障を求める活動の援助,労使紛争が生じた場合の調整役の活動をおこなう。しかし,企業内組合ではその活動に限界がある。企業側との対決を伴う場合があること,現地の労働組合と利害が対決する場合があるためである。それを越えることができるかどうかは日本の企業内組合の力量

にかかっている。それを補うのが産別組合や国際産業別組合である。さらに活動範囲は社会開発の分野である教育，環境，保健，貧困対策に焦点があって始められている。経済開発によって生じた矛盾・問題点の解決に取り組んでいると言えよう。特にアジア地域での人材育成のために教育・訓練には力をいれざるを得ないであろう。これはすぐに効果がでるものでないために，継続的に講座やシンポジウムを開催していかなければならない。対象地域はこれまでアジアが中心であった。これは日本に近いことから当然であろうが，これからはアフリカ，ラテンアメリカに広げていく必要があろう。

(2) 組合が国際活動をおこなう理念や哲学を明確にしていること。発展途上国の人々とイコールパートナーとして対等の立場で協働し，交流することが掲げられている。それによって相互理解を深めることが可能となる。さらに組合員の生き方を見直すという企業の中だけでなく，本人の自主性を発揮して活性化し，人間性回復のためという目的も持っている。

(3) 組合は組織力を持っていること。市民団体とはこの点が違う。きめこまかい活動ができること，迅速な決定をして機能的に活動ができること，小さな規模で新しいことを試みることが可能である。小回りが利くことで，組合の特色が出せる活動が可能である。しかし，単組，産別組合，ナショナル・センターそれぞれがばらばらに活動している。したがって他の組合がどのような国際協力活動を実施しているかの情報を持っていない。そこで国際協力活動をおこなっている組合同志でネットワークを作る必要がある。連合系であれば，国際労働財団あるいは連合国際協力センターがリーダーシップを発揮してネットワークを作ることが期待される[19]。これによって新たに国際協力活動をおこなう組合を増やすことも可能になろう。

(4) 人が見える活動を目指している。金を提供することでおわりにしないで，組合員が参加し，汗を流すことを必要としている。これはこれまでの日本の国際協力の在り方の反省に立っているが，それだけでなく組合への参加意識を強めるという組合自身の要請にも合っている。国際協力に金だけしか出さないという批判が日本になされてきたが，それを反省してできるかぎり人が見える活動をおこなう。さらに，それは国際協力の相手だけでなく，組合自身の活性化にもプラスになる。その2つの目的のためにはボランティア休暇制度の導入が

第9章　日本の労働組合とアジアでの国際協力活動

必要となる。短期間だけであれば年次有給休暇を利用できるが，長期間の海外でのボランティア活動のためにはボランティア休暇制度が必要となろう。

(5) 相手の依頼心を助長しないようにすること。相手の自立を妨害しないような国際協力が必要である。一方的に与えるという援助はさけ，できるかぎり相手と共同でおこなうことが必要である。はじめは100％日本側が援助をしても，計画的に徐々にその援助を減らしていく工夫が必要である。

(6) 組合自身が活動のノウハウを十分に持っていない場合，どうするか。組合の中で通常は国際部門が国際協力に関係する業務を担当しているが，そこだけで業務をこなすことが困難な場合，どこかのNGOの協力を得ることによって活動している。このことは日本にまだ国際協力を担える人材が組合員の間に育っていないことを示している。国際労働財団が実施している「国際活動家養成コース」や，電機連合がおこなっている海外派遣制度が充実していくことが期待される。

(7) 自ら血を流さざるをえない場合どうするのか。政治的問題が絡む場合，権威主義的体制のもとで，体制側に立っている人々からその活動が嫌われる場合がある。反政府運動ととらえられるおそれもあるからである。活動する日本の組合員が殺害される場合もでてくる。そこで組合が支援をする相手である組合を選ぶことになる。アジア発展途上国では強制登録制度が採用されているために，登録要件に合わない組合は違法となり，その存在が認められない。反政府的な方針を持つ組合との交流は難しくなる。このために労働組合とは別の団体を作って反政府的な活動をおこなう組合を支援する活動をおこなう場合が出てきている[20]。さらに，日本の戦争責任とのからみから日本を毛嫌いする者への対応をどうするかも問題となる。日本は戦争責任を十分に果たしていないという評価をする国が存在しているし，日本の国際協力活動はアジア諸国への侵略ではないかという不安感を抱く人々もいる。特に日本軍から被害を受けた経験を持つ者や親族にそのような経験を持つ者がいる場合には，不安感が強い。そこで，そのような不安感への対処として細かい配慮が必要になろう。

(8) 次に活動資金をいかに調達するかという問題がある。組合は組合員からの寄付や一般組合費からの支出が可能なので，市民団体として結成されるボランタリー団体より恵まれている。多くのNGOが財政困難に陥りやすいのに比

235

第3部　アジアと日本の労働組合

べればましであろうが，組合組織率の低下があり，組合財政がしだいに苦しくなってきている。今後国際協力の費用をどう調達するかが問題となってこよう。今後 ODA からの支援をうけることも考えられる。国際労働財団はすでに外務省の NGO 事業補助金や労働省・日本労働研究機構の委託事業を受けているが，それを拡大できるかどうかが問題である。財政危機による ODA の削減がどう影響するか注目される。さらに，組合員からの資金カンパを増やす努力もしていかなければならない。

(1)　労働省・平成5年度労働組合基礎調査。
(2)　境分万純「松原明氏に聞く──市民活動促進法案の今秋成立を目指して」法学セミナー515号，平成9年11月，1頁，雨宮孝子「市民活動団体（NPO）の活性化と法」書斎の窓471号，平成10年1・2月，29頁。
(3)　総合研究開発機構編『市民公益活動基盤整備に関する調査研究』，総合開発研究機構，平成6年3月，24─32頁。
(4)　林雄二郎・連合総合生活開発研究所編『新しい社会セクターの可能性─NPOと労働組合』，38頁，平成8年1月，前田秀男『労働組合の会計と税務』，161頁以下，同文館，昭和60年。
(5)　松下電産労組の国際協力活動については，松下電器産業労働組合編『たゆみなき創造Ⅳ─50周年を迎えて─』，松下電器産業労働組合，平成9年8月，拙稿「日本の労働組合とアジア（1）」国際産研5号，平成4年6月，68頁。
(6)　松下電産労組による世界会議でナショナル・タイ・カンパニーが会議への代表団の人選と派遣費用をめぐって抗議し，会社によってこの会議が牛耳られていると批判した。これは，この会議が会社の海外事業展開方針と対立するものではなく，むしろそれを円滑に促進することを目指していたことを示している。Hugh Williamson, Coping with the Miracle──Japan's Unions Explore New International Relations, Pluto Press, London, p. 92, 1994，この翻訳として国際労働研究センター編・（仮題）日本の労働組合─国際化時代の国際連帯活動がある。なおこの書評として拙稿「Hugh Williamson, Coping with the Miracle」国際産研13号72頁，平成9年3月および拙稿「日本の労働組合」日本労働研究雑誌457号，1998年7月，83頁。
(7)　拙稿「日本の労働組合とアジア（7）」国際産研10・11合併号91頁，平成7年6月。

第 9 章　日本の労働組合とアジアでの国際協力活動

(8)　拙稿「日本の労働組合とアジア (10)」国際産研12号38頁, 平成 8 年 6 月。
(9)　拙著『マレーシア労使関係法論』, 信山社, 平成 7 年 3 月, 161頁以下参照。
(10)　拙稿「日本の労働組合とアジア (9)」国際産研12号, 平成 8 年 6 月, 31頁。
(11)　拙稿「日本の労働組合とアジア (3)」国際産研 7 号, 平成 5 年 5 月, 30頁。
(12)　拙稿「日本の労働組合とアジア (12)」国際産研14号, 平成 9 年12月, 43頁。
(13)　拙稿「日本の労働組合とアジア (5)」国際産研 8 ・ 9 合併号, 平成 6 年 3 月, 47頁。労働組合のナショナル・センターとして連合の他に全労連と全労協がある。全労連と全労協とも連合ほど積極的な国際協力活動を行っていないように思える。全労連所属の組合員の多くは公務部門であるが, いくつかの産別は世界労連系の産業別インターナショナルに加盟している。また日本企業の海外進出と労使関係の輸出に反対する運動やそのための国際会議を開催している。全労協はアジア諸国の労働組合との交流を持ち, その活動を支援している。Hugh Williamson, op. cit., pp. 86～90, 篠塚裕一「大きな成果収めた全労連国際シンポ」労働運動351号, 平成 6 年 9 月, 80頁。
(14)　連合編『ODA による NGO 支援』平成 7 年 4 月。
(15)　Hugh Williamson, op. cit., p. 251.
(16)　国際労働財団編『平成 7 年度事業報告書』, 平成 8 年 5 月, 同『平成 8 年度事業報告書』, 平成 9 年 5 月, 同『平成 9 年度事業報告書』平成10年 5 月, 同『平成10年度事業報告書』平成11年 5 月, 同・JILAF パンフレッドを参照。
(17)　連合編・連合国際協力センター『第 2 回パイロットプロジェクト報告書』, 平成 9 年 3 月, 同・連合国際協力センター関連資料 (国際協力に関する連続講座 (入門編) 資料, 平成 9 年11月。
(18)　拙稿「日本の労働組合とアジア (4)」国際産研 7 号, 平成 5 年 5 月, 38頁。なお全日本金属産業労働組合協議会編『IMF—JC30年史』, 平成 6 年 9 月を参照。
(19)　林雄二郎・連合総研編・前掲書, 201頁。
(20)　労働組合とは別に NGO を作ってアジア諸国の政府と対立し, 政府から弾圧を受けている労働組合と交流し, 支援する活動をおこなう団体が出できている。Hugh Williamson, op. cit., pp. 337～348, 拙稿「日本の労働組合とアジア(13)」国際産研14号, 平成 9 年12月, 72頁。

第10章 あとがき
——今後の研究目標について——

　最後に，本書をまとめた後に残されていると思われる論点を指摘しておきたい。今後の自分自身の研究テーマにもなるからである。
　1　第1部では，アジア諸国の労働法をどのような視点で分析するかを述べている。その視点は労働法を成立させている政治的経済的要因という外部環境から整理したものである。国内の労働市場や企業内の労使関係がどうなっているかという視点からの整理ではないことが問題である。つまり，労働の内部環境からの分析が今後の課題である。労働経済学や労使関係論自体を専門としていないので，不得意な分野ではあるが，労働法を考察する上では欠かせない領域である。このために実態調査が必要であり，ぜひとも労働経済学や労使関係論を専門としている方が，もっと積極的にアジアを研究対象にして欲しいところである。その成果を活用させて欲しいのが本心である。
　アジアの労働市場や労使関係を考察するうえでいくつかの問題点がある。日本の場合，終身雇用，年功賃金，企業内組合という基本的な概念で説明されるが，アジア諸国ではそもそも統一的な概念で説明できるのであろうか。多くの国では外資を積極的に導入しており，外資系の企業がある。土着の企業ももちろん存在する。それらに共通な概念で説明できる労使関係が存在しているのであろうか。さらに，そもそも社会構造が複層しており，それが土着の企業内の労使関係になんらかの影響を与えている可能性が大きい。労使関係を類型化して整理する必要があるように思われるが，そこに至るまでに実態調査が必要である。
　2　第2部ではアジアの公正労働基準について整理している。富の公平な分配を実現する方法として，公正労働基準をいかにアジア諸国で実現していくか

が今後の課題であるが，公正労働基準とされる分野の中で，十分分析できなかった分野がある。1つ目は労働安全衛生や災害補償の分野である。ICFTU―APROでは今後アジアでの活動領域として労働安全衛生に力を入れる方針である。これはアジアの発展途上国では人間の命の値段が安く，労働安全衛生は軽視されがちだからである。どのようにして労働安全衛生を定着させるかが課題である。これには日本側の協力をいかせることができる。これまで日本側の労働安全衛生面でのアジアでの貢献を整理し，ODAだけでなく，NGOの分野でも協力できることを模索してみたい。

2つ目は最低賃金である。アジア諸国では最低賃金制度はもうけているが，実態は標準的な賃金，場合には最高賃金となっている。これをどう改善していくか模索してみたい。

3つ目はインフォーマル・セクターの問題である。労働法がそもそも適用対象から除外している場合もあって，インフォーマル・セクターでの労働問題が抜け落ちている。スラムに住んでいる貧困層が多くインフォーマル・セクターに従事しており，労働法だけでなく社会福祉の面からも考察する必要がある。

4つ目は少数民族・先住民族の問題である。経済発展から置き去りにされ，悲惨な生活を余儀なくされている。少数民族の子供が犠牲になって児童買春の対象とされ，あげくの果てにエイズにかかってしまう事例が多く報道されている。そこには差別の問題もあり，少数民族・先住民族の存続のための政策の在り方が問われている。

3　第3部はアジアと日本の労働組合との関わりを議論しているが，関わりのごく一部しかふれていない。戦前とごく最近の日本の労働組合のアジアを中心とする国際協力活動だけを取り上げているにすぎない。国際協力活動だけを取り上げても，労働組合だけではない。使用者団体[1]でも国際協力活動を実践しているし，もっとも気になっているのは，日本のODAの役割である。労働面では主に労働省や国際協力事業団が実施主体になっているが，その実施にむけての手続や意思決定，その成果や評価について分析しなければならない。人材養成や機材提供が貢献の中心であるが，相手国でどのように評価されているのであろうか。第2部の中で若干ふれているが，今後の労働の面から社会開発にどのように協力ができるのか探ってみたいと思っている。そのために労働組

第3部　アジアと日本の労働組合

合の他にもNGOが何らかの貢献ができるのではないか[2]。これは国際協力研究科という組織に所属している者のやるべきことだからである。

　以上まだまだ多くの課題が残されている。というより，ますます問題領域が拡大している。今後ともアジアの国々とおつき合いをするつもりであり，どこまでできるが分からないが，一歩一歩進めていければと思っている。

　（1）　日経連国際協力センターについてヒヤリングした結果は拙稿「日経連国際協力センターの活動」国際産研15・16合併号，1998年6月，71頁。
　（2）　労働組合や組合員が母体となっているが，それ以外の人も加入して活動しているNGOがある。これについてのヒヤリングの結果は拙稿「日本の労働組合とアジア（13）—アジア労働者情報交流センター・関西」国際産研14号，1997年12月，50頁，同「日本の労働組合とアジア（15）—アジア連帯委員会」国際産研15・16合併号，1998年6月，85頁。

事項索引

あ 行

ILO……61, 107, 109, 110, 111, 123, 148, 152, 155, 164, 165, 170, 171, 172, 173, 177
ILO宣言（1998年）……………57, 58, 111
ILO条約
 87号……………………………33, 61
 98号……………………………………61
 138号………………64, 105, 122, 127
 182号……………………………108, 122
ILOアジア地域会議……………………175
アジア的価値……………20, 21, 57, 108
亜細亜労働会議…………146, 148, 174, 180
アムステルダム・インターナショナル
……………………………148, 180, 198
安全衛生………………………58, 138, 239
イギリス
 植民地開発福祉法（1940年）…………22
 労働組合法（1871年）……………21, 25
 労働組合法（1913年）……………23, 26
イスラム法………………………………88
一般特恵関税制度（GSP）………………61
インド
 インド工場法（1881年）…………66, 72
 カースト制度……………………………74
 鉱山法（1952年）………………………67
 子供労働組合…………………………120
 最低賃金法（1948年）…………………76
 児童雇用法（1933年）…………………67
 児童雇用（禁止及び規制）法（1986年）…………………………………67
 指定カースト………………………68, 69
 指定部族……………………………68, 69

社会主義型社会……………………………65
ジャーティ制度……………………………74
全インド労働組合会議（AITUC）
……………………………150, 157, 185
同一賃金法（1976年）……………………72
ヒンズー教……………………………79, 89
隷属的労働制（廃止）法（1976年）…68
労働組合法（1926年）………21, 121, 154
インドネシア
 9・30事件………………………………5
 ゴトン・ロヨン…………………………12
 ゴルカル…………………………………5
 指導された民主主義……………………9
 児童および女子の深夜労働に関する
  条例（1925年）……………………97
 全インドネシア労働組合（SPSI）…32, 38
 全インドネシア労働組合連合改革幹
  部会（SPSI Reformasi）………33, 229
 反国家転覆法……………………………4
 パンシャシラ………………………9, 32, 38
 パンシャシラ労使関係実践のための
  指針………………………………12, 38
 ムシャワラ（話し合い）………………43
 ムファカット（全員一致）……………43
 労働協約法（1954年）…………………10
 労働法（1948年）………………………14
 労働法（1997年）…………………33, 97
インフォーマル・セクター……15, 66, 71, 72, 84, 85, 87, 90, 239
NGO……110, 111, 112, 115, 118, 120, 126, 127, 128, 212, 213, 215, 235
NGO事業補助金……………123, 227, 235
NPO………………………………………213

241

事項索引

ODA……………113, 122, 137, 138, 239
オーストラリア労働組合会議……180, 197

か 行

開発独裁………………………5, 141
開発法……………………………6
韓国
　勤労基準法（1953年）………14, 92
　雇用保険法（1993年）…………140
　男女雇用平等法（1987年）………93
　6・29民主化宣言………………8
　労働組合および労働関係調整法
　　（1997年）……………………14
　労働組合法（1963年）…………10
　労働争議調整法（1953年）……10
監督機関…………………………15
企業内労働組合…………………62
草の根無償資金協力……………123
組合強制登録制度………10, 24, 59, 141, 231
強制仲裁制度……………………12, 27
強制労働…………………………58, 78
結社の自由………………33, 38, 58, 59, 62, 63
権威主義的体制………2, 4, 5, 6, 8, 12, 13, 39,
　44, 45, 51, 142, 231
公益法人化………………………34, 36
公正労働基準……………………9, 238
行動準則……………………114, 125, 126
国際協力活動………………212, 215, 216, 219
国際自由労連（ICFTU）………38, 113, 124, 230,
　231, 232
国際自由労連アジア太平洋地域事務所
　（ICRFTU-APRO）……57, 135, 214, 230,
　231, 239
国際金属労連……………………38
国際金属労連日本協議会（IMF-JC）
　………………………………232, 233

国際児童年（1979年）…………67, 113
国際商業事務技術労連（FIET）………113
国際繊維被服皮革労連（ITGLWF）…113
国際婦人年（1975年）……………72
国際労働財団（JILAF）……114, 125, 226,
　227, 229, 230, 235
子供権利条約……………………121
コーポラティズム………………13, 38
コミンテルン………………147, 151, 181
雇用差別…………………………58, 71

さ 行

最恵国待遇………………………9, 16
最低賃金………………16, 58, 76, 140
産業別労働組合…………………62
自治労……………………………224
児童買春・児童ポルノ等処罰法………108
自動車総連………………………221
児童労働…………………15, 58, 62, 78, 106
児童労働撲滅計画（IPEC）……111, 112, 123,
　124
社会活動訴訟………………69, 70, 71, 118, 128
社会憲章……………………135, 142, 231
社会主義市場経済………………44, 51
社会条項……………9, 15, 57, 65, 113, 140
女性差別撤廃条約………………92, 98
就業規則…………………………16
シンガポール
　国家安全法……………………4
　雇用令（1968年）………………14
　シンガポール全国使用者連盟
　　（SNEF）………………………37
　シンガポール労働組合連盟（1946年）…37
　人民行動党……………………5
　全国労働組合評議会（NTUC）……37, 38
　労使関係法（1967年）…………10

242

事項索引

労働組合令（1941年）……………10
労働組合令（1959年）……………23
労働争議令（1941年）……………10
ストライキ……………………35, 50
ストライキ権…………………51, 52
セイロン（スリランカ）
　全セイロン労働組合会議…………162
　労働組合令（1935年）………22, 163
政治的労働組合主義……………35, 36
世界貿易機構（WTO）………9, 56, 57, 107
ゼンセン同盟………………………223
双系制社会……………………………88
ソーシャル・ラベリング……………125

た 行

タイ
　5月事件………………………………8
　タイ式民主主義………………………9
　反共法………………………………31
　半分の民主主義………………………9
　労使関係綱領………………………12
　労使関係促進行動綱領……………12
　労使関係に関する内務省令（1972年）
　　………………………………29, 31
　労使関係法（1975年）………10, 29, 31
　労働法（1959年）………………29, 30
　労働保護に関する内務省令（1972年）
　　………………………………14, 96
　労働保護法（1998年改正）………92, 96
太平洋労働会議……146, 157, 176, 177, 182, 185, 191, 195, 197
台湾
　戒厳令廃止（1987年）………………8, 14
　工会法………………………………10
　就業服務法…………………………95
　男女工作平等法案…………………92

労働協約法……………………………10
労資争議処理法………………………10
労働基準法（1984年）………………14, 95
労働者安全衛生法（1974年）………14
団体交渉……………11, 13, 20, 27, 58
弾力的賃金制度……………………139
中国（中華人民共和国）
　工会……………………………48, 49, 50
　戸籍制度……………………………47
　固定工………………………………46
　下崗職工……………………………48
　集体協商（団体交渉）…………49, 51
　集体合同（労働協約）……………50
　単位…………………………………45
　中華全国総工会………………153, 181
　統包統配……………………………46
　労働契約制度……………………46, 47
中核的労働基準……………56, 58, 108, 111
電機連合……………………………222
特定非営利活動促進法……………218

な 行

日本労働総同盟………………147, 176, 185
日本労働組合会議……………159, 164, 166
日本労働組合同盟…………………183
日本労働組合全国協議会…………192, 195
日本労働組合評議会……147, 176, 180, 181, 192
ネパール
　ネパール労働組合会議…………113
　ラグマーク（Rugmark）………116, 117

は 行

汎太平洋労働会議事務（書記）局
　………………187, 188, 189, 191, 196
父性社会………………………………86

243

事項索引

フィリピン
　交渉単位制度 ………………………28, 29
　国家反乱法 ……………………………4
　産業平和法（1953年）……………27, 28
　職場における女性差別禁止法（1989年）
　　………………………………………94
　女性発展基本法（1995年）……………93
　反セクシュアル・ハラスメント法（1995
　　年）…………………………………94
　労働法典…………………………10, 14, 93
ボランティア活動 …………………125, 214
ボランティア休暇 ………125, 214, 216, 234
不当労働行為制度……………………11, 216
プロフィンテルン……147, 151, 153, 157,
　　181, 194, 197, 198
香港
　性差別禁止条例（1995年）……………95
　労働組合・労働争議令（1948年）……23
　労働組合令（1962年）…………………23

ま　行

松下電機産業労組 ………………………220
マレーシア
　工業調整法（1975年）…………………26
　国内治安法 ……………………………5
　雇用令（1955年・1968年）…………14, 98
　創始産業令（1958年）…………………59
　賃金協議会法（1947年）………………76

電機産業労働組合（EIWU）…………60
統一マレー国民組織 ……………………5
ブミプトラ政策 ………6, 10, 73, 88, 98
マラヤ共産党 ……………………5, 37, 60
マレーシア労働組合会議（MTUC）
　………………………………………61, 62
ルック・イースト政策………13, 61, 62
ルクン・ネガラ…………………………12
労働組合令（1940年）…………………22
労働組合令（1959年）…………………10
労働組合法（1989年改正）……………60
労使関係法………………………………10
労使協調のための行動規範……………12

や　行

山猫スト…………………………………50
友愛会……………………………………147
輸出志向型工業化 ………4, 44, 45, 59, 85
輸入代替型工業化………………………4, 45
UNICEF ……………………………109, 110

ら　行

連合 ………………………………………226
連合国際協力センター …………………230
連合 FAN ………………………………231
労使協調 ……………………………12, 32
労使協議…………………………………12
労働協約…………………………………35

人名索引

あ 行

アキノ大統領 …………………… 29, 94
浅井富次郎 ……………………… 183, 184
麻生久 …………………… 143, 164, 184
安部磯雄 ………………………………… 167
鮎沢巌 …………………… 148, 164, 167, 172
イアーズマン ……………………………… 177
イチャホリー（P. D. Ichapori） ……… 166
伊藤栄次郎 ……………………………… 166
岩永栄一 ………………………………… 166
歌川伸 …………………………… 183, 185
大塚貞二郎 ……………………… 183, 184
大道憲三 ………………………… 182, 183
大道武敏 ………………………………… 181
岡崎憲 …………………………………… 166
奥村甚之助 ……………………………… 193
王正廷 …………………………………… 165
汪精衛 …………………………………… 149
汪兆銘 …………………………………… 147

か 行

片山潜 …………………………………… 178
加藤勘十 ………………………… 183, 184
亀井貫一郎 ……………………………… 164
亀井司 …………………………………… 183
兼島景毅 ………………………………… 183
カルカレー（G. D. Kalkahle） ………… 166
川内唯彦 ………………………………… 178
川村保太郎 ……………………… 148, 166
河田賢治 ………………………………… 147
ガンディー・マハトマ ………………… 162
菊川忠雄 ……… 101, 162, 163, 166, 184

久能寅次 ………………………………… 149
日下部千代一 … 183, 184, 185, 186, 188, 190
グーネシンハ（A. E. Goonesinha）
 ……………………………… 162, 167, 173
河野密 …………………………… 160, 174
幸徳秋水 ………………………………… 147
国領巳三郎 ……………………………… 183
小林主雄 ………………………………… 183
近藤栄蔵 ………………………………… 173

さ 行

坂口義治 ………………………………… 179
スハルト大統領 ………………… 8, 16, 33
蒋介石 …………… 16, 153, 154, 184, 185, 196
ジョーシ（N. M. Joshi）……… 149, 155, 156,
 162, 167, 173, 176, 200
シドニー・ウエッブ（パスフィールド卿）
 ……………………………………… 22
品川英次 ………………………………… 183
白土五郎（椿五郎）… 183, 184, 185, 186, 193
シン首相（V. P. Singh） ……………… 69
鈴江言一 ………………………………… 185
鈴木倉吉 ………………………………… 166
鈴木源重 ………………………………… 183
鈴木文治 ……… 148, 166, 168, 170, 173, 175,
 181, 191
蘇兆徴 …………………………………… 186

た 行

高木敬四郎 ……………………………… 184
高橋清 …………………………………… 178
田中義一 ………………………………… 191
田中松次郎 ……………………………… 193

人名索引

棚橋小虎 …………………………147, 184
谷口善太郎 ………………………188, 189
タン・マカラ ……………178, 179, 199, 206
ティラク（Balangadhar Tilak）…150
チェッテイ（G. C. Chettiar）………166
チョーナ（P. N. Chouna）…………166
陳独秀 ……………………………………178
陳公博 ……………………………………186
トム・マン ………………………………186

な 行

中田末三郎 ………………………149, 150
中村義明 …………………………………147
鍋山貞親 …………………………143, 190
難波英夫 …………………………………183
西尾末廣 …………………174, 148, 166, 180
西村祭喜 …………………………183, 184, 185
西村清一 …………………………………184
野田律太 …………………………………183

は 行

バグワティ（H. N. Bhagwati）………70
ハビビ大統領 ……………………………33
原虎一 ……………………………………164
原沢武之助 ………………………183, 184, 185
ハロード・パトラー ……………………167
バッケール（R. R. Bakhale）
　………………………………154, 163, 168, 173
バプティスタ（Joseph Baptista）……151
平野安蔵 …………………………………166
プローデル ………………………………194
フレー（Rao Sahib R. W. Fulay）……160
ベラ・クン ………………………………179
堀内長栄 …………………………………166

ま 行

前川正一 …………………………………183
松岡駒吉 ………147, 153, 153, 164, 166, 169
松田十九二 ………………………………185
松本親敏 …………………………183, 184, 185
間庭末吉（白井明）………………183, 193
マハティール首相…………………13, 16, 61
マルコス大統領………………6, 16, 28, 29
水沼熊 ……………………………183, 184
宮崎竜介 …………………………………153
ムダリアー ………………………………164
本沢兼次 …………………………………183

や 行

八木信一 …………………………164, 166
藪本正義 …………………………183, 184, 188
山名義鶴 …………………………………147
山本懸蔵 ………147, 178, 179, 183, 184, 185,
　186, 188, 193
ヤンソン …………………………………190
吉田廉 ……………………………183, 184
米窪満亮 ………148, 154, 155, 166, 168, 173

ら 行

ライ（Lal Lajpat Rai）………………150
ラル（Dewan Chaman Lall）……151, 156
リー・クアン・ユー………………13, 16, 37
劉小奇 ……………………………………186
李立三 ……………………………………186
李済深 ……………………………………184
ロイ（N. M. Roy）………………185, 206
ロゾフスキー ………180, 186, 187, 194, 207

わ 行

渡辺政之輔 ………………………………190

〈著者紹介〉

香 川 孝 三（かがわ・こうぞう）
　　現　在　神戸大学大学院国際協力研究科教授

〔主要著書〕
わが国海外進出企業の労働問題―インド編―（日本労働協会，1978年）
インドの労使関係と法（成文堂，1986年）
マレーシア労使関係法論（信山社，1995年）

アジアの労働と法

2000年1月20日　初版第1刷発行

編　者	香　川　孝　三	
発行者	今　井　　　貴	
	渡　辺　左　近	
発行所	信山社出版	

〒113 0033　東京都文京区本郷6-2-9-102
　　　　　　電話　03（3818）1019
　　　　　　FAX　03（3818）0344

　印　刷　松澤印刷株式会社
　製　本　大三製本

Ⓒ 2000，香川孝三．Printed in Japan．落丁・乱丁本はお取替えいたします。

ISBN-4-7972-2161-5　C3332